Rainer Dissars-Nygaard, Jahrgang 1949, studierte Betriebswirtschaft und ist als Unternehmensberater tätig. Er lebt auf der Insel Nordstrand bei Husum. Im Emons Verlag erschienen unter dem Pseudonym Hannes Nygaard die Hinterm Deich Krimis »Tod in der Marsch«, »Vom Himmel hoch«, »Mordlicht«, »Tod an der Förde«, »Todeshaus am Deich«, »Küstenfilz«, »Todesküste«, »Tod am Kanal« sowie der Niedersachsen Krimi »Mord an der Leine«.
www.hannes-nygaard.de

Dieses Buch ist ein Roman. Handlungen und Personen sind frei erfunden. Ähnlichkeiten mit lebenden oder toten Personen sind rein zufällig.

HANNES NYGAARD

DER TOTE
VOM KLIFF

HINTERM DEICH KRIMI

Emons Verlag

© Hermann-Josef Emons Verlag
Alle Rechte vorbehalten
Umschlagzeichnung: Heribert Stragholz
Druck und Bindung: CPI – Clausen & Bosse, Leck
Printed in Germany 2009
ISBN 978-3-89705-623-7
Hinterm Deich Krimi 9
Originalausgabe

Unser Newsletter informiert Sie
regelmäßig über Neues von emons:
Kostenlos bestellen unter
www.emons-verlag.de

Dieser Roman wurde vermittelt durch die Agentur EDITIO DIALOG,
Dr. Michael Wenzel, Lille, Frankreich (www.editio-dialog.com)

Diesen zehnten Roman aus meiner Feder
möchte ich meinen Leserinnen und Lesern widmen.

*Ein reicher Mann ist
oft nur ein armer Mann
mit sehr viel Geld.*
Aristoteles Onassis

EINS

Noch war die Sonne nicht zu sehen, aber der rote Schimmer im Osten ließ erahnen, dass sich der neue Tag mit Macht anbahnte. Am Himmel zeigte sich ein blaugrauer Dunstschleier, der in den nächsten Stunden einem tiefen Blau weichen würde, das durch die oft den Himmel verzierenden weißen Schäfchenwolken nicht getrübt werden würde. Es war ablaufendes Wasser, Ebbe, würde der unbefangene Besucher der Insel sagen und voller Faszination dem grandiosen Schauspiel der Natur an der Westküste folgen. Nur wenige richteten den Blick gen Osten über das Watt, wo sich in der Ferne als schmaler Streifen die dänische Küste abzeichnete. Davor schimmerten die ersten Sonnenstrahlen in den Prielen, die immer noch Wasser führten und nur langsam dem auftauchenden Watt wichen.

Für all das hatte Imke Feddersen keinen Blick. Sie war um sechs Uhr in Niebüll in den Zug gestiegen und hatte die knappe halbe Stunde, die die Nord-Ostsee-Bahn für die Passage des Hindenburgdamms zur Insel Sylt benötigte, mit Dösen verbracht. Während Urlauber die Fahrt durch das Wattenmeer genossen oder vom oberen Deck des Autoshuttles endlich durchatmeten, weil sie Wartezeit und Autoverladung überwunden hatten, sah kaum jemand der wenigen Fahrgäste des frühen Zuges aus dem Fenster. Es waren überwiegend Pendler, die auf Sylt arbeiteten und auf dem Festland wohnten. Imke Feddersen gehörte zu ihnen.

Am Bahnhof Westerland hatte sie ihr von der salzhaltigen Luft gezeichnetes Fahrrad bestiegen, das sie dort auf dem Bahnhofsvorplatz mangels anderer Abstellmöglichkeiten am Metallschutzgitter eines Baumes angeschlossen hatte, der von zwei Telefonsäulen eingerahmt wurde. Anschießend war sie sechs Kilometer nordwärts gestrampelt. Zu dieser frühen Stunde begegnete man wenigen Menschen auf Sylt. Sechs Uhr ist nicht die Zeit der Gäste oder Insulaner. Der Puls der Insel beginnt erst später zu schlagen.

Imke Feddersen war es gewohnt, gegen den Wind zu strampeln, von dem Besucher der Küste zu berichten wussten, dass er Radfahrern grundsätzlich entgegenbläst, gleich welche Himmelsrichtung man fährt. Sie war hinter der Polizeiwache abgebogen, hatte ein

Siedlungsgebiet umrundet und war dann der Hauptstraße gefolgt, war an Wenningstedt und dem Kampener Zentrum vorbeigeradelt und schließlich in die Kurhausstraße eingebogen, die als Sackgasse direkt vor den Dünen endete. Ihre Wangen glühten vom Radfahren, obwohl es an diesem Aprilmorgen nur wenig über null Grad war, als sie ihr Ziel erreichte. Am Ende der Straße gab es einen kleinen Wendehammer. Links versperrte eine Schranke die Zufahrt zu einem Parkplatz. Drei große, mit vier Seitenflügeln und einem Innenhof gestaltete Reetdachhäuser direkt an der Dünenkette blockierten hier den Zugang zum Wasser. Spaziergänger mussten entweder rechts einem Wanderpfad folgen, der sie in Richtung des Restaurants Sturmhaube führte, oder zur Linken den auch als Reitweg ausgeschilderten Weg nutzen, der am Fuß der Uwe-Düne endete, die mit über fünfzig Metern die höchste Erhebung Sylts ist.

Direkt neben der Tiefgarage, die in dieser Region zweifelsfrei einen Luxus darstellte, verkündete ein Schild, dass es sich um Privatbesitz handelte und der Zutritt verboten sei. Gleichwohl stand die windschiefe Friesenpforte aus weißem Holz sperrangelweit offen. Während die beiden seitlichen Häuser jeweils mehrere Appartements unter ihrem Reetdach beherbergten, unterschied sich das mittlere im Äußeren nicht von den Nachbarn, obgleich es innen komplett umgebaut und nach den Wünschen seines Besitzers neu gestaltet worden war. Der Steinwall und die dicht gepflanzten Heckenrosen bildeten einen natürlichen Schutz vor neugierigen Besuchern. Die stacheligen Pflanzen waren nicht nur zur Blütezeit eine Augenweide, sondern zogen auch mit ihren roten Hagebutten im Herbst die Blicke an. Imke Feddersen erinnerten sie an ihre Kindheit, in der die Hagebutte gemeinhin nur »Juckpulver« hieß.

An der Haustür fehlte das Namensschild. Kaum eines der Anwesen in dieser Gegend war mit dem Namen des Eigentümers gekennzeichnet. Die Eingeweihten wussten, wer in den prachtvollen Häusern residierte, wer dort zu Gast war oder sich Eigner nennen durfte.

Imke Feddersen öffnete die verschlossene Pforte, schob ihr Rad durch die Öffnung im rustikalen Friesenwall und umrundete das Gebäude. Der Eingang für das Personal befand sich ein wenig versteckt an der Querseite. Sie lehnte ihr Rad gegen die Wand, nahm ihren Leinenbeutel aus dem angerosteten Drahtkorb und suchte am Bund nach dem passenden Schlüssel. Mit Erstaunen bemerkte sie, dass die rote Leuchtdiode, die die scharf geschaltete Alarmanlage signalisierte, aus war. Entweder war jemand im Haus, oder einer der Gäste, dem das Gebäude großzügig vom Hausherrn überlassen worden war, hatte vergessen, das System anzuschalten. Kopfschüttelnd öffnete sie die schwere Bohlentür und trat in den kleinen Flur, von dem die Hauswirtschaftsräume abgingen. Sie suchte die Waschküche auf, zog sich um und betrat die großzügige Küche aus naturbelassenem gewachstem Eichenholz. Irgendjemand hatte die Kaffeemaschine in Betrieb gesetzt und vergessen, sie auszuschalten. Die Kaffeedose aus Keramik stand geöffnet daneben.

Imke Feddersen reinigte das Gerät, setzte eine neue Maschine auf, um gewohnheitsmäßig ihren Morgenkaffee zu kochen, knotete sich im Weitergehen ihre Schürze zu und betrat den kleinen Flur, der in die große Diele führte. Sie wollte sich zunächst vergewissern, ob nicht doch jemand im Haus war, den sie mit ihrer Hausarbeit hätte stören können. Sie durchquerte die Diele, bemerkte mit einem Seitenblick die Fußabdrücke, die von der schweren Eingangstür zum Wohnbereich führten, und öffnete die Tür zum Garderobenzimmer.

Aha!, dachte sie, als sie den dunklen Herrenmantel und ein weißes Damenpelzcape sah. Der Hausbesitzer konnte es nicht sein. Dafür war der Mantel zu klein. Es wunderte sie nicht. Oft waren Fremde hier zu Gast, ohne dass der Eigentümer zugegen war.

Sie ging zur großen geschnitzten Doppelflügeltür, die in den Wohnbereich führte, klopfte und öffnete, als sie keine Antwort vernahm. Vermutlich hätte man sie bei dem massiven Holz auch nicht wahrgenommen.

Irgendjemand hatte hier gefeiert. Die Leute, die sich in diesem Anwesen bewegten und sich großzügig aus den Vorräten des Hausherrn bedienten, hielten es nicht für nötig, ihre Hinterlassenschaften wegzuräumen. Auf einem der niedrigen Glastische, die nahe beim wuchtigen offenen Kamin standen, fand Imke Feddersen einen Sektkühler, in dem noch eine offene Flasche steckte. Eine zweite, leer getrunkene stand achtlos daneben. Eine Mineralwasserflasche, ein nicht ausgetrunkenes Whiskyglas, ein voller Aschenbecher sowie ein Tablett mit kleinen Leckereien, die nur zum Teil gegessen worden waren und deren Reste angelaufen auf die Entsorgung warteten, zeugten von einer kleinen Party, die hier stattgefunden hatte. Imke kehrte in die Küche zurück, besorgte sich ein Tablett und räumte alles zusammen. Sie holte sich einen Eimer mit Wasser und Spülmittel und wischte gründlich den Tisch ab. Sie wunderte sich schon lange nicht mehr über das Verhalten der sogenannten feinen Leute, zu denen ihr Arbeitgeber und seine Gäste gehörten. In ihrem Freundeskreis war es nicht üblich, mit fettigen Fingern Abdrücke auf der Glasplatte zu hinterlassen. Intensiv schrubbte sie den Tisch und beugte sich zwischendurch immer wieder hinab, um im Gegenlicht zu prüfen, ob alle Spuren beseitigt waren. Zufrieden kehrte sie in die Küche zurück, spülte die Gläser aus, roch prüfend am Whiskyrest und verzog dabei das Gesicht, bevor sie ihn in den Ausguss kippte. Sie leerte den stinkenden Aschenbecher in die Mülltonne, die auf der Rückseite der Garage stand, spülte alles unter fließendem Wasser ab und stopfte es in den Geschirrspüler. Inzwischen war ihr Kaffee durchgelaufen. Sie trug die Kanne in die Waschküche, in der sie sich umgezogen hatte, entnahm einem Schrank einen Becher mit dem Aufdruck »Mamas«, ein Geburtstagsgeschenk ihrer Tochter Berit, und setzte sich auf einen Klappstuhl. Genüsslich ließ sie das duftende schwarze Gebräu die Kehle hinabrinnen. Doch nach zwei Schlucken sprang sie wieder auf. Es wartete noch viel Arbeit auf sie. Auch wenn sie fünf Tage die Woche, bei Bedarf auch am Wochenende, acht Stunden mit der Hauspflege beschäftigt war, ließ allein die Größe des Hauses wenig Zeit für Pausen.

Seit drei Jahren war Imke Feddersen hier beschäftigt. Sie war froh, in dieser strukturschwachen Region, die keine große Auswahl an Arbeitsplätzen bot, diesen Job erhalten zu haben. In der Saison bot Sylt jede Menge Arbeit, aber in den Monaten, in denen weniger Gäste auf der Insel weilten, war das Jobangebot entsprechend reduziert.

Sie überlegte einen Moment, womit sie beginnen könnte, ohne die vermutlich im hinteren Trakt noch schlafenden Hausgäste zu stören. So suchte sie noch einmal den großen Wohnraum auf, der bestimmt über achtzig Quadratmeter maß. Mehr als das bereits von ihr abgeräumte Geschirr war nicht zu entdecken. Sie warf einen Blick durch die große Scheibe, die in den Atriumhof führte.

Der gesamte Gebäudekomplex bestand aus vier Flügeln. Und im überdachten Innenhof befand sich der Swimmingpool, zu dem nicht nur vom Wohnsalon, sondern auch von den Schlafräumen des Seitenflügels aus Zugang bestand. Unter den Palmen in der gegenüberliegenden Ecke entdeckte sie neben den beiden Liegen weitere Gläser.

Imke Feddersen stöhnte ein wenig, als sie das große gläserne Schiebeelement, das Wohnraum und Pool trennte, zur Seite schob. Feuchtwarme Luft schlug ihr entgegen. Sie wunderte sich stets, wie warm es der Hausherr liebte. Während die Familie Feddersen fortwährend Überlegungen anstellte, wie man den hohen Energiekosten Einhalt gebieten konnte, schienen solche Fragen hier keine Bedeutung zu haben.

Leise Musik drang aus unsichtbaren Lautsprechern. Überhaupt schienen die Gäste sehr sorglos gewirtschaftet zu haben. Auch die Unterwasserbeleuchtung war noch eingeschaltet.

Sie umrundete das Becken. Ihre Spuren auf dem weißen Carraramarmor würde sie bei der Reinigung des Atriums beseitigen. Sie überlegte, wie es wohl wäre, in einem solchen Bad zu schwimmen, unbehelligt von anderen Badegästen. Im Unterbewusstsein nahm sie das Paket wahr, das auf dem Boden des Beckens schwamm. Sie sah genau hin – und erschrak. Instinktiv hielt sie beide Hände vor den weit geöffneten Mund und starrte auf die unbewegte Wasserfläche, von der ein leichter Chlorgeruch ausging. Dann rieb sie sich die Augen, fuhr sich mit den gespreizten Fingern der linken Hand durchs Haar, um anschließend die Hände an die Wangen zu legen. Dabei sah sie wie gebannt in den Pool. Nein! Es war keine Täuschung. Auf dem Grund schwamm ein Mensch. Ein merkwürdiger Frieden ging von ihm aus. Unbeweglich, durch das Wasser verzerrt und vergrößert, ruhte der Mann auf dem Grund. Imke Feddersen hatte ihn noch nie gesehen. Sie sah noch einmal hin. Während der Kopf des Mannes auf dem Grund des Beckens lag, streckte sich sein Oberkörper schräg zur Wasseroberfläche. Das Gesäß bildete den höchsten Punkt, während die Beine wieder ein wenig nach unten sackten.

Es dauerte ein paar Sekunden, die Imke Feddersen wie eine Ewigkeit erschienen. Dann drehte sie sich um und ging mit raschen Schritten ins Wohnzimmer. Mit zittrigen Fingern griff sie zum Telefon und wählte die ihr bekannte Kurzwahl. Es ertönte nur das

Freizeichen. Niemand hob am anderen Ende der Leitung ab. Nervös trommelte sie mit den Fingern auf der Sessellehne und sah dabei immer wieder ängstlich über die Schulter Richtung Swimmingpool. Doch nichts rührte sich im Haus. Bis auf die leise Musik war es totenstill.

Nun mach schon, sagte sie zu sich selbst und sah auf die Armbanduhr. Wahrscheinlich war es noch zu früh. Zu dieser Stunde, um halb acht, war noch niemand im Frankfurter Büro, der einzigen Kontaktadresse ihres Arbeitgebers. Sie legte auf und versuchte es erneut. Aber auch dieses Mal nahm niemand ab.

»Was tu ich nur?«, sagte sie halblaut und wiederholte diesen Satz mehrfach. Sie war aufgestanden und unruhig im Zimmer auf und ab gelaufen. Schließlich ließ sie sich wieder in den Sessel fallen und wählte die Eins-Eins-Zwei.

»Rettungsleitstelle«, meldete sich eine beruhigend klingende Männerstimme.

Sie erinnerte sich, davon gehört zu haben, dass man im Norden die »Feuerwehr«, wie der Laie es auszudrücken pflegte, zusammengelegt und in Flensburg konzentriert hatte.

»Ja – hier – also … im Schwimmbecken, da liegt ein Toter.«

»Nennen Sie mir bitte Name und Anschrift«, bat der Mann aus der Leitstelle.

»Feddersen. Kurhausstraße in Kampen.«

»Auf Sylt?«

»Ja. Wo sonst?«

»Sie sind die Hausbesitzerin?«

»Nein, die Putzfrau.«

»Wie lautet der Name des Eigentümers?«

»Der steht nicht dran. Nur die Nummer.«

»Ist noch jemand bei Ihnen?«

»Nee, ich bin allein.«

»Ist der Verunglückte eben ins Wasser gestürzt?«

»Nee. Keine Ahnung. Der ist tot. Was weiß ich, wann der ertrunken ist.«

»Warten Sie bitte. Ich schicke Ihnen Hilfe.«

Sie warf noch einen scheuen Blick in Richtung Atrium, dann sprang sie plötzlich auf, lief zur Waschküche, riss ihre Jacke vom Haken und stürzte aus dem Haus.

Dort, vor dem Friesenwall, der das Grundstück begrenzte, fanden sie die beiden Rettungsassistenten des alarmierten Rettungswagens. Kurz darauf traf der blau-silberne Streifenwagen der Polizei-Zentralstation Westerland ein.

**

Langsam rollte der silberne Mercedes A-Klasse die Kurhausstraße entlang.

»Da vorn ist es«, sagte Erster Hauptkommissar Christoph Johannes und schob sich mit dem Zeigefinger den Mittelsteg seiner Brille die Nase aufwärts.

»Da wäre ich nicht drauf gekommen«, brummte Oberkommissar Große Jäger, der am Steuer saß. »Wie hast du das geraten?« Er sah Christoph Johannes von der Seite an und griente. Das Aufgebot an Einsatzfahrzeugen war unübersehbar, abgesehen vom Flatterband mit dem Aufdruck »Polizeiabsperrung«. Die beiden Beamten der Kriminalpolizeistelle in der Polizeidirektion Husum waren mit dem Autoshuttle über den Hindenburgdamm auf die Insel gekommen.

Große Jäger parkte den Mercedes hinter dem älteren VW LT. Es war das Fahrzeug der Spurensicherung von der Bezirkskriminalinspektion aus Flensburg.

»Da ist ja die ganze Familie wieder versammelt«, sagte Große Jäger und steckte sich eine Zigarette an, die er aus einer zerknautschten Packung fingerte. Er schlug mit der flachen Hand gegen die Taschen der schmuddeligen Jeans, fluchte, als er dabei eine zweite angebrochene Zigarettenpackung erwischte, grummelte: »Ach – hier«, und zog ein Feuerzeug aus der Tasche. Deutlich vernehmbar sog er den Rauch in seine Lungen. Er verzog das Gesicht zu einem erneuten Grinsen, als er Christoph Johannes' missbilligendes Kopfschütteln gewahrte.

Sie gingen auf die Pforte im Friesenwall zu, die auf das Grundstück führte und an der ein uniformierter Beamter Wache hielt.

Der Polizist nickte und grüßte freundlich. »Moin. Auch mal wieder auf Sylt?«

Große Jäger drehte sich zu Christoph Johannes um. »Sylt? Da müssen wir uns verfahren haben. Ich dachte, hier ist der Tegernsee.«

Christoph Johannes winkte ab. »Das müssen Sie nicht ernst nehmen«, sagte er zu dem Beamten.

Der lächelte zurück. »Wer kennt Große Jäger nicht.«

Der Oberkommissar hatte inzwischen den Nebeneingang entdeckt. Er zog noch zwei Mal an seiner Zigarette, bevor er sich umsah, zwei Schritte in Richtung Garten machte und die Kippe in den Rasen stecke. Er kehrte zum Eingang zurück und rief in das Haus hinein.

»Hallo?«

»Nein!«, kam einem Echo gleich ein gellender Schrei aus dem Dunkeln. »Das darf nicht wahr sein. Womit habe ich *das* verdient, dass dieser Typ hier auftaucht.« Den Worten folgte ein kleiner, fast glatzköpfiger Mann, der in einen nahezu durchsichtigen Schutzanzug der Spurensicherer gekleidet war.

»Hallo«, begrüßte Hauptkommissar Klaus Jürgensen Christoph Johannes und Große Jäger. Dann räusperte er sich.

»Moin, Klaus«, erwiderte Christoph Johannes, während Große Jäger vorsichtig am Schutzanzug zupfte.

»Nun kommst du schon aus Flensburg, der Stadt Beate Uhses. Gab es das Ganzkörperkondom nicht eine Nummer kleiner?«

»Da müssen zur Not auch solche Leute wie du hineinpassen«, spielte Jürgensen auf Große Jägers Schmerbauch an, der über der schmutzigen Jeans hing und die Gürtelschnalle nahezu verdeckte.

Große Jäger schüttelte den Kopf. »Bist du krank? Normalerweise höre ich dich immer fluchen, wenn du an die Westküste kommst. Das Wetter ist zu ungemütlich, die Leichen liegen im Dreck und sind fürchterlich zugerichtet, oder der Fundort ist zu kalt und zu nass. Wieso höre ich nicht das gewohnte Hohelied der Klage?«

»Nichts trifft hier zu«, antwortete Jürgensen, während Christoph Johannes dem ihm wohlbekannten Dialog amüsiert lauschte. »Wir haben hier eine Wasserleiche, die in einem sauberen und gechlorten Swimmingpool aufgefunden wurde. Und in der Schwimmhalle ist es wunderbar geheizt. Und sauber gemacht hat auch jemand. Sogar die zuletzt benutzten Gläser sind hygienisch sauber im Geschirrspüler abgewaschen worden.«

»Vom vermutlichen Täter?«, fragte Große Jäger, während sie langsam durch das Haus gingen.

»Wenn du der Überzeugung bist, dass die Putzfrau es war, dann ja. Sie hat übrigens den Toten entdeckt.«

»Wieso sprechen wir vom Täter?«, fragte Christoph Johannes. »Ein Toter in einem Schwimmbecken – das könnte auch ein Unfall sein.«

»In diesem Fall nicht«, erwiderte Jürgensen. Inzwischen hatten sie den Zugang zum Atrium mit dem Schwimmbecken erreicht. Dort waren mehrere Leute aus Jürgensens Team mit der Spurensicherung beschäftigt.

Am Beckenrand lag der Tote.

»Donnerwetter«, entfuhr es Große Jäger. »Ich bin zwar oft geneigt, dir zu widersprechen, Klaus, aber in diesem Fall hast du recht. Das sieht nicht wie ein Unfall aus.«

Der Mann vor ihren Füßen mochte schon über sechzig sein. Er hatte eingefallene Gesichtszüge, die durch die bläulich blasse Haut noch unterstrichen wurden.

Jürgensen erklärte: »Der Arzt aus der Nordseeklinik ist schon wieder weg. Seine Meinung deckt sich mit meiner. Der Tod ist durch Ertrinken eingetreten. Hier.«

Jürgensen hielt Große Jäger ein paar Latexhandschuhe hin, die der Oberkommissar überstreifte. Dann berührte er die Haut des Toten. Sie sah schrumpelig aus, so als hätte jemand zu lange gebadet. »Es fühlt sich feucht und kalt an«, berichtete Große Jäger und wandte sich Christoph Johannes zu.

»Wir haben die Umgebungs- und Wassertemperatur sowie die Körpertemperatur gemessen. Aus diesen Parametern wird die Kieler Rechtsmedizin den Todeszeitpunkt bestimmen können. Derzeit gibt es nur eine sehr grobe Schätzung: gestern Abend.«

Das Opfer trug einen dunklen Anzug, eine korrekt geknöpfte Weste, unter der ein weißes Hemd und eine Krawatte erkennbar waren. Sogar die Schuhe waren noch an den Füßen.

»Raubmord scheint ausgeschlossen«, sagte Jürgensen, nachdem er eine Weile den beiden Husumer Beamten zugesehen hatte. »Wir haben die Brieftasche gefunden. Pass, mehrere Kreditkarten, siebentausend Dollar und fast viertausend Euro.«

»Es soll ja Millionäre geben, die haben immer ein paar tausend Euro ›Klimpergeld‹ in der Tasche«, stellte Große Jäger fest und warf einen Seitenblick auf Christoph Johannes. »Du sagst ja gar nichts.«

»Du redest wie ein Wasserfall. Da bleibt doch nichts mehr anzu-
fügen.«

»Wir Norddeutschen sind eben nicht solche Sabbeltaschen wie
ihr.« Jürgensen grinste den Oberkommissar an, der zwar aus Westfalen stammte, aber seit ewigen Zeiten an Deutschlands Nordspitze
lebte.

Große Jäger zeigte auf Christoph Johannes. »Er hat auch einen
Geburtsmakel. Er kommt aus Kiel.«

Jürgensen räusperte sich.

»Na endlich«, stellte Große Jäger fest. »Das habe ich schon richtig vermisst. Nun aber weiter.«

»Der Tote trug noch seine Uhr, ein teures Schweizer Stück.«

»Die berühmte Marke?«

Jürgensen schüttelte den Kopf. »Nee. Der Mann war kein Zuhälter. Eine IWC, wenn du es genau wissen möchtest.«

»Wie heißt denn unser teurer Verblichener überhaupt? Und wie
kommt es, dass er Dollar bei sich trug?«

Christoph Johannes stieß Große Jäger kameradschaftlich in die
Seite.

»Ich dachte schon, das fragst du nie.«

Jürgensen zeigte auf die Leiche zu ihren Füßen. »Wir haben einen
amerikanischen Pass gefunden.«

»Name!«, knurrte der Oberkommissar.

Jürgensen zögerte noch ein wenig mit der Antwort, bis er schließlich leise sagte: »Lew Gruenzweig, achtundfünfzig, aus New York.«

»Der sieht aber älter aus«, murmelte Große Jäger, während Christoph Johannes ein »Donnerlüttchen« entfuhr.

»Eben«, merkte Jürgensen an.

Große Jäger sah hintereinander Christoph Johannes und den
Leiter der Spurensicherung an. »Ist der bekannt? Muss man den
kennen?«

»Sicher«, erwiderte Christoph Johannes. »Der geistert allenthal-
ben durch die Medien.«

»Für einen Weltklassesprinter ist er zu alt«, überlegte der Oberkommissar laut. »Vielleicht Schauspieler? Gangsterboss in amerikanischen Räuberpistolen?«

»Gruenzweig ist einer der bekanntesten Männer der Weltwirtschaft«, half Jürgensen aus.

»Und einer der meistgefürchteten und -gehassten«, ergänzte Christoph Johannes.

»Hmh«, brummte Große Jäger und drehte sich zu Christoph Johannes um. »Wer ist Lew Gruenzweig?«

»Das ist der Präsident der Rumsberg Grow Up International Foundation – ein Hedgefonds. Die gelten als eine der schlimmsten der internationalen Heuschrecken und investieren rund um den Globus. Sie sind berüchtigt dafür, dass sie gesunde Unternehmen aufkaufen, ausschlachten und ohne Rücksicht auf die dort beschäftigten Menschen und deren Familien nur noch rauchende Trümmer hinterlassen.«

»Bei den bescheidenen Dienstbezügen, die mir Peter Harry überweist, kenne ich nur Bent Hansen.«

»Wer ist das?«

»Der Kreditsachbearbeiter bei der Nord-Ostsee Sparkasse in Husum. Der genehmigt mir immer die Überziehung meines Dispos.«

Christoph Johannes lachte. »Da gibt es sicher ein paar Unterschiede in der Geldmenge, die du bewegst und er da.« Er zeigte auf den Toten.

Große Jäger kratzte sich hörbar über die Stoppeln des unrasierten Kinns. »Und warum lässt er sich hier ermorden? Mit seinem Geld kann man doch an den schönsten Plätzen der Welt leben.«

»Hat er doch gemacht. Er war doch hier – auf Sylt.«

»Doch nicht zu seinem persönlichen Vergnügen? Viele würden ihr Leben dafür geben, zu den Reichen und Mächtigen zu gehören, die in Kampen zwischen Rotem Kliff und Buhne 16 residieren dürfen. Der da hat es geschafft. Er durfte hier leben. Und sein Leben lassen.«

»Ich fürchte, das werdet ihr herausfinden müssen – warum er hier sterben wollte«, sagte Jürgensen. »Können wir nun weitermachen?«

»Moment«, unterbrach ihn Christoph Johannes und beugte sich nieder. »Das ist ja eine außergewöhnliche Mordmethode.«

»Superreiche sind selbst im Sterben extravagant«, sagte Große Jäger und beugte sich ebenfalls hinab.

Gemeinsam nahmen sie die sechs Champagnerflaschen in Augenschein, die mit einem Strick verknotet um den Hals des Toten geknüpft waren und als Gewicht dienten, um den Kopf unter Wasser zu ziehen.

»Champagne Charles Monthibault – Brut Millésimé – 2000« las der Oberkommissar stammelnd vor.

»Das ist ein ganz edles Gewächs. Jahrgangschampagner«, kommentierte Christoph Johannes.

»Das kann man sich nur mit den Bezügen eines Ersten Hauptkommissars leisten«, entgegnete Große Jäger. »Für Oberkommissare bleibt nur der Zapfhahn in der Bierkneipe. Aber zugegeben – das hat Stil. Zweitausend. Ist das der Jahrgang?«

Christoph Johannes nickte.

»Dann haben wir das Motiv. Das Zeug muss weg. Und da man das nicht alles trinken kann, hängt man es solchen Leuten wie ihm da um den Hals.«

»Die haben das aber nicht gern.« Christoph Johannes zeigte auf die Handschellen, mit denen Gruenzweig auf dem Rücken gefesselt war.

»Hast du deine noch?«, stichelte der Oberkommissar und grinste Christoph Johannes an. »Ich meine – wegen des Alibis.«

»Du bist der Einzige in der ganzen Polizeidirektion, der noch die Metallhandschellen benutzt. Alle anderen verwenden Einmalfesseln aus Plastik.«

Der Oberkommissar musterte die Handschellen. »Das sieht nicht so aus, als hätte sich der Tote gewehrt. Es gibt kaum Spuren, die darauf hindeuten, dass er daran gezerrt hätte, um sich zu befreien.«

»Das deutet auf zwei Möglichkeiten hin«, erklärte Christoph Johannes. »Entweder ist Gruenzweig vorher betäubt worden, oder er hat sich freiwillig fesseln lassen. Solche Handschellen sind in einschlägigen Sexshops als Spielzeug zu erwerben.«

Große Jäger zog eine Augenbraue in die Höhe. »Der Pelzmantel in der Garderobe.«

»Richtig. Obwohl ich eher Cape dazu sagen würde.«

Der Oberkommissar zeigte auf Klaus Jürgensen. »Der Täter muss aus Flensburg kommen. Dort residiert schließlich der Sex-Großversand.«

»Habt ihr etwas von der Frau entdeckt, die hier gewesen sein muss?«, wandte sich Christoph Johannes an den Kriminaltechniker.

Jürgensen schüttelte den Kopf. »Nur den Pelzumhang. Sonst nichts.«

»Und die Gläser sind gespült«, stellte Christoph Johannes fest. »Wissen wir, wem das Anwesen gehört?«

»Ja«, erschallte eine Bassstimme in ihrem Rücken.

Sie drehten sich um.

»Moin, Herr Paulsen«, begrüßte Christoph Johannes den Leiter der Westerländer Kriminalpolizeiaußenstelle, wie die Dienststelle etwas umständlich im Amtsdeutsch hieß.

Sie gaben sich die Hand.

Hauptkommissar Momme Paulsen war eine große, stattliche Erscheinung. Der dichte Vollbart, die ebenfalls mit grauen Strähnen durchzogenen Haare und das wettergegerbte Gesicht ließen eher einen Seebären vermuten als einen Kriminalbeamten.

Paulsen steckte beide Hände in die Hosentaschen.

»Zunächst einmal: Wir haben außer der Nerzjacke keine Hinweise auf weitere Besucher im Haus gefunden.« Er sah Jürgensen an. »Die Spurensicherung wird da mehr finden. Nachbarn haben auch nichts bemerkt, sofern man hier von solchen überhaupt reden kann. Jetzt, im April, sind längst nicht alle Häuser bewohnt. So wie dieses hier. Der Besitzer kommt nur sporadisch her. Dann dürfte er mit dem Flieger aus Frankfurt herüberrutschen.«

»Frankfurt – Finanzzentrum«, dachte Große Jäger laut. »Er da scheint auch in dieser Branche mitgespielt zu haben. Nun spann uns nicht auf die Folter. Wer ist der Eigentümer?«

»Dr. Friedemann Ambrosius Laipple.«

»Den kenne sogar ich«, staunte Große Jäger. »Heißt der wirklich Ambrosius?«

»Ja – *Remigius*«, sagte Christoph Johannes betont und spielte damit auf Große Jägers zweiten Vornamen an, den dieser genauso wenig liebte wie seinen ersten – Wilderich Remigius Große Jäger.

»Friedemann Laipple – Vorstandssprecher der großen Bank, die einer der wenigen deutschen Global Player rund um den Erdball ist«, erklärte Christoph Johannes.

»Wenn das wahr ist, was in der Zeitung stand, dann verdient der Mann etwa siebentausend Euro«, überlegte Große Jäger laut.

»Da kommen wir Beamten nicht hin«, mischte sich Jürgensen ein, um in ein heftiges Niesen zu verfallen.

Christoph Johannes lachte. »Ich habe nicht nachgerechnet. Da dürften aber noch ein paar Euro durch Bonuszahlungen, Aktienoptionen und Einkünfte aus anderen Tätigkeiten dazukommen, wie beispielsweise Aufsichtsratstantiemen.«

»Nicht schlecht.«

»Nun werde nicht neidisch«, beschwichtigte Christoph Johannes. »Selbst dann nicht, wenn Laipple die siebentausend Euro pro Stunde bekommt.«

»Damit kann man sich so ein Haus wie dieses leisten. Und die Heizkosten bezahlen«, schloss Große Jäger und wischte sich mit dem Handrücken über die Stirn, weil es mittlerweile sehr warm in der Schwimmhalle geworden war.

»Wo ist eigentlich das K1?«, fragte Paulsen, als sie gemeinsam das Atrium verließen.

»Seitdem die Dobermann weg ist, geht es bei der Mordkommission in Flensburg drunter und drüber. Der Scheiß-Starke hat das nicht im Griff«, erklärte Große Jäger ungefragt.

»Wer?«, fragte Paulsen, der vorausgegangen war.

»Kriminaldirektor Dr. Starke von der Bezirkskriminalinspektion in Flensburg«, erklärte Christoph Johannes und wandte sich dann an den Sylter Kollegen. »Die haben gerade einen dicken Fall in der Nähe von Schleswig, der auch durch die Presse gegangen ist.«

»Der Tote an der Autobahn?«

»Genau. Und für Frauke Dobermann gibt es noch keinen Nachfolger.«

»Die hat ja einen furiosen Einstand in Hannover gehabt. Die beißt sich durch – wie ihr Name schon sagt«, mischte sich Große Jäger ein. »Ganz schön heftig, dass sie jetzt sogar auf einer Todesliste steht. Wenn das dort so weitergeht, müssen wir wohl irgendwann nach Hannover und aushelfen. Dobermanns Fall ist ja bundesweit durch die Medien gerauscht und war tagelang Thema im Fernsehen. Dagegen arbeiten wir richtig im Verborgenen.«

Er bekam von Christoph Johannes einen sanften Stoß in den Rücken. »Das trifft auf dich nicht zu. Du bist sicher ebenso bekannt wie Frauke Dobermann. An die Arbeit, Wilderich. Hast du das Seil gesehen, mit dem die Champagnerflaschen um Gruenzweigs Hals geknotet waren?«

»Weiß, Kunststoff, etwa fingerdick«, konstatierte Große Jäger. »Für eine Wäscheleine zu stark.« Er sah den Leiter der Spurensicherung an.

Jürgensen bückte sich und nahm ein Ende in seine behandschuhte Hand. Vorsichtig bog er das Tau hin und her. Es war ausgesprochen elastisch.

»Wo benutzt man so etwas?«, überlegte Große Jäger laut. »Es laufen wenig Leute mit einem solchen Strick durch die Gegend. Das würde uns sicher weiterhelfen, wenn wir das wüssten.«

»Ich bin mir nicht sicher«, sagte Jürgensen, »aber es könnte beim Segeln Verwendung finden. Das wäre auch eine Erklärung für die merkwürdigen Knoten, mit denen die Flaschenhälse befestigt waren. Sie sind alle ebenmäßig.«

»Das ist ein erster Anhaltspunkt, den wir verfolgen könnten«, stimmte Christoph Johannes zu und sah zum offenen Glasschiebeelement, das ins Wohnzimmer führte. Dort war der uniformierte Polizist erschienen, der sie am Zugang zum Grundstück begrüßt hatte.

»Wir haben draußen einen festgehalten«, erklärte der Beamte und wies mit dem Daumen über die Schulter. »Der hat so merkwürdig geguckt, nachdem er langsam vorbei ist. Dann hat er hinten am Ende der Straße gewendet. Wollen Sie mal mit ihm schnacken?«

»Gern«, sagte Christoph Johannes und ging, gefolgt von Große Jäger und Paulsen, hinaus.

»Ich kenn den vom Ansehen«, fügte der Streifenbeamte auf dem Weg durchs Haus noch an. »Der treibt sich oft auf der Insel rum. Mal hier – mal da.«

Ein großer, sportlich durchtrainiert Mann lehnte sich lässig gegen die Pforte. Er trug eine helle Leinenhose, hatte einen durch einen Designer kunstvoll zerknautschten Lederblouson etwa zur Hälfte geöffnet, und durch die ebenfalls oben offenen Knöpfe seines hellblauen Hemdes schimmerten dichte blonde Brusthaare. Der gepflegte Dreitagebart im kantigen Gesicht, die sorgsam gestutzten Augenbrauen und eine in die künstlich erblondeten Haare hochgeschobene Sonnenbrille verliehen ihm auf den ersten Blick das Aussehen eines jener Models, die die Titelblätter von Lifestylemagazinen zierten.

Christoph Johannes ging auf den Mann zu. Aus den Augenwinkeln registrierte er eine hinter den Einsatzfahrzeugen abgestellte schwarze Corvette.

»Moin«, begrüßte er den Mann.

»Grüß Gott«, erwiderte der, ohne Anstalten zu unternehmen, sich vom Tor zu lösen.

»Ach du Schreck, *so einer*«, entfuhr es Große Jäger, der mit einem Schritt Abstand gefolgt war.

»Polizei Husum. Mein Name ist Johannes.«

Der Blonde musterte Christoph Johannes mit einem beinahe spöttischen Blick, ohne etwas zu sagen.

»Den Kollegen ist aufgefallen, dass Sie sich offenbar für dieses Gebäude interessieren.«

»So?«, fragte der Blonde und spitzte dabei die Lippen.

»Trifft das zu?«

»Ich bin hier entlang, habe gewendet, und wenn irgendwo die Polizei steht, wirft man einen interessierten Blick darauf. Ist das verboten?«

»Kennen Sie die Bewohner dieses Hauses? Oder Gäste?«

»Wenn Sie mir Namen nennen – vielleicht. Noch besser wäre ein Bild. Vielen begegnet man bei irgendwelchen Gelegenheiten – hat einen Drink miteinander. Ist das *Kennen* nach Ihrem Verständnis?«

»Was wollten Sie hier?«, mischte sich Große Jäger ein. »Die Straße ist eine Sackgasse. Keine Durchgangsstraße.«

Der Mann löste sich von der Pforte und drehte auf dem wohlmanikürten rechten Zeigefinger seine Autoschlüssel.

»Ist das Ihr Fahrzeug?«, fragte Große Jäger.

Der Blonde sah den Oberkommissar von oben herab an. »Suchen Sie Autodiebe? Das ist meiner. Und ich habe ihn nicht als gestohlen gemeldet. Kann ich jetzt weiter?«

»Einen Moment«, bat Große Jäger. »Reine Routine. Wir würden gern Ihre Fahrzeugpapiere kontrollieren.«

»Kein Problem«, sagte der Mann und ging mit wiegendem Schritt zu seinem Sportwagen. Er öffnete den Wagen und holte aus der Seitentasche eine helle lederne Brieftasche hervor, fischte Führerschein und Zulassung heraus und reichte beides dem Oberkommissar.

Große Jäger prüfte die Papiere. Der Mann hieß Hans-Martin Hollergschwandtner und war fünfunddreißig Jahre alt. Als Wohnsitz war Penzberg in Oberbayern eingetragen. Die Halterangaben im Fahrzeugschein stimmten mit den Angaben überein. Und das Kennzeichen »WM« stand für den Kreis Weilheim-Schongau. Große Jäger gab die Dokumente zurück und sah Hollergschwandtner nach, der in die Corvette stieg und den Sportwagen mit dem satten Sound Richtung Kampener Ortsmitte davonrollen ließ.

»Hast du Name und Anschrift?«, fragte Christoph Johannes, als Große Jäger zurückkehrte.

Der Oberkommissar nickte. »Was war das für ein Vogel?«, fragte er mehr sich selbst und sah Paulsen, den Insulaner, an. »Kennst du den?«

»Hast du eine Vorstellung, wie viele Fremde hier auf Sylt sind?«, antwortete der Hauptkommissar mit einer Gegenfrage.

»Ich werde mich über den Typen erkundigen. Entweder ist das ein Nabob, der hier die Zeit totschlägt und Papis Geld durchbringt, oder es ist der Zuhälter der Dame, die die Pelzjacke zurückgelassen hat.«

***

Ein heftiger Schauer ging über Kiel nieder. Es war dunkel geworden, und der Regen klatschte gegen die Fensterscheiben. Der Mann mit den verwuschelten blonden Haaren sah kurz auf, warf einen Blick in das trübselige Grau hinaus, schüttelte den Kopf, als er daran dachte, dass für die Westküste gutes Wetter angekündigt worden war, und kehrte dann zum Studium der Akte auf seinem Schreibtisch zurück. Mechanisch tastete sich seine rechte Hand über die Arbeitsfläche, bis sie an die Kaffeetasse stieß. Er nahm den Griff zwischen Daumen und Zeigefinger, führte das Trinkgefäß an den Mund und leerte den Rest des Inhalts. Die Hand kehrte zur offenen Akte zurück, und der Zeigefinger fuhr im Leserhythmus am Rand des Papiers abwärts.

Kriminalrat Lüder Lüders saß an einer Gefährdungsanalyse für die Mitglieder der Landesregierung. Besonders der joviale und sich volksnah gebende Landesvater, der keine Eröffnung eines Kindergartens, das Jubiläum einer Altentagesstätte oder die Einweihung eines neu geteerten Feldweges ausließ, stand im Blickpunkt der Personenschützer des Dezernats 31. Missmutig erledigte Lüder die ungeliebte Schreibtischarbeit, zu der ihn der Leiter der Abteilung 3 des Landeskriminalamts in Kiel mit sanftem Druck genötigt hatte. Kriminaldirektor Jochen Nathusius stand dieser Einheit des LKA vor, deren Aufgabe der Polizeiliche Staatsschutz war. Nathusius hätte es gern gesehen, wenn Lüder die Leitung des Dezernats übernommen hätte, aber der weigerte sich, das zweite Dezernat unter Leitung des Kriminaldirektors zu verlassen, das für Ermittlungen und die innere Sicherheit zuständig war und in dem er Spezialaufgaben erledigte.

Lüder war am Ende der Seite angekommen und blätterte um. Bevor er weiterlas, wanderte sein Blick zu dem Bild an der Ecke seines Schreibtischs. Von dort lachten ihn Margit und die vier Kinder an. Noch hatten er und seine Partnerin keine Zeit zum Heiraten gefunden, obwohl die Kleinste, ihre gemeinsame Tochter Sinje, bald drei Jahre alt wurde. Sie stand neben Jonas, dem Enfant terrible der Patchworkfamilie. Jonas war der Sohn aus Lüders geschiedener Ehe, während Margit Thorolf und Viveka mitgebracht hatte.

Margit genoss es, dass Lüder derzeit im Innendienst tätig war, nachdem er allzu oft in der Vergangenheit gefährlichen Einsätzen ausgesetzt gewesen war. Jonas hingegen zeigte offen seine Enttäuschung, dass Lüder sich gegenwärtig in seiner Arbeit in nichts von Beamten in der öffentlichen Verwaltung unterschied.

Lüders Zeigefinger wanderte auf der nächsten Seite abwärts, bis er an einer Stelle verharrte. Instinktiv schüttelte Lüder den Kopf und blätterte zurück, um die Passage auf der Vorseite noch einmal zu lesen, als er durch das Telefon abgelenkt wurde.

»Diether«, vernahm er die forsche Stimme des Oberarztes am Institut für Rechtsmedizin der Christian-Albrechts-Universität. »Sie haben von der Ermordung des amerikanischen Milliardärs auf Sylt gehört? Wie ich Sie kenne, möchten Sie gern das Ergebnis der Obduktion von Lew Gruenzweig wissen.«

»Zumindest ein paar ergänzende Details«, bestätigte Lüder, obwohl er mit diesem Fall nicht betraut war und über nicht mehr Informationen verfügte, als er den Medien hatte entnehmen können.

»Den wichtigsten Punkt kenne ich bereits. Der Mann ist tot.«

»Exitus totalis.« Der Rechtsmediziner ließ ein herzhaftes Lachen hören. »Tod durch Herzversagen. So drücken es zumindest die Laien aus, zu denen leider auch manchmal Angehörige meines Berufsstandes gehören.«

Lüder wusste, dass die Rechtsmediziner »Herzversagen« als einen finalen Zustand betrachteten, es aber darauf ankam, zu klären, warum das Herz den Dienst versagte.

»Gruenzweig ist ertrunken, nachdem es zunächst so ausgesehen hatte, als wäre er erstickt.« Der Arzt legte eine Kunstpause ein. Nachdem Lüder jedoch schwieg, fuhr er fort: »Bei dem Toten wurde zunächst durch aspirierte Wassertropfen ein Laryngospasmus, ein Stimmritzenkrampf, ausgelöst. Die Folge ist eine Blockade der Atemwege. Wussten Sie, dass etwa bei jedem zehnten Wasseropfer ein trockenes Ertrinken vorliegt, weil die Stimmritzen nicht wieder aufmachen? Vielleicht wäre das bei unserem Toten auch der Fall gewesen, wenn er nicht …«

»Da ich mich frage, warum er sich nicht gewehrt hat, als man ihm die Champagnerflaschen um den Hals gehängt hat, liegt die Vermutung nahe, dass Gruenzweig zuvor sediert wurde«, sagte Lüder und verschwieg, dass er diese Tatumstände ebenfalls nur aus den Nachrichten kannte. Die Zeitungen hatten noch nicht darüber berichtet.

»Oh – ein Kollege«, spottete Dr. Diether. »Sie haben recht. Dem Mann wurde Rohypnol verabreicht. Das ist ein Flunitrazepam und gehört zu den Benzodiazepinen. Es ist mit Diazepam verwandt, das der Laie als Valium kennt. Wir sprechen hier über die Gruppe der Hypnotika und medikamentösen Schlafmittel. Das Gefährliche am Rohypnol ist, dass es fast zehnmal so stark wie das Diazepam ist. Daher darf es in der Regel auch nur auf speziellem Betäubungsmittelrezept verordnet werden. Das Zeug riecht und schmeckt nicht. Deshalb hat der Hersteller dem Medikament einen Farbstoff beigesetzt, der aber erst nach zwanzig Minuten sichtbar wird. Außerdem müssen wir davon ausgehen, dass das Mittel ›unsauber‹ von anderen Laboren hergestellt wird.«

»Kann man es mit den sogenannten K.-o.-Tropfen vergleichen, die häufig späteren Vergewaltigungsopfern verabreicht werden?«

Dr. Diether atmete hörbar auf. »Leider ist es so. Das Mittel wirkt insbesondere in Verbindung mit Alkohol teuflisch. Die Opfer, sofern sie überleben, haben keine Erinnerungen an die an ihnen vollzogenen Verbrechen. Man muss es sich wie ein extrem starkes Schlafmittel vorstellen. Außerdem ist es muskelrelaxierend. Es entspannt die Muskulatur, und Sie können mit dem willen- und wehrlosen Opfer verfahren, wie Sie möchten.«

»Gruenzweig wurde also, vermutlich in Verbindung mit Alkohol, Rohypnol verabreicht.«

»Leider können wir das nur vermuten, weil die Hauswirtschafterin noch vor dem Eintreffen der Polizei die Gläser gespült hat. Das hätte ich als Täter auch gemacht«, fuhr Dr. Diether fort.

Lüder schüttelte instinktiv den Kopf, obwohl sein Gesprächspartner am anderen Ende der Leitung das nicht sehen konnte. »Das war in diesem Fall eher eine Dummheit und kein Vorsatz. Wie kommt man an das Präparat?«

Dr. Diether räusperte sich, bevor er antwortete. »Normalerweise überhaupt nicht. Natürlich gibt es einen Schwarzmarkt, und einschlägige Kreise dürften keine Beschaffungsprobleme haben. Wer so etwas nutzt, ist kein Amateur, sondern weiß um die Wirkung. Gehen Sie davon aus, dass die Tat keine Kurzschlussreaktion war, sondern ein geplanter Mord. Der Täter hat sich das Mittel besorgt und hatte vor, sein Opfer zu ertränken.«

»In einer besonders symbolträchtigen Weise«, stimmte Lüder zu. »Dafür spricht auch der Halsring aus Champagnerflaschen, der das wehrlose Opfer unter Wasser zog. Jemand wollte ein Zeichen setzen: Seht! Die amerikanische Heuschrecke ersäuft im Champagner.«

»Für die Sachkenntnis des Mörders spricht auch, dass im Blut- und Urintest das Medikament nur innerhalb von zweiundsiebzig Stunden nachweisbar ist. Möglicherweise hat der Täter spekuliert, dass Gruenzweig nicht so schnell gefunden wird.«

»Nun fehlt mir noch der Todeszeitpunkt«, sagte Lüder.

»Das war in diesem Fall einfach. In der Schwimmhalle und im Wasser dürften konstant die gleichen Temperaturen herrschen. So lässt sich der Zeitpunkt ziemlich gut eingrenzen. Ich würde zweiundzwanzig Uhr schätzen. Nun wünsche ich Ihnen viel Erfolg bei der Tätersuche«, beschloss der Rechtsmediziner das Gespräch.

Lüder legte den Hörer auf die Station zurück und lächelte. Du bist gut, dachte er. Damit habe ich nichts zu tun. Zunächst wollte er sich wieder der Gefährdungsanalyse widmen, die vor ihm auf dem Schreibtisch lag, dann entschloss er sich aber, den Abteilungsleiter aufzusuchen.

Das Büro des Kriminaldirektors war größer als Lüders. Wie in Behörden und auch in der Wirtschaft häufig üblich, bemaß sich die zur Verfügung stehende Bürofläche nach »Achsen«. Das Zählmaß war häufig die Anzahl der Fenster.

Nathusius sah auf, als Lüder eintrat, und grüßte seinen engsten Mitarbeiter. Der Kriminaldirektor war wie immer tadellos gekleidet und hatte auch das Sakko im Büro nicht abgelegt. Er erkundigte sich zunächst nach Lüders Familie, während Lüder ein Blick auf das Bild von Nathusius' Frau Beatrice warf, das sich der Abteilungsleiter als einzige persönliche Ausstattung gönnte.

»Was führt Sie zu mir?«, wechselte der Kriminaldirektor dann das Thema.

Lüder berichtete vom Anruf des Rechtsmediziners.

»Haben Sie um diese Auskunft gebeten?«, erkundigte sich Nathusius. Ein Lächeln huschte über das runde Gesicht mit den Sommersprossen.

»Ich war überrascht, dass mich Dr. Diether angerufen hat. Wir sind doch nicht in diesem Fall involviert?«

Jochen Nathusius legte die Fingerspitzen aneinander und musterte Lüder durchdringend. »Wir kennen uns schon eine ganze Weile. Daher mag ich nicht an einen Zufall glauben.«

Lüder versicherte, dass er selbst überrascht gewesen war, als ihn der Anruf der Rechtsmedizin erreichte.

»Im Landeskriminalamt bin bisher nur ich informiert«, sagte Nathusius. »Da ich davon ausgehe, dass Sie mich nicht abhören, muss es wohl Ihr sechster Sinn sein, der Sie zu mir geführt hat. Vor einer Viertelstunde hat mich Dr. Starke aus Flensburg angerufen und mir von diesem Fall berichtet. Die Bezirkskriminalinspektion bittet um Amtshilfe.«

»Ist das zu heiß für Starke?«

Nathusius zog die Augenbraue in die Höhe. Er tat damit seine Missbilligung dafür kund, dass Lüder den Namen des Flensburger Inspektionsleiters ohne dessen akademischen Zusatz benutzte. Jeder in der Landespolizei wusste, dass Dr. Starke darauf viel Wert legte.

Hoffentlich schweift der Kriminaldirektor jetzt nicht ab und fragt mich, wann ich endlich meine Doktorarbeit abschließe, dachte der studierte Jurist Lüder. Seit Langem drängte ihn Nathusius, sich dieses Themas anzunehmen, weil sich damit im öffentlichen Dienst sicher einfacher Karrierechancen ergeben würden, die man

Lüder bisher versagt hatte. Doch der Abteilungsleiter blieb konzentriert beim Thema.

»Es gibt nach dem Weggang von Frau Dobermann personelle Engpässe in Flensburg. Das dortige K1 – nun sagen Sie nicht gleich wieder ›Mordkommission‹ – ist mit dem spektakulären Fall in Schleswig beschäftigt. Und die Husumer möchte Dr. Starke nicht gern ermitteln lassen.«

»Da gibt es viele persönliche Animositäten«, gab Lüder zu bedenken. »Starke – pardon! – Dr. Starke neidet den Nordfriesen deren Ermittlungserfolge. Der Fall Gruenzweig ist also so brisant, dass er ans LKA abgeschoben werden soll.«

»Noch gibt es keine Entscheidung von oben. Ich gehe davon aus, dass sich zudem verschiedene Ministerien einmischen werden. Ab heute Mittag wird der Mord an Lew Gruenzweig in allen Medien weltweit hochgekocht. Das wird sich nicht vermeiden lassen.«

»Dann ist der Wirtschaftsminister doppelt involviert«, überlegte Lüder laut. »Zum einen, weil die internationale Finanzwelt nach Schleswig-Holstein schaut, zum anderen ist er aber auch für den Tourismus im Lande zuständig. Und wie kann man das Land zwischen den Meeren auffälliger in aller Munde bringen?«

Der Kriminaldirektor schüttelte leicht den Kopf, unterließ es aber, den ihm bekannten Zynismus Lüders zu kommentieren. »Ich bin mir noch nicht schlüssig, ob das ein Fall ist, für den wir uns zuständig erklären sollten«, sagte Nathusius. »Ich denke, eine Sonderkommission wäre angebrachter. Wie wäre es, wenn Sie die Leitung übernehmen würden?«

»Da wäre ich nicht glücklich«, erwiderte Lüder.

»Schön.« Nathusius spitzte die Lippen und zeigte ein spitzbübisches Lächeln. »Sie sind zudem verhindert, weil Sie an den Gefährdungsanalysen arbeiten.«

»Ich könnte vielleicht unabhängig von der Sonderkommission ein paar Erkundigungen einziehen«, überlegte Lüder laut.

»Nach den schlechten Erfahrungen, die Sie mit brisanten Fällen in der Vergangenheit gemacht haben, würde ich davon abraten.«

»Man sollte persönliche Interessen hinter das Gemeinwohl stellen. Ich bin Polizist geworden, weil in mir ein gewisses Gerechtigkeitsgefühl schlummert. Sonst hätte es im öffentlichen Dienst si-

cher auch viele andere Verwendungsmöglichkeiten für einen Juristen gegeben.«

»Was macht eigentlich Ihre Promotion?« Nun hatte der Kriminaldirektor doch danach gefragt.

»Das kostet viel Zeit«, antwortete Lüder.

»Und die haben Sie seit vielen Jahren nicht«, sagte Nathusius und
trug damit nur das vor, was Lüder seit Langem als Entschuldigung
vorbrachte.

Lüder verabschiedete sich. Auch wenn der Kriminaldirektor ver-
bal etwas anderes von sich gegeben hatte, war Lüder beauftragt, sich
des brisanten Falls anzunehmen.

Die kleinste Polizeidirektion des Landes war in dem Dienstgebäu-
de gegenüber dem Husumer Bahnhof untergebracht. Der langge-
streckte Bau aus grauem Putz wurde aufgelockert durch die zahlreichen Pflanzen, die von den Mitarbeitern der Behörde hinter den
Fenstern gehegt wurden.

Lüder hielt auf der Rückseite des Gebäudes und warf einen
Blick auf den Wohnblock einer Seitenstraße, dessen Rückfront in
einem ins Auge stechenden Ochsenblutrot gestrichen war. Lüder
musste lächeln. Auch wenn er sicher keinen Einfluss auf diese außergewöhnlich kräftige Farbgestaltung gehabt hatte, aber in diesen Häusern wohnte Große Jäger. Es passte einfach zu diesem
Mann.

Kurz darauf stand er dem Oberkommissar gegenüber. Große
Jäger saß in einem Büro mit drei Schreibtischen, von denen einer
verwaist schien. Er hatte seine Füße in gewohnter Weise in der her-
ausgezogenen Schublade des Schreibtisches geparkt und blies kunstvoll Ringe in die Luft.

Auf Lüders »Moin« schwenkte der Oberkommissar zur Begrüßung andeutungsweise seine Hand mit dem Glimmstängel. Dann
drehte er sich halb nach hinten und brummte über die Schulter: »Das
ist Kiel, Christoph.«

»Moin, Herr Lüders«, grüßte ihn Christoph Johannes, der sich
von seinem Platz erhoben hatte. Er wies auf den Besucherstuhl an
seinem Schreibtisch und bot Lüder Platz an.

»Hallo, Wilderich«, nickte Lüder in Große Jägers Richtung.

»Herr Lüders«, knurrte der zwischen den Zähnen hervor. Aus

einem unerfindlichen Grund war der Oberkommissar stets beim
»Sie« geblieben, obwohl Lüder ihm im vergangenen Jahr bei einem
gemeinsamen brisanten Einsatz das Du angeboten hatte.

»Wie geht es der Familie?«, fragte Große Jäger, der damals ein
paar Tage in Lüders Haus gewohnt hatte.

Lüder berichtete von zu Hause, von der sich prächtig entwickeln-
den Jüngsten und natürlich von Jonas, der Große Jäger besonders
ins Herz geschlossen hatte.

Christoph Johannes hatte die Zeit genutzt, um dem Gast einen
Kaffee zu besorgen.

»Wir sind informiert worden, dass das Landeskriminalamt die
Ermittlungen im Mordfall Gruenzweig übernommen hat.«

»Dem Scheiß-Starke geht der Arsch auf Grundeis«, mischte sich
Große Jäger ungefragt ein. »Dieser Feigling drückt sich vor der großen Verantwortung und dem Medienecho, das dieser Mord hervor-
rufen wird. Diese linke Bazille hat doch selbst Schuld, dass er ohne
die Dobermann auskommen muss. Es kursieren Gerüchte, dass er
nicht unschuldig ist an der plötzlichen Versetzung der Doberfrau.
Hannover! Das ist wahrlich eine *Straf*versetzung«, brummte der
Oberkommissar mehr zu sich selbst.

Lüder hatte sich umgedreht und Große Jäger bei dessen Tira-
de gemustert. Die dunklen, ungewaschenen Haare hatten seit ihrer
letzten Begegnung ein paar graue Strähnen mehr bekommen. Der
blauschwarze Schimmer an Wangen und Kinn war alles andere als
ein gepflegter Dreitagebart, die schmuddelige Jeans und das rote
Holzfällerhemd waren ebenso ein Markenzeichen dieses ungewöhnlichen Mannes wie der Schmerbauch, der über der Gürtelschnalle hing. Und seit dem letzten Jahr gab es noch ein weiteres:
das Einschussloch in der Lederweste, die Große Jäger zu jeder Jahreszeit trug. Es stammte von einem Schusswechsel bei einer Verfolgungsjagd, die Lüder gemeinsam mit dem Oberkommissar durch-
gestanden hatte.

Christoph Johannes trug die bisherigen Ermittlungsergebnisse
vor.

»Wie kommt der Täter an das Rohypnol?«, überlegte Lüder.
»Das Ganze sieht nicht so aus, als wäre ein Partygag überzogen worden. Dagegen spricht die Halskrause aus Champagnerflaschen.«

»Zehn Kilo wiegen die sechs Flaschen. Das zieht auch einen Lew

Gruenzweig nach unten, der es sicher gewohnt war, immer obenauf zu schwimmen«, warf Große Jäger ein, bevor er sich leise fluchend auf die Suche nach dem Feuerzeug machte, um sich die nächste Zigarette anzuzünden.

»Dieses Medikament könnte entweder auf Partys der High Society verweisen. Oder es stammt aus dem Rotlichtmilieu. Dort wird es bekanntermaßen als K.-o.-Tropfen eingesetzt. Für Letzteres könnte das Nerzcape sprechen. Ist schon geklärt, ob Gruenzweig eventuell selbst das Medikament benutzt hat? Solche Leute leben ständig unter Hochspannung und können ohne dämpfende Arzneien nicht mehr abschalten. Das ist der Preis für diese Art des Daseins.«

»So weit sind wir noch nicht«, sagte Christoph Johannes mit einem bedauernden Schulterzucken. »Die Entdeckung des Mordes ist erst wenige Stunden her.« Er stutzte und kniff die Augen zusammen, als er Lüder ansah. »Wie kommt es, dass die Gerichtsmedizin so schnell reagiert hat und sogar schon Laborergebnisse vorliegen?«

Große Jäger übernahm es ungefragt zu antworten: »Wenn so ein Moneymaker das Opfer ist, werden alle Hebel in Bewegung gesetzt. Zur Not muss dafür in Kiel dieser oder jener schon mal auf das Frühstück verzichten.«

»Wir im Landeskriminalamt gehen umgekehrt immer davon aus, dass das beschauliche Leben in den Dienststellen im Lande gepflegt wird«, erwiderte Lüder.

Große Jäger lachte kehlig auf und wies mit dem Daumen auf Lüder. »Hörst du, Christoph? Jetzt hörst du vom Herrn Kriminalrat die gleichen vorurteilsbehafteten Sprüche wie von Klaus Jürgensen.« Der Oberkommissar winkte ab. »Was soll's? Der kommt ja auch von der Ostseeküste.«

»Kollege Paulsen aus Westerland hat die Pelzhändler auf Sylt aufgesucht und Erkundigungen eingezogen, ob das weiße Cape dort gekauft wurde«, sagte Christoph Johannes.

»Hast du von Pelzhändlern im Plural gesprochen?«, fragte Große Jäger. »Sylt ist doch nur eine kleine Insel.«

Christoph Johannes schüttelte den Kopf. »Es scheint, als hättest du trotz vieler Jahre in Nordfriesland immer noch nicht verstanden, was und wer Sylt ist. Jedenfalls ist das Stück nicht auf Sylt erworben worden. Der weiße Nerz, wie wir ihn immer genannt haben, ist übrigens echt und stammt vom …« Er unterbrach seine Ausführungen, um noch einmal die Nachricht auf seinem Bildschirm zu lesen. »Er stammt vom Mustela erminea.«

»Ach so«, sagte Große Jäger und lehnte sich zurück, dass sein Stuhl ächzte. »Das habe ich mir gleich gedacht.« Er lächelte sein Gegenüber an. »Als Erster Hauptkommissar muss man wissen, was das ist. Machst du einen dummen Oberkommissar auch schlau?«

»Das ist der lateinische Name des Kurzschwanzwiesels, einer Marderart.«

Große Jäger schüttelte den Kopf. »Ich dachte schon, wir hätten einen größeren Fisch an der Angel und das Pelzdingens würde zu einer Reichen und Schönen gehören. Nun kommst du mit so einem Getier, das bei armen Leuten auf dem Dachboden haust.«

Christoph Johannes lachte, und Lüder stimmte ein.

»Wenn du die englische Königin und den Papst zu den armen Leuten zählst, hast du recht«, mischte sich Lüder ein. »Der Papst hat sich immerhin eine in der Modewelt sehr auffällige Mütze daraus machen lassen.«

»Aus Marder?« Große Jäger sah Lüder ungläubig an. »Die Kirche ist auch nicht mehr das, was sie einmal war.«

»Mag sein«, sagte Lüder. »Eine andere Bezeichnung für diesen Winterpelz des unter anderem in Sibirien lebenden Tieres ist Hermelin.«

Der Oberkommissar sah zuerst Lüder, dann seinen Kollegen mit großen Augen an. »Sagen Sie das noch mal. Hermelin? Das muss doch verdammt teuer sein. Also haben wir es hier vermutlich nicht mit einer kleinen billigen Nutte zu tun. Da muss sich doch jemand gewaltig ärgern, wenn er so ein Stück einfach an der Garderobe hängen lässt. Das vergisst man nicht aus Versehen. Wir können vermuten, dass die Dame mit der zum Hermelincape passenden Oberweite es eilig hatte, das Haus zu verlassen. Außerdem laufen sicher nicht viele Frauen mit einem solchen Stück herum. Das ist doch sicher ein Unikat. Also können wir Neckermann vergessen und bei den Edelkürschnern der Republik herumfragen.«

»Vielleicht hat die Trägerin das Hermelincape aber öfter zur Schau gestellt, und irgendwer auf Sylt erinnert sich daran«, sagte Lüder.

Große Jäger rieb sich die Hände. »Die Aufgabe übernehme ich. Ich werde durch die Sylter Szene streifen und nachfragen, ob jemand das Cape kennt.«

»Langsam«, bremste ihn Christoph Johannes. »Die Westerländer Kollegen können das sicher besser als wir.«

Große Jäger zog einen Schmollmund. »Habe ich mir gedacht, dass man hier in Husum in der freien Entfaltung am Arbeitsplatz gebremst wird.«

»Zumal die Jungs richtig gut sind. Sie haben auch einen Hinweis auf die Knoten, mit denen die Flaschen um den Hals gebunden waren. Es sind Roringsteks.«

»Das klingt nach Segeln«, überlegte Große Jäger laut.

»Richtig. Die werden vor allem bei synthetischem Gut verwendet. Aus diesem Material ist auch die Leine.«

»Das sind schon ein paar Anhaltspunkte«, fasste Lüder zusammen, der dem Dialog der beiden Husumer Beamten schweigend gefolgt war. »Das Opfer ist einer der reichsten Männer der Erde.« Lüder streckte den Daumen in die Höhe. »Der Tatort befindet sich in einem Haus der Nobelklasse, das einem der bedeutendsten Manager Deutschlands gehört.« Er zeigte dabei den gestreckten Zeigefinger. Als Nächstes hielt er zusätzlich den Mittelfinger in die Höhe. »Leine und Knoten deuten auf jemanden hin, der mit dem Segeln vertraut ist. Viertens haben wir mit dem Hermelincape einen weiteren Anhaltspunkt, und fünftens«, dabei hielt er seine gespreizte rechte Hand in die Luft, »hat die Mordmethode Stil, obwohl es makaber klingt, bei der Hinrichtung eines Menschen von Stil zu sprechen. Aber wir sollten dieser außergewöhnlichen Vorgehensweise besondere Beachtung schenken.«

»Wie wollen Sie weiter vorgehen?«, fragte Christoph Johannes.

»Ich werde zunächst nach Sylt fahren und mich vor Ort umhören«, erwiderte Lüder.

Große Jäger stöhnte auf. »Bevor sich so ein Kieler dort verirrt, werde ich ihm Geleitschutz geben.« Der Oberkommissar bohrte mit dem Zeigefinger im Einschussloch seiner Weste. »Ohne Husumer Hilfe klappt das doch nicht.«

***

Auf dem Weg zur Insel hatten die beiden Beamten im beschaulichen Niebüll Station gemacht, weil Lüder noch einmal persönlich
mit der Hauswirtschafterin sprechen wollte. Imke Feddersen hatte
verstört gewirkt, während ihr besorgter Ehemann ungehalten über
die Aufdringlichkeit der Polizei war, wie er es formulierte. Die
Frau sah mitgenommen aus und hatte sich verängstigt in die Sofa-
ecke gekuschelt. Sie konnte ihrer Aussage vom Morgen nichts hin-
zufügen. Lüder hatte zudem den Eindruck, dass das Spülen der
Gläser, die wertvolle Hinweise auf den Tatverlauf hätten geben können, mechanisch erfolgte und Imke Feddersen nicht zum Kreis möglicher Tatverdächtiger zu zählen war.

»Mir mangelt es an Phantasie, weshalb die Frau Lew Gruenzweig hätte ermorden sollen«, sagte Lüder, als sie in seinem BMW
auf dem Oberdeck des Autoreisezugs standen und das Wattenmeer
links und rechts des Hindenburgdamms vorüberzog.

»Was ist, wenn der Amerikaner zudringlich geworden ist und
die Frau sich gewehrt hat?«, warf Große Jäger ein, der in den Taschen
seiner Jeans nach einer zerknautschten Zigarettenpackung suchte
und mit einem Schulterzucken die Hände wieder hervorzog, als
Lüder leise den Kopf schüttelte. »Nee!«, gab der Oberkommissar
selbst die Antwort. »Das trauen wir der Frau nicht zu. Auch ihrem
Mann nicht. Und im Umfeld der Familie Feddersen finden sich bestimmt auch keine potenziellen Täter.«

»Ist das nicht unprofessionell, im Vorhinein solche Schlüsse zu
ziehen?«, fragte Lüder.

Große Jäger lachte meckernd. »Erfahrung. Intuition. Und mein
Bauchgefühl.« Er streichelte sich mit beiden Händen den Schmerbauch. »Und gegen diese Masse kommt nichts an.«

Im Stillen musste Lüder ihm recht geben. Imke Feddersen war
keine »Spur«.

»Sie sind doch Jurist?«, wechselte Große Jäger das Thema. »Einer mit Verwaltungserfahrung.« Er sah Lüder von der Seite an. Als
dieser schwieg, fuhr der Oberkommissar fort: »Ich wohne in Husum in der Herzog-Adolf-Straße. Gegenüber befindet sich ein Parkstreifen, der für Besucher des nahen Bahnhofs gedacht ist. Dort ist
werktags in der Zeit von acht bis achtzehn Uhr das Parken für ma-
ximal eine halbe Stunde erlaubt. Das hindert ein BMW-Dreier-
Cabrio aber nicht daran, sich dort als Dauerparker einzunisten.

Der Halter zahlt lächelnd alle Strafmandate. Und Abschleppen ist nicht zulässig, weil der Wagen niemanden behindert. Was kann man dagegen machen?«

»Das ist Aufgabe der Stadt. Und seitens der Polizei ist das Bezirksrevier zuständig«, sagte Lüder. »Wieso kümmert sich die Kripo darum?«

»Nicht die Kripo. Nachbarn haben mich angesprochen. Sie ärgern sich über die Ignoranz des BMW-Fahrers. Und da man weiß, dass ich Polizist bin, glauben die Leute, ich könnte Abhilfe schaffen.«

»Das ist nicht mein Gebiet«, wiegelte Lüder ab. »Wenn jemand konsequent die Verkehrsregeln missachtet, kann man auch ein Fahrverbot erwirken. Aber das ist ein langer Weg.«

Sie betrachteten eine Weile das links und rechts des Hindenburgdamms in der fahlen Aprilsonne schimmernde Wattenmeer. Zwischen den Buhnen hatte sich Schlick angesammelt, und irgendwann würde man auf diese Weise das künstliche Bauwerk verbreitert haben. Der Zug rumpelte über die Strecke, obwohl es hier, auf dem Damm, ein wenig ruhiger war. Sensible Naturen konnten allerdings in Anbetracht des schlechten Zustands der Gleise allein durch die Zugfahrt zur Insel seekrank werden.

Langsam wich das Watt zurück, und der Deich auf der Wattseite Sylts kündigte an, dass sie die Insel erreicht hatten. Ein kleines Kiefernwäldchen, der Bahnhof von Morsum und der Blick auf die in den Osten Sylts führende Straße mit überraschend lebhaftem Verkehr glitten an ihnen vorüber. Im Keitumer Bahnhof verlangsamte der Zug seine Geschwindigkeit und hielt schließlich ganz.

»Ich begreife es nicht, warum man diese so stark frequentierte Strecke immer noch nicht zweigleisig ausgebaut hat«, sagte Große Jäger mürrisch. »Das ist für die Bahn eine Gelddruckmaschine. Deshalb wehrt sie sich so vehement gegen einen Autodamm.«

»Das würde aber Sylt einen Teil des Charakters rauben«, gab Lüder zu bedenken. »Wenn die Insel an schönen Sommertagen von Tagesgästen verstopft wäre, würde es niemandem etwas nützen.«

Lüder hatte zum Hörer des Autotelefons gegriffen, der es ihm erlaubte, ein Telefonat zu führen, ohne dass andere Insassen mithören konnten, und wählte seinen Privatanschluss an.

»Hallo, Lüder«, meldete sich sein Sohn Jonas, der die hastige kindliche Sprechweise immer noch nicht abgelegt hatte. »Bist du unterwegs, weil du von deinem Gangsterhandy anrufst?«

»Das heißt nicht ›Gangsterhandy‹, sondern ›Diensttelefon‹«, erklärte Lüder.

»Das ist doch dasselbe«, beschied Jonas, der seinen Vater mit dem Vornamen ansprach und es Margits Kindern gleichtat, während er Lüders Partnerin »Mama« nannte.

»Ist Mutti da?«

»Die macht mit den anderen rum«, erklärte Jonas. »Wo steckst du?«

»Ich bin mit Wilderich unterwegs.«

»O geil! Mit Große Jäger? Endlich ist wieder was los. Hau ab.« Der letzte Satz war nur halb in den Hörer gesprochen und galt einem anderen Familienmitglied.

»Ich will mit Papa sprechen«, vernahm Lüder aus dem Hintergrund Sinjes Stimme.

»Das geht nicht. Der ist mit Große Jäger auf Gangsterjagd.«

Lüder musste lachen, als Sinje mit dünner Stimme das Kinderlied »Fuchs, du hast die Gans gestohlen« anstimmte und bei der Zeile »sonst kommt dich der Jäger holen« deutlich lauter wurde.

Jonas fing fürchterlich an zu lachen. »Blöde Gans. Lüder jagt doch keine Gänsediebe. Wo bist du gerade?«

»Auf dem Weg nach Sylt?«

»Mit dem Autoreisezug?«

»Ja.«

»O geil.«

»Kannst du auch noch etwas anderes sagen?«

»Nö.«

Dann entspann sich eine hitzige Diskussion, weil Jonas den Hörer nicht an Margit weitergeben wollte. Schließlich setzte sie sich doch durch.

»Ist das wahr, dass du auf dem Weg nach Sylt bist?«, fragte Margit. Sie schaffte es, in ihre Stimme gleichzeitig Enttäuschung und Unverständnis zu legen.

»Reine Routine.«

»Das hast du immer gesagt, wenn es heiß herging. Hast du auf Mithören gestellt?«

»Nein.«

»Stimmt es, dass du wieder mit Wilderich zusammenarbeitest?«
»Ja.«

»Das heißt aber hoffentlich nicht, dass er wieder bei uns schläft und hier alles durcheinanderbringt. Ich habe noch genug vom letzten Mal.«

»Dieser Fall ist ganz anders. Wirtschaftskriminalität. Da ist nichts Brisantes dran.«

Margit war anzumerken, dass sie von Lüders Beschwichtigungsversuchen nicht überzeugt war. Ebenso wenig zeigte sie sich davon begeistert, dass er nicht sagen konnte, ob er es am selben Abend noch bis ins heimische Kiel schaffen würde.

Inzwischen hatte sich der Zug wieder in Bewegung gesetzt, nachdem sein Gegenstück die Verladeeinrichtung verlassen und das Gleis freigegeben hatte. Rechts tauchte ein unansehnliches Gewerbegebiet auf. Wenig später erreichten sie den Bahnhof Westerland.

Einer Schlange gleich folgte jedes Fahrzeug seinem Vorgänger. Sie fuhren über die Rampe vom Oberdeck hinab, schlängelten sich durch die Anlage und mussten Geduld aufbringen, um sich auf der einzigen Straße, die von Nord nach Süd verlief, in den laufenden Verkehr einzureihen.

»Wir sollten zunächst die Häfen besuchen. Vielleicht erfahren wir dort etwas über die verwendeten Seile«, schlug Lüder vor und steuerte den privaten Hafen von Munkmarsch an. Vor der Eröffnung des Hindenburgdamms hatten hier die Fährschiffe angelegt, die die schon damals reichlich vorhandenen Gäste zur Insel brachten.

Der alte Prachtbau des Fährhauses war heute ein Hotel. Man hatte den noblen Stil der frühen Jahre bewahrt und einen nicht zu sehr kontrastierenden Anbau angefügt. Von der Rauheit der See kündete die gelb-rot-blaue Flagge Nordfrieslands, die an einem der drei Masten wehte und zur Hälfte zerrissen war.

Lüder parkte vor der Rückseite eines grünen Schuppens, vor dem eine Reihe Boote auf Trailern standen, während der durch zwei Molen geschützte kleine Hafen fast leer war. Ein einsames Schiff dümpelte träge im sanften Wellengang. Ein Schild verkündete, dass hier der Sylter Segler Club beheimatet war, und in dessen Räumen trafen sie einen Mann, der mit irgendwelchen Arbeiten beschäftigt war.

Die beiden Beamten fragten ihn, ob in Munkmarsch ein Boot gelegen habe, von dem ein Tau gestohlen worden sei. Doch weder der Mann noch die Seglerkameraden, die er anrief, wussten von einem fehlenden Tau.

»Bringt uns das weiter?«, fragte Große Jäger skeptisch, als Lüder zum nächsten Hafen fuhr.

»Das ist Kärrnerarbeit der Polizei«, sagte Lüder.

»Da ist Kerners Arbeit einfacher«, antwortete der Oberkommissar mit einem Wortspiel, das auf den oft und gern auf Sylt weilenden Fernsehprominenten anspielte.

Sie umrundeten den Flugplatz, der sich eine nicht unerhebliche Fläche der Insel einverleibt hatte, und fuhren gen Süden. Erneut mussten sie den Engpass am Bahnhof passieren, durchfuhren dann ein Wohngebiet mit Einfamilienhäusern, in dem die einheimischen Westerländer residierten, und erreichten bald darauf Rantum, jenen Ort, der sich an der schmalsten Stelle der Insel befindet und von dem manche euphorischen Stimmen behaupten, in dieser Gemeinde würde ein zweites Kampen heranwachsen. Lüder war der Überzeugung, mit solchen Aussagen würde man beiden Orten nicht gerecht werden. Rantum täte gut daran, seinen eigenen durchaus anheimelnden Charakter zu bewahren.

Die Zufahrt zum Hafen führte durch ein unaufgeräumt wirkendes Gewerbegebiet, das auch durch den Neubau der Sylt Quelle nur unzureichend aufgewertet wurde. Die dunklen, lang gestreckten Klinkerbauten, die an ehemalige Kasernen erinnerten, dienten heute als Erholungsheime, und das Neubaugebiet auf der anderen Seite mit den fröhlich bunten Reihenhäusern war auch eher auf bürgerlich geprägte Gäste als mondäne Urlauber ausgerichtet. Das galt sicher auch für das neue Hotel, das zu diesem Areal gehörte.

Im Unterschied zu den anderen drei Häfen Sylts verfügte Rantum über keine Molen, die ein Hafenbecken schützend umschlossen, sondern nur über einen Anleger, der ins Wattenmeer hinausführte. Um diese Jahreszeit lagen fast keine Boote am Steg. Und nur auf einem Schiff fanden sie einen wettergegerbten älteren Mann, der behände auf dem Boot herumturnte und irgendwelche Arbeiten erledigte.

»Moin«, rief ihm Lüder vom Steg aus zu.

Der Mann unterbrach seine Verrichtungen und blinzelte die beiden Beamten an.

»Haben Sie etwas von gestohlenen oder verschwundenen Segelleinen gehört?«

Der Segler beäugte die beiden Polizisten kritisch, bevor er wortkarg »Warum?« fragte.

»Wir sind von der Polizei und verfolgen eine Anzeige, weil immer wieder Segelleinen gestohlen werden«, log Lüder.

»Hab noch nichts davon gehört. Und ich müsst es wissen. Bin immer hier. Ist ja noch nicht viel los um diese Jahreszeit. Die kommen alle erst später.«

»Gerade weil die Saison noch nicht begonnen hat, wollen wir der Sache nachgehen«, sagte Lüder.

»Wie gesagt – ist noch nix los. Nur die Harten sind schon mit dem Boot unterwegs. Aber – Moment.« Der Mann fuhr sich mit der Hand über die Stirn. »Hab's nur hintenrum gehört. So über Ecken. Da war einer hier, der ist heute Morgen wieder raus. War nur eine Nacht da. Der soll geflucht haben wie Neptun selbst, weil sie ihm ein Stück vom Großfall gekappt haben. So 'ne Sauerei.«

»Wissen Sie, wie der Segler heißt?«

»Keine Ahnung. Ich glaube, Oke. Hab ihn ein paar Mal hier zwischen den Inseln und Halligen gesehen. Ich kenn aber den Namen von seinem Boot.«

Große Jäger schüttelte den Kopf und zischte, für den Mann unhörbar: »Warum sagt der Kerl das nicht gleich?«

»Können Sie uns den nennen?«

»Klar. ›Isern Hinnerk‹. Ist eine LM 27, ein Motorsegler mit einem Acht-Meter-Mast. Wenn Ihnen das was sagt.«

Lüder ließ die rhetorisch gemeinte Frage unbeantwortet.

»Komischer Kauz«, raunte ihm Große Jäger zu. »Den Skipper kennt er nicht, aber das Boot ist ihm in Erinnerung geblieben. Typischer Segler.«

»Wissen Sie, wohin die ausgelaufen sind?«

»Weiß nicht. Wie gesagt – ich habe nur davon gehört. Kann sein, dass der zurück ist.«

»Was heißt – zurück?«

»Na – in den Heimhafen.«

»Und der ist?«

»Nordstrand.«

Lüder bedankte sich.

»Da nicht für«, antwortete der Mann, tippte sich gegen die Stirn und widmete sich wieder seiner Arbeit.

»Das ist doch etwas«, stellte Lüder fest. »Dieser Spur sollten wir nachgehen. Doch zunächst möchte ich noch einmal mit dem Mann sprechen, den du heute Morgen vor dem Tatort angehalten hast.«

»Hans-Martin Hollergschwandtner.«

»Haben wir seine Adresse?«

»Keine hiesige. Der stammt aus Bayern. Aber ich habe mir auf der Dienststelle seine Handynummer besorgt.«

»Wie ich dich kenne, hast du auch noch mehr Erkundigungen eingezogen.«

»Versucht«, gab Große Jäger zu. »Aber es liegt nichts gegen ihn vor. Er ist ein gänzlich unbeschriebenes Blatt.«

Große Jäger holte sein Handy hervor, und Lüder staunte bei dieser Gelegenheit, was der Oberkommissar alles in den Taschen seiner schmuddeligen Jeans zu verbergen verstand. Doch die Enttäuschung folgte umgehend. Große Jäger vollführte auf dem Beifahrersitz allerlei akrobatische Verrenkungen, indem er in die zahlreichen Taschen seiner Kleidung eintauchte und unentwegt »Wo habe ich sie nur?« murmelte. Nach einer Weile kramte er einen zerknitterten Zettel aus der Tiefe der Innentasche seiner Weste hervor und lächelte Lüder an. »Die Nummer«, erklärte er und tippte sie auf seinem Mobiltelefon ein.

Er musste lange warten, und Lüder glaubte schon, es komme keine Verbindung zustande, als Große Jäger sagte: »Polizei. Wir haben heute Morgen in Kampen miteinander gesprochen.« Dann hörte er einen Moment zu.

»Das ist nicht erheblich, woher wir Ihre Rufnummer haben. Für die Polizei ist sie nicht vertraulich. Wir müssten Sie noch einmal als Zeuge hören.«

Erneut sprach der andere.

»Das müssen Sie uns überlassen, was notwendig ist. Es gibt zwei Möglichkeiten: Wir laden Sie offiziell vor, oder wir erledigen das zwanglos. Das Letztere ist sicher unkomplizierter.« Dann lauschte Große Jäger wieder in den Hörer.

»Gut«, sagte er, »das kennen wir. In ein paar Minuten sind wir da.« Große Jäger schob sein Mobiltelefon zusammen und wandte sich an Lüder. »Der Typ sitzt in der Sansibar. Das ist ein Stück weiter Richtung Süden.«

Lüder nickte und startete den Motor.

Er folgte der rumpeligen Straße Richtung Hörnum. Schon von Weitem war der überdimensionale Mobilfunkmast zu sehen, der den Parkplatz der Sansibar markierte. Und für Ortsfremde wies ein großes beleuchtbares Reklameschild auf den Ort hin. Im Unterschied zu vielen anderen Parkplätzen war dieser geteert.

Ein versenkbarer Poller versperrte Unbefugten die Zufahrt durch den Sandweg, der über die Dünen zur legendären Strandbar führte.

»Welcher Prominente mag hier schon entlanggetorkelt sein?«, sagte Große Jäger laut.

»Ich vermute, keiner«, erwiderte Lüder. »Die werden von einem Taxi abgeholt, das selbstverständlich freie Fahrt bis an die Theke hat.«

Trotz der einsamen Lage abseits der kleinen Orte war der Weg mit Laternen gesäumt.

Unscheinbar in die Dünen gehockt lag das einer Blockhütte ähnelnde Haus mit der grünen Dachpappe, während den Anbau ein grasbewachsenes Dach zierte. Der Kinderspielplatz und die roh gezimmerten Holztische und -bänke jenseits des zum Strand führenden Sandweges waren um diese Jahreszeit verwaist.

An einem Nachmittag um diese Jahreszeit war von der sonst herrschenden Fülle nichts zu spüren. Hollergschwandtner saß an einem Tisch in der Ecke, an der eine größere Runde lautstark parlierte. Neugierig musterten die Sitzenden die Polizisten. Irgendjemand sagte etwas, was im dröhnenden Lachen der anderen unterging, und wie auf Kommando sahen alle Große Jäger an. Der Oberkommissar steuerte direkt auf den Mann zu, der ihm am Morgen begegnet war.

»Die Polizei ist da. Wollen wir die Vernehmung hier durchführen, oder suchen wir uns ein ruhiges Plätzchen?«, wandte er sich an Hollergschwandter.

»Polizei?«, fragte ein Mann, der zu offenkundig leger gekleidet war und einen verlebten Eindruck machte. »Was hast du auf dem Kerbholz, Holli?«

»Hat's dich Halunken endlich erwischt?«, kam es meckernd über die Lippen eines anderen, während sich eine zur Rundlichkeit neigende junge Frau mit einem üppigen Busen bei Hollergschwandter einhakte und mit sorgenvoller Miene fragte: »Ist was, Hansi?«

Der sah ein wenig irritiert aus, erhob sich von seinem Platz, winkte in die Runde und versuchte zu erklären: »Man möchte von mir etwas wissen. Als *Zeuge*«, bekräftigte er noch einmal.

»Dann musst du aber ein wichtiger Zeuge sein, dass dich die Polizei bis hierher verfolgt«, stichelte der Verlebte, und dessen Nachbar glaubte besonders spaßig zu sein, als er ergänzte: »Soll ich so lange deinen Stoff aufbewahren, Holli?«

Sie suchten sich einen freien Tisch außer Hörweite der fröhlichen Runde.

»Das war nicht notwendig, dass Sie mich in Gegenwart meiner Freunde brüskiert haben«, beschwerte sich Hollergschwandter.

Es war Große Jäger anzumerken, dass er über den Empfang verärgert war. »Sollte ich Sie als alter Freund mit ›Hallo, Hansi, altes Haus‹ begrüßen?«, fragte er.

»Was wollen Sie von mir? Sie halten mich heute Morgen völlig unmotiviert an und behelligen mich jetzt erneut.«

»Sie haben von dem Mord in der Kampener Kurhausstraße gehört«, mischte sich Lüder ein. »In solchen Fällen müssen wir allen Spuren nachgehen und Zeugen suchen. Auch wenn Sie es vielleicht nicht erkennen, könnten uns selbst kleinste Beobachtungen Ihrerseits wertvolle Hinweise geben.«

»Ich bin dort zufällig vorbeigefahren.«

»Was wollten Sie dort?« Lüder überließ Große Jäger die weiteren Fragen.

»Nur so.«

»Was machen Sie beruflich, wenn Sie zur frühen Stunde ›nur so‹ in Kampen spazieren fahren?«

»Ich bin Diplomingenieur.«

»Für Lebenskunst?«

»Muss ich mir das bieten lassen?« Hollergschwandtner hatte sich an Lüder gewandt. Der zuckte nur die Schultern.

»Elektrotechnik«, presste der Mann daraufhin zwischen den Zähnen hervor.

»Sie arbeiten auf Sylt? Oder machen Sie hier Urlaub?«

»Nein.«

»Was heißt: ›nein‹? Geht das konkreter?«

»Ich bin derzeit ohne Beschäftigung.«

»Also arbeitslos.«

Hollergschwandtner sprach jetzt lauter und mit erregter Stimme. »Was geht Sie das an? Gehört das zur Zeugenvernehmung?«

»Wir müssen uns ein Bild machen. Dazu gehört auch, unangenehme Fragen zu stellen.«

Hollergschwandtner malte mit dem Zeigefinger unsichtbare Figuren auf den Tisch. »Ich habe andere Einkünfte.«

»Darf man fragen, was?«

»Nein«, kam es bestimmt über die Lippen des Mannes.

»Die junge Dame an Ihrer Seite. Ist das Ihre Freundin?«

»Sabine?«

»Sabine – was?«

»Sabine Johbst. Ihr Vater hat eine Wohnung in Westerland. Dort wohne ich.«

»Und was macht Frau Johbst beruflich?«

»Nichts – verdammt. Das werden Sie wohl nicht begreifen, dass es Menschen gibt, die nicht auf ein klägliches Einkommen am Ende des Monats angewiesen sind.«

»Weil sie besonders tüchtig waren? Oder weil sie geerbt haben?«

»Ihr Vater«, presste Hollergschwandtner zwischen den Lippen hervor.

»Und von dessen Vermögen leben Sie auch?«

Der Mann schwieg.

»Hat Frau Johbst ein weißes Hermelincape?«

»Nein. Wie kommen Sie darauf?«

»Kennen Sie jemanden, der so etwas vermisst? Schließlich sind die Dinger teuer.«

»Solche Bekleidungsstücke finden Sie häufig auf Sylt.«

Lüder räusperte sich, bevor er fragte: »Waren Sie schon einmal in dem Haus am Ende der Kurhausstraße?«

»Warum sollte ich?«

»Die Polizei untersucht bei Mord sehr akribisch den Tatort. Und wenn es Hunderte von Spuren sind, gleich ob Fingerabdrücke oder DNA-fähiges Material, wir analysieren alles.«

»Soll das heißen, Sie wollen meine Fingerabdrücke?«

»Im Zweifelsfall – ja.«

Hollergschwandtner lehnte sich zurück. Er fuhr sich nervös mit der Hand durchs Haar.

»Schön. Ich war schon ein-, zweimal dort. Zu einer Party. Man trifft sich hier auch in privaten Kreisen. Wenn man sich kennt, ist man öfter unterwegs. Dort, wo etwas los ist.«

»Und in der Villa Laipple war Party angesagt?«

»Sicher. Auch da.«

»Und wen trifft man dort?«

»Tsch«, zischte Hollergschwandtner. »Das war eine dumme Frage. Alle. Zumindest die, die dazugehören. War's das?«

Als Lüder nickte, stand er auf und kehrte zum Kreis seiner Freunde zurück. Die beiden Beamten konnten beobachten, wie Hollergschwandtner mit Fragen überhäuft wurde. Der Mann muss sich rasch eine Menge plausibler Ausreden einfallen lassen, dachte Lüder.

Inzwischen war es dunkel geworden. Sie fuhren zum Bahnhof zurück, ließen sich auf den Autoshuttle einweisen, und Lüder setzte Große Jäger in Husum ab, bevor er sich auf den langen Heimweg nach Kiel machte.

ZWEI

Margit verfügte über die Fähigkeit, morgens zu der Zeit wach zu werden, die sie sich selbst gesetzt hatte. Als sie Lüder weckte, war sie schon im Bad gewesen und hatte die Vorbereitungen für das Frühstück begonnen. Im vergangenen Jahr hatte Lüder unterm Dach, das die Zimmer der beiden Großen beherbergte, eine weitere Dusche einbauen lassen, um den morgendlichen Engpass Badezimmer zu entzerren. Das half ihm heute aber nicht. Das Badezimmer der Erwachsenen war von innen verriegelt, und nach heftigem Rütteln an der Tür erklärte Jonas, dass er auf dem Klo sitze und auch keine Chance sehe, diesen Umstand für die nächste Stunde zu ändern. Es waren nur zwanzig Minuten, die Jonas die »Häuschenbesetzung« durchhielt, die aber den ganzen morgendlichen Ablauf im Hause Lüders durcheinanderbrachten.

Margit hatte vom Bäcker zwei Zeitungen mitgebracht, die mit großen Schlagzeilen vom Mord an Lew Gruenzweig berichteten. Die »Kieler Nachrichten« brachten neben einem großen Bild des Ermordeten und einer dick gedruckten Schlagzeile einen Artikel auf der ersten Seite, der den bisher bekannten Sachverhalt wiedergab. Ferner hieß es, dass die Ermittlungsbehörden fieberhaft arbeiten würden und eine Sonderkommission gebildet worden sei. Über den exakten Tathergang und mögliche Motive gab es keine Vermutungen. Die Zeitung stützte sich hier auf eine erste Pressekonferenz von Oberstaatsanwalt Brechmann.

»Ausgerechnet Brechmann«, murmelte Lüder mehr zu sich selbst, als er den Bericht überflog. »Hoffentlich knickt er diesmal nicht gegenüber irgendwelchen Großkopfeten im Hintergrund ein.«

»Hast du wieder Ärger mit ihm?«, fragte Margit beiläufig, um gleichzeitig ihre Aufmerksamkeit Sinje zuzuwenden, die mit dem Ärmel im Nutella gelandet war, als sie nach den Cornflakes greifen wollte, die Jonas rasch ihrem Zugriff entzog.

»Wie kommst du darauf, dass ich in diese Sache involviert bin?«, fragte Lüder beiläufig und versuchte uninteressiert zu wirken.

»Nun tu nicht so«, mischte sich Thorolf ein. Der Vierzehnjährige war im Stimmbruch, und seine Stimme kickste manchmal im Wechsel zwischen tief und hoch. »Du warst doch gestern auf Sylt. Da ist diese Ratte doch umgebracht worden.«

»Thorolf!«, sagte Margit scharf. »So spricht man nicht über Menschen.«

»Ist doch wahr«, zeigte sich der Junge stur. »Um den ist es doch nicht schade. Der ist doch ein Ausbeuter gewesen. Die sollte man rund um den Globus ersäufen.«

Lüder räusperte sich, bevor er antwortete. »Du hast jetzt ein Alter, in dem revolutionäre Ideen reifen. Man ist gegen alles und jeden. Wenn dazu jugendlich frische Dynamik kommt, schießt man manchmal über das Ziel hinaus. Man darf sicher darüber diskutieren und unterschiedlicher Meinung sein, ob das alles gerecht ist, was dort geschieht, aber das rechtfertigt noch lange nicht, einen Menschen zu töten.«

»Auge um Auge – Zahn um Zahn«, antwortete Thorolf. »Du bist ja ein Diener des Systems. Deshalb musst du so sprechen. Solche Typen wie der Gruenzweig sind für die Ausbeutung der Dritten Welt verantwortlich.«

»Jetzt gehst du aber zu weit, wenn du Lüder beschimpfst. Er ist Polizist und kein willfähriger Lakai eines Systems, wie du es nennst.«

»Und dann ist es das einzige Bibelzitat, das du kennst«, presste Viveka zwischen den Zähnen hervor und kaute weiter.

»Blöde Kuh«, schimpfte Thorolf in Richtung seiner Schwester.

»Ich würde dich nicht als blöd bezeichnen«, sagte Lüder. »Leider reicht unser aller Zeit jetzt nicht, aber über deine trotzkistischen Gedanken würde ich gern noch einmal ausführlich mit dir diskutieren.«

»Hä?«, antwortete Thorolf irritiert.

»Jetzt weiß der Trottel nicht, was das ist«, lästerte Viveka. »Aber eine große Lippe riskieren.«

Lüder war aufgestanden. Als er an Thorolfs Stuhl vorbeikam, fuhr er dem Jungen mit der Hand durchs Haar. »Es ist gut, wenn man eine Meinung hat. Nur musst du lernen, die in richtige Bahnen zu lenken. Aber dafür hast du noch ein paar Jahre Zeit.«

»Das sind dumme Sprüche«, sagte Thorolf, aber seine Stimme klang schon wesentlich weniger aggressiv.

Lüder verabschiedete sich von seiner Familie, musste Margit

versichern, sich nicht wieder in Fällen zu engagieren, die gefährlich sind, und Sinje zusichern, sich abends ausführlich mit ihr zu beschäftigen. Dann fuhr er ins Landeskriminalamt.

Am Schreibtisch blätterte er in gewohnter Manier die Zeitungen durch. Im Boulevardblatt nahm der Sylter Mord fast allein die erste Seite ein. Lediglich die »lebensgefährliche« Erkrankung eines altgedienten Schlagerstars, die sich auf der letzten Seite in ein paar Zeilen als Blinddarmreizung entpuppte, nahm der Sensation ein wenig Raum. Lüder war nicht überrascht, dass der Artikel aus der Feder von LSD, Leif Stefan Dittert, stammte, der ihm bereits in der Vergangenheit begegnet war. Der Journalist mutmaßte, dass sich jetzt die ganze Finanzwelt aus Angst und Rache zugleich gegen die deutsche Volkswirtschaft wenden könnte, weil hier linkssoziale Gruppierungen mit Gewalt und Mord gegen die erfolgreichen Finanzmagier agieren.

Lüder fiel beim Lesen des Artikels der gleichlautende Tenor von Thorolfs am Frühstückstisch vorgetragener Anklage gegen Lew Gruenzweig ein, obwohl der Junge sicher kein ständiger Leser des Boulevardblattes war. Wenn an diesen Gerüchten auch nur ein Funken Wahrheit war, dass die Mordtat auf politischen Motiven beruhte, dann würde sich erneut ein Fall ungemeiner Brisanz in Deutschlands Norden auftun. Und er, Lüder, war unfreiwillig mitten im Zentrum. Dittert verstand es meisterhaft, Spekulationen, Halbwahrheiten und im schlimmsten Fall zu erwartende Konsequenzen zu einem Cocktail zu mixen, der die Gemüter erregte. Formal war dem Artikel nicht beizukommen, aber der Journalist hatte es zur Meisterschaft gebracht, durch die Darstellung unzusammenhängender Fakten die Angst der Menschen vor einer Rezession und latent vorhandene Zukunftsängste zu schüren.

Lüder lehnte sich zurück und atmete tief durch. Im Mordfall Gruenzweig galt es, nicht nur einen Mörder zu finden, sondern durch die Darstellung der Hintergründe und Zusammenhänge den Panik machenden Perspektiven eines Leif Stefan Dittert entgegenzutreten. Da brauten sich hinter den Kulissen wieder Konstellationen zusammen, von deren Brisanz und Komplexität die Menschen wohl nie erfahren würden.

Lüder wurde durch die Tür abgelenkt, die mit Schwung aufflog und gegen die Wand flog.

»Moin, Chiefsuperintendent«, sagte Friedjof, der mehrfach behinderte Mitarbeiter der Haus- und Postdienste, mit schwerer Zunge.

»Hallo, Friedhof«, erwiderte Lüder. Seit Langem war es zwischen ihnen beiden üblich, sich auf diese Weise zu begrüßen, und Friedjof genoss es, dass Lüder ihm schon vor Jahren das Du angeboten hatte.

Der junge Mann schüttelte demonstrativ den Kopf und hob einen Zipfel der ausgebreiteten Zeitung. »Das werde ich meinem Freund Werner berichten«, sagte er lachend.

»Werner?«

»Na, dem Wirtschaftsminister, wenn wir gemeinsam in der Fankurve von Holstein Kiel stehen.«

»Glaubst du wirklich, der sieht sich Fußball in den unteren Klassen an?«, stichelte Lüder zurück. »Außerdem kenne ich jemanden, der in direkter Nachbarschaft zu Peter Harry auf Nordstrand wohnt. Wenn der das dem Ministerpräsidenten steckt, muss Werner wieder zurück nach Hamburg in seine Kupferhütte.«

Beide lachten herzhaft.

»Bist du an diesem Fall dran?«, fragte Friedjof und zeigte auf die Zeitung.

Lüder schüttelte heftig den Kopf. »Jetzt bin ich von dir enttäuscht. Wo ist der Mord geschehen?«

»Sylt«, sagte Friedjof mehr zu sich selbst. Dann zog ein Strahlen über sein Antlitz. »Ah, ich verstehe. Dafür ist Husum zuständig. Große Jäger.« Er streckte den Daumen in die Luft. »Prima Bursche. Nur vom Fußball versteht der nichts.«

Der junge Mann legte Lüder mehrere Aktendeckel auf den Schreibtisch. »Für dich, falls du zwischen deinen Zeitungen noch Zeit dafür hast.« Er lachte erneut und schüttelte den Kopf. »Beamter müsste man sein.« Dann wandte er sich zur Tür. »Tschüss, Sheriff«, sagte er dabei.

Lüder warf ihm eine Büroklammer hinterher. »Hau bloß ab, du Oberpostrat.«

Dann suchte er das Büro des Kriminaldirektors auf, erfuhr aber, dass Nathusius in einer Dienstbesprechung sei, die sich vermutlich bis zum Mittag hinziehen werde. Lüder hätte sich gern mit seinem Vorgesetzten abgestimmt. Nathusius war ein brillanter Analytiker und hervorragender Kenner der politischen Szene im Land zwischen den Meeren.

Von seinem Büro aus rief Lüder in Husum an.

»Gibt es etwas Neues bei euch?«, fragte er Große Jäger.

»Den ›Hexer‹ gibt es nur bei Edgar Wallace«, knurrte der Oberkommissar zurück. »Hier geht es recht irdisch zu. Wir haben heute ein Bild des Pelzcapes …«

»Des Hermelins«, unterbrach Lüder.

»Von mir aus. Das Ding ist heute in der Zeitung.«

»In welcher?«

»Ich hätte es ja gern in der ›Praline‹ oder dem ›Grünen Blatt‹ gehabt. Es ist aber in der ›Sylter Rundschau‹ erschienen. Ansonsten geht es hier ein bisschen durcheinander. Wir hatten eine Reihe von Fällen in der letzten Nacht, die uns vor Ort beschäftigen. Außerdem ist Christoph Johannes noch nicht da. Da gab es einen Todesfall im Haus.«

»Fremdeinwirkung?«, fragte Lüder.

»Vermutlich nicht. Seine Vermieterin ist gestorben. Es sieht so aus, als wäre die alte Dame im gesegneten Alter von neunundachtzig Jahren friedlich eingeschlafen. Und dann sind da noch meine Nachbarn, die mich wegen des BMWs nerven, der unerlaubt auf dem Parkstreifen gegenüber meiner Wohnung steht. Ich habe Ihnen davon erzählt.«

»Schön«, sagte Lüder. »Dann werde ich allein nach Sylt fahren und weiterermitteln, wenn du mit so vielen anderen Dingen beschäftigt bist.«

»Pahh! Es gibt wohl keine Dienststelle in der Landespolizei, die so gut besetzt ist wie unsere. Das haben wir alles im Griff, sodass ich natürlich mitkomme. Holen Sie mich ab?«

Lüder sicherte es zu und machte sich auf den Weg nach Husum.

Das Fenster zur Straße stand auf Kipp. Der schwache Geräuschpegel des Verkehrs wurde durch das tiefe Dröhnen der schweren Diesellokomotive übertönt, die im gegenüberliegenden Bahnhof anfuhr, um die Wagen der Nord-Ostsee-Bahn nach Sylt zu schleppen.

Alle Wege scheinen auf die Insel zu führen, dachte Lüder, als er das Büro mit den drei Schreibtischen betrat, in dem Große Jäger gemeinsam mit Christoph Johannes residierte. Der dritte Arbeitsplatz war verwaist. Harm Mommsen befand sich seit dem vergangenen Jahr auf der Hochschule der Polizei in Münster. Das deutete darauf hin, dass man den Kommissar für höhere Weihen vorgesehen hatte und irgendwann damit zu rechnen war, dass er in den höheren Dienst berufen wurde. Dann hat der junge Mommsen den gleichen Dienstrang wie ich, setzte Lüder seine Überlegungen fort: Kriminalrat.

Große Jäger zog zur Begrüßung seine linke Augenbraue in die Höhe und nickte mit dem Kopf in Richtung des freien Schreibtisches gegenüber. Er sparte sich eine Erwiderung auf Lüders »Moin«.

Ebenso wortlos stand der Oberkommissar auf und verließ den Raum, um kurz darauf mit einer Kaffeetasse, die er mühsam auf der Untertasse balancierte, zurückzukehren und sie vor Lüder abzustellen.

»Ich möchte zunächst nach …«, begann Lüder, aber Große Jäger unterbrach ihn.

»Im Gewerbegebiet, hier in Husum, gibt es einen Laden für Bootsbedarf und Segelzubehör.«

»Woher weißt du, was ich wollte?«, fragte Lüder.

Der Oberkommissar zeigte auf das Einschussloch in seiner Weste. »Wer mich schon bei Duellen begleitet hat, dessen Gedanken sollte ich wohl erraten. Zumal gemunkelt wird, dass Sie unser künftiger Chef werden.«

Lüder winkte ab. »Nachfolger Grothes? Das ist eine Direktorenstelle. Ich bin Rat.«

»Nee. Ich meine die Kriminalpolizeistelle. Die Leitung steht einem Beamten des höheren Dienstes zu. Christoph«, dabei wies Große Jäger mit dem Daumen über die Schulter auf den Schreibtisch in seinem Rücken, »ist am Ende seiner Karriereleiter angekommen. Er ist Erster Hauptkommissar und kommissarischer Leiter der Husumer Kripo. Und das seit fünf Jahren.« Mehr zu sich selbst fuhr der Oberkommissar fort: »So lange ist das schon her, dass er nach Husum gekommen ist und wir den Mord an der Mutter und der kleinen Lisa geklärt haben.«

»Ich kann dich beruhigen. Weder habe ich die Intention, noch gibt es Anzeichen dafür. Im ganzen Land ist bekannt, dass die Husumer Kripo gut geführt wird und eine der besten und erfolgreichsten Dienststellen des Landes ist.«

»Das weckt Begehrlichkeiten«, blieb Große Jäger skeptisch. »Und was ist mit Starke? Kommt der nun als Leiter der Polizeidirektion?« Er machte mit der rechten Hand die Geste des Halsabschneidens. »Dann wird es den ersten Mord innerhalb der Polizei in der Geschichte des Landes geben.«

Lüder lachte. »Man stimmt die Personalplanung nicht mit mir ab.« Unausgesprochen setzte er seinen Gedanken fort: Außerdem bin ich bei manchen Verantwortlichen in der Hierarchie nicht wohlgelitten. Aber bisher hatte er noch keinen Gedanken an die Möglichkeit verschwendet, sich auf eine Position wie die Leitung der Husumer Kripo zu bewerben.

Große Jäger musterte ihn aus zusammengekniffenen Augen. »Habe ich jetzt Geister geweckt?«, fragte der Oberkommissar lauernd. Der Mann wurde Lüder langsam unheimlich. Es schien, als könnte er Gedanken lesen.

Lüder leerte seine Tasse und stand auf. »Wir haben noch viel vor.«

Sie waren noch keine zweihundert Meter gefahren und hatten gerade die Kurve vor dem Husumer Bahnhof hinter sich, als Große Jäger den Arm ausstreckte und nach rechts auf den Parkstreifen zeigte. »Sehen Sie das BMW-Cabrio dort? Darüber regen sich meine Nachbarn auf und lassen mir keine Ruhe, da sie glauben, ich könnte Abhilfe schaffen. Sie verstehen nicht, dass es außerhalb meiner Zuständigkeit und Möglichkeiten liegt, und werfen mir Desinteresse vor.«

Dann lotste der Oberkommissar Lüder durch das für Ortsfremde nur schwer zu durchschauende Labyrinth von Einbahnstraßen, bis sie die Flensburger Chaussee erreicht hatten und auf Höhe der Fliegerhorstkaserne auf Große Jägers Geheiß ins Gewerbegebiet abbogen.

Lüder war erstaunt über den mehr als regen Verkehr in diesem Bereich, in dem sich nicht nur mittelständisches Gewerbe, sondern fast alle bekannten Bau- und Verbrauchermärkte niedergelassen hatten. Ein solches Angebot hätte er in dem seiner Meinung nach überschaubaren Husum nicht erwartet.

Große Jäger ließ Lüder noch einmal abbiegen, bis sie das Geschäft für Segelbedarf in der Nachbarschaft eines Möbeldiscounters und eines Sanitärfachhandels erreichten.

Ein Mann mittleren Alters fragte nach ihren Wünschen.

»Polizei Husum«, übernahm der Oberkommissar die Gesprächs-führung und zog ein Bild des Seils hervor, mit dem die Champag-nerflaschen um Gruenzweigs Hals gebunden waren. »Können Sie uns dazu etwas sagen?«

Der Verkäufer sah Große Jäger zunächst ratlos an. Erst als der Oberkommissar die Vermutung äußerte, dass es sich um ein Tau handeln könnte, das beim Segeln Verwendung findet, nickte der Mann heftig.

»Ja. Ist aus Polyester. Kommen Sie mal«, bat er und ging zu ei-nem Gestell, auf dem zahlreiche Seile unterschiedlicher Stärke und Farben auf Trommeln aufgerollt waren. »Hier.« Der Verkäufer nahm ein weißes Seil in die Hand und spielte mit dem Ende. »Das kriegen Sie nicht kaputt. Hält wie der Deubel. Sagte ich schon – ist aus Polyester.«

»Was macht man damit?«

»In dieser Stärke wird es gebraucht, um die Segel zu reffen. Das ist, wenn man die Segel hoch- oder runterzieht am Mast«, schob er hinterher. Er zeigte auf das Bild, das Große Jäger immer noch in der Hand hielt. »Was ist damit?«

»Wir gehen einem Diebstahl nach. So ein Seil wurde von einem Boot entwendet.«

Der Verkäufer nickte ernst. »Hab davon gehört. Ham sie auf Sylt geklaut, näh.«

»Woher wissen Sie das?«

»Zufall. Heute Morgen war 'nen Kunde von Nordstrand hier. Der hat gesagt, bei ihm ausm Club hätte einer geflucht wie der Teufel, weil ihm wer das vom Boot geklaut hat. Einfach so afsnippelt von Mast.«

»Können Sie uns einen Namen nennen.«

»Klar. Hauke.«

»Und weiter?«

Der Verkäufer zuckte die Schultern. »Keine Ahnung. Ist aber von Nordstrand. Noch was. Der, von dem sein Boot sie das geklaut haben, hat eine LM 27. Das Boot heißt ›Isern Hinnerk‹. Hat Hauke gesagt.«

Sie verließen das Gewerbegebiet auf der anderen Seite, und unter-wegs wunderte sich Lüder über die zahlreichen Kreisverkehre in Husum.

»Ist ein Hobby vom Landrat«, erklärte Große Jäger. »Vermutlich bekommen die dafür Fördergelder aus Brüssel.«

Sie durchquerten den schicken Kurort Schobüll und fuhren über den schier endlosen Damm auf die grüne Insel Nordstrand. Der Seglerhafen lag bezeichnenderweise im Ortsteil namens Süderhafen.

»Erkennst du eine LM 27?«, fragte Lüder und warf einen Blick zur Seite. Große Jäger schüttelte den Kopf. »Vielleicht finden wir etwas über den Bootsnamen.«

Direkt am Getreidesilo des Hafens fanden sie ein Bistro, vor dem eine junge Frau die Stühle für die Außengastronomie zurückrückte. »Moin«, grüßte sie von Weitem.

»Wir sind von der Polizei und suchen den Eigner der Yacht ›Isern Hinnerk‹. Einer LM 27.«

»Yacht ist gut«, lachte die junge Frau vergnügt. »Das ist ein Motorsegler. Ja. Oke hat so ein Schiff. Der segelt bei jedem Wetter.«

»Oke – und weiter?«

»Oke Petersen, der Architekt. Er wohnt in England.«

Lüder sah ein wenig irritiert aus und wollte nachfragen, als Große Jäger und die Frau ihn ansahen und gemeinschaftlich grinsten. »Das ist ein Ortsteil hier auf Nordstrand«, erklärte der Oberkommissar und ließ sich die genaue Adresse geben.

Das Haus, das wie die Mehrzahl der Häuser auf Nordstrand auf einem Deich stand, machte einen gepflegten Eindruck. Der Vorgarten sah aus, als wäre er für einen Schönheitswettbewerb hergerichtet.

Ein drahtig wirkender Mann mit schlohweißem Haar öffnete ihnen und sah sie fragend an.

Große Jäger stellte die Beamten vor und fragte, ob Oke Petersen Eigner der LM 27 sei und vor Kurzem in Rantum auf Sylt gelegen habe.

»Da bin ich gestern rübergekommen«, erklärte Petersen und bat die Beamten ins Haus. Ungefragt berichtete er: »Da haben sie mir doch glatt das Großfall gekappt. Wenn die sich schon über ein Tau hermachen wollten, hätten sie auch eines nehmen können, das aufgeschossen war. Diese Öster. Wenn ich die bin Mors krieg, dann soll'n die was erleben.«

»Herr Petersen meint, dass man auf seinem Boot ein Stück von dem Seil abgeschnitten hat, das am Großmast, das ist der Hauptmast, entlang nach oben führt und mit dem das Segel hoch- und herabgezogen wird«, erklärte Lüder dem Oberkommissar.

Große Jäger sah ihn empört an. »Danke für die Erläuterung. Und aufgeschossen heißt, sauber auf dem Deck zusammengelegt.«

»Ich hab mich geärgert«, schimpfte Oke Petersen. »Da lief vorgestern einer rum – drüben auf dem Anleger in Rantum. Ich wollte den noch fragen, was er da verloren hat. Und als ich aufs Boot kam, habe ich gleich gesehen, dass da was nicht in Ordnung war.«

»Hatte der Mann, den Sie gesehen haben, eine Tasche dabei?«

»Das nicht.«

»Können Sie ihn beschreiben?«

»Der hatte eine Windjacke an. Beigefarben. Etwas größer als ich. Dunkle Haare. Leicht gewellt. Vielleicht so um die vierzig.«

Sie fragten nach dem Seil.

»Das habe ich ausgetauscht«, erklärte Petersen.

»Haben Sie das zerschnittene Ende noch?«

»Sicher. Liegt in der Garage.« Er händigte den Beamten beide Enden aus und vergaß nicht, noch einmal einen Kübel Seemannsflüche über den auszuschütten, der sich an seiner Segelleine vergriffen hatte.

Sie lieferten die Leine auf der Polizeidirektion ab, und Große Jäger bat darum, dass dieses Beweisstück zur kriminaltechnischen Untersuchung nach Kiel gebracht werden sollte.

»Wir haben Erkundigungen über Sabine Johbst eingezogen«, berichtete ein Beamter, den sie auf dem Flur trafen. »Sie stammt aus der Nähe von Stade. Der Vater hatte umfangreiche Ländereien, die über Nacht zu Bauland wurden. Es wird gemunkelt, dass er dubiose Beziehungen zu lokalen Politikgrößen unterhielt. Aber man konnte ihm nichts beweisen. Die Wohnung mit Meerblick am Brandenburger Platz in Westerland gehört ihm.«

»Und da hält sich seine Tochter auf?«

»Das entzieht sich meiner Kenntnis«, sagte der Beamte.

Sie machten sich auf den Weg zur Autoverladung nach Niebüll.

»Der treusorgende Vater finanziert seinem Töchterchen das Lustwandeln auf Sylt«, überlegte Lüder laut.

»Und zu deren Spaßfaktoren gehört Hans-Martin Hollergschwandtner, der sich von ihr aushalten lässt«, fuhr Große Jäger fort.

»Noch wissen wir nicht, ob der nicht vom eigenen Vermögen oder Einkommen lebt«, gab Lüder zu bedenken. »In gewissen Kreisen scheint die Gastfreundschaft üblich zu sein. Lew Gruenzweig wurde im Anwesen des Vorstandssprechers der Bank ermordet. Niemand zweifelt daran, dass sich Gruenzweig nicht selbst eine luxuriöse Bleibe hätte leisten können. Wir müssen den Eigentümer des Hauses, Dr. Laipple, befragen, was Gruenzweig in dessen Haus geführt hat.«

»Der sitzt in Frankfurt. An den kommen wir nicht so einfach heran.«

»Niemand ist vor dem Zugriff des Gesetzes gefeit«, sagte Lüder selbstbewusst, obwohl er im Inneren Zweifel hegte, ob nicht doch dieser oder jener dank hervorragender Verbindungen Vorteile ausschöpfen konnte, die anderen, die nicht zu den »Amigos« gehörten, nicht vergönnt waren.

Sie hatten Glück und konnten in Niebüll ohne Warten auf den nächsten Autoreisezug fahren. Eine halbe Stunde später verließen sie den Zug und parkten kurz darauf vor dem Appartementhaus, in dem Sabine Johbst Hansi Hollergschwandtner großzügig Unterkunft gewährte. Das Haus lag in der ersten Reihe und bot zur Seeseite hin freie Sicht auf die Brandung der Nordsee. Bis zum Zentrum waren es nur wenige Gehminuten, und man nahm den beim Haus liegenden Strandübergang, um gleich darauf auf der breiten Promenade Westerlands vor der berühmten Strandmuschel sich, seine Begleitung und seinen Hund zu präsentieren.

Der Brandenburger Platz war zu einem großen Parkplatz mutiert, umgeben von architektonisch wenig ansprechenden Appartementhäusern. Lediglich vis-à-vis waren zwei kleinere Häuser im Bäderstil früherer Jahre erhalten geblieben.

Sabine Johbst erwartete sie an der offenen Tür, nachdem ihnen auf das Klingeln hin geöffnet worden war. Die junge Frau mit dem auffallend ausladenden Busen trug einen eng anliegenden Pulli, der ihre Formen noch besonders betonte. Die Leggins saßen stramm wie eine zweite Haut an und zeichneten die kräftigen Waden und Schenkel nach. Sie sah übernächtigt aus und gab sich auch keine Mühe, das Gähnen zu unterdrücken. Erwartungsvoll sah sie die beiden Polizisten an.

»Frau Johbst. Wir sind uns gestern in der Sansibar begegnet.«

Sie nickte. »Hansi ist gerade für einen Moment weg. Sie wollen zu ihm.« Es klang wie eine Feststellung.

»Auch«, sagte Lüder. »Doch zuvor würden wir gern ein paar Worte mit Ihnen wechseln.«

»Mit mir?« Ein kurzes Erschrecken blitzte in ihren Augen auf. Dann gab sie die Tür frei. »Kommen Sie rein.«

Das Wohnzimmer, in das sie die Beamten führte, war vermutlich teuer und modern eingerichtet. Lüder erschien es kalt und unpersönlich. Der Raum strahlte keine Gemütlichkeit aus und hatte das Ambiente eines ungeheizten Schaufensters des Designerladens in einer Edelfußgängerzone. Sabine Johbst räumte zwei achtlos auf den Sitzmöbeln verstreute Kleidungsstücke zur Seite. Die Gläser auf dem Tisch, die Schale mit Wasabinüssen und ein Glasteller mit dem Strunk einer Weintraube mussten noch vom Vorabend übrig geblieben sein, während die Kaffeebecher von heute zu stammen schienen.

Ob es bei Große Jäger auch so aussieht?, schoss es Lüder durch den Kopf, und unwillkürlich warf er einen schnellen Blick auf den Oberkommissar und dessen schmuddelige Aufmachung.

»Sie leben mit Herrn Hollergschwandtner zusammen?«, fragte Lüder, nachdem sie Platz genommen hatten.

»Was heißt ›zusammenleben‹? Er wohnt bei mir.«

»Sie halten sich ständig auf Sylt auf?«

Sie schüttelte den Kopf. »Nein, nur wenn hier was los ist. Oder wenn mir danach ist.«

»Wann haben Sie Ihren Partner kennengelernt?«

»Er ist nicht mein Partner. Das mag Ihnen so vorkommen, nur weil er hier wohnt.«

»Sie teilen sich aber nicht nur das Badezimmer?«, fragte Große Jäger dazwischen.

Sie lachte. »Ist das verboten, wenn man *fun* hat?« Sie verschränkte die Hände im Nacken und dehnte ihren Oberkörper, indem sie sich nach hinten lehnte.

Lüder war froh, dass Große Jäger, dessen Blick direkt auf dem Oberkörper der jungen Frau ruhte, nicht einen seiner berüchtigten Kommentare wie »Vorsicht, sonst platzt der Pullover« abgab, als die Textilie sich mächtig spannte.

»Etwa zwei Monate. Wir sind uns auf einer Party begegnet. Um diese Jahreszeit ist noch nicht viel los. Viele sind woanders. Im Süden oder im Schnee.«

»Und dann ist er bei Ihnen eingezogen.«

»Das hat sich so ergeben.«

»Waren Sie vorgestern zusammen?«

Sie gähnte erneut, ohne die Hand vor den Mund zu halten. »Weiß nicht.«

»Überlegen Sie noch einmal.«

»Ja – nein.«

»Was denn nun?«, mischte sich Große Jäger ein.

»Hansi war abends mal weg.«

»Wo?«

Sie wirkte gelangweilt und winkelte ihr Bein unter dem Po an, wie es nur Frauen zustande bringen. »Ich glaube, arbeiten.«

»Was macht er?«

»Null Ahnung.« Sie stand auf und sah aus dem Fenster, am Strandkorb vorbei, der auf dem Balkon stand. Von hier oben hatte man einen Blick auf den Strand, den Übergang und ein Strandbistro, das zwischen Idyll und Bretterbude unentschlossen schwankte. »Fragen Sie ihn doch selbst.«

»Wo finden wir Herrn Hollergschwandtner?«

»Weiß nicht.«

Es war sinnlos. Mehr war von Sabine Johbst nicht zu erfahren.

»Das ist merkwürdig«, stellte Große Jäger fest, als sie vor dem Appartementhaus auf der Straße standen. »Uns hat er gesagt, er würde nicht arbeiten. Nun behauptet das Girl da oben etwas anderes. Das sollte uns der Typ erklären.«

»Zumindest hat er im Augenblick kein Alibi für die vermutete Tatzeit«, ergänzte Lüder. »Aber welches Motiv sollte Hollergschwandtner haben?«

Große Jäger kratzte sich das unrasierte Kinn, dass es trotz des Windes deutlich wahrnehmbar war. »Es ist noch offen, wem das Hermelincape gehört, das wir am Tatort gefunden haben.« Er grinste und deutete mit den beiden zu Halbkreisen geöffneten Händen vor seiner Brust den üppigen Busen Sabine Johbsts an. »Der da oben würde das Cape sicher nicht passen. Wenn ich ein wenig phantasiere, könnte man glauben, Lew Gruenzweig hätte sich ein bisschen Unterhaltung gegönnt.«

»Du meinst, er hat sich eine Edelprostituierte bestellt«, stimmte Lüder zu.

»Und Hollergschwandtner behauptet, von ›nichts‹ zu leben, während Sabine Johbst uns erzählt hat, der Mann wäre vorgestern Abend arbeiten gewesen.«

»Als Zuhälter?«

Große Jäger nickte. »Das würde erklären, dass er am Morgen nach dem Mord dort aufgetaucht ist, um das in der Panik vergessene Hermelincape abzuholen. Leider kam er zu spät, und die Tat war schon entdeckt. Und wenn der Kollege von der Streife nicht so clever gewesen wäre und Hollergschwandtner auf Verdacht angehalten hätte, würden wir jetzt noch rätseln.«

Lüder streckte den Zeigefinger in die Höhe. »Gute Idee, die wir verfolgen sollten. Doch zunächst möchte ich versuchen, den Eigentümer des Hauses am Kampener Dünensaum zu erreichen. Vielleicht erfahren wir, was Lew Gruenzweig nach Sylt geführt hat.«

Sie fuhren zur Polizeizentralstation Westerland, die in einem urigen Rotklinkerhaus gegenüber dem Bahnhof untergebracht war. Hauptkommissar Paulsen von der örtlichen Kripo stellte ihnen Arbeitsplätze und Telefon zur Verfügung.

Es dauerte eine Ewigkeit, bis sie in der Frankfurter Zentrale der Bank mit dem Büro des Vorstandssprechers verbunden waren. Ebenso höflich wie bestimmt beschied ihnen eine Frau, dass Herr Dr. Laipple nicht zu sprechen sei.

»Es handelt sich um eine Befragung in einer Mordsache«, erklärte Lüder.

»Ich kann Ihnen nichts anderes sagen als Ihren Kollegen, die sich vor zwei Stunden hier gemeldet haben«, sagte die Assistentin Dr. Laipples. »Es wäre zudem schön, wenn Sie sich untereinander abstimmen würden, um Doppelarbeiten zu vermeiden.«

»Das wird die Sonderkommission gewesen sein«, wisperte Große Jäger, der über den Raumlautsprecher mithörte.

»Wenn Sie möchten, kann ich Sie mit unserer Rechtsabteilung verbinden«, bot die Frau in Frankfurt an.

»Unsere Befragung bezieht sich auf Dr. Laipples private Umgebung«, erwiderte Lüder.

»In solchen Fällen empfiehlt es sich, dass Sie Kontakt zu Herrn Dr. Laipples Anwalt aufnehmen.«

»Die Auskünfte kann uns Ihr Chef aber nur selbst geben.«

»Wissen Sie, wer Herr Dr. Laipple ist? Der hat einen straff organisierten Terminplan. Da bleibt keine Zeit für Termine, die dazwischengeschoben werden können.«

Große Jäger nahm dem verblüfften Lüder den Hörer aus der Hand. »Hör mal, Schätzchen. Ihr Boss wird sich zur Not mit dem Staatsanwalt unterhalten, wenn er nicht mit uns plaudern möchte.«

Doch die Frau am Telefon blieb gleichbleibend unverbindlich. Ohne auf die Bemerkung des Oberkommissars einzugehen, sagte sie: »Ich bedaure, aber mehr, als Ihnen den Anwalt zu nennen, kann ich nicht für Sie tun.«

»Wo hält sich Ihr Vorstandssprecher derzeit auf?«

»Darüber kann ich keine Auskunft geben.«

Damit war das Gespräch beendet.

»Herrje«, fluchte Große Jäger. »Den lieben Gott kann man sprechen. Man muss sich nur vorher erschießen oder erhängen. Aber dieser Bankmensch ist unnahbar. Der wird ja besser abgeschirmt als der Regierungschef.«

»Das liegt sicher daran, dass er auch bedeutender ist«, sagte Lüder und fügte nach Große Jägers skeptischem Blick an: »Denken er und die Finanzlobby.«

»Da hilft nichts. Wir müssen den Mann über den Staatsanwalt vorladen.«

Lüder winkte ab. »Vergiss es. Brechmann in Kiel ist zuständig. Der knickt jedes Mal vor den Oberen ein.«

Sie sahen sich eine Weile schweigend an.

»Das kann man den Menschen da draußen nicht erklären, dass vor dem Gesetz längst nicht alle gleich sind«, stellte Lüder schließlich resignierend fest.

»Ich werde beim zuständigen Finanzamt in Leck nachfragen, ob man dort etwas über Hollergschwandtners Einkommensverhältnisse weiß.«

Wenig später legte Große Jäger den Hörer auf die Gabel zurück. »Die sind genauso verschwiegen wie die Tante in Frankfurt. Das Finanzamt wollte mir nicht einmal verraten, ob der Mann hier in Nordfriesland steuerlich erfasst ist. Ich werde die Kollegen in Husum bitten, eine Überprüfung der letzten Telefonate des Mannes zu veranlassen.«

Dann wandten sich Lüder und Große Jäger Hauptkommissar Paulsen zu, der im Türrahmen stehen geblieben war.

»Der Kollege von der Polizeistation Wenningstedt, ein tüchtiger Bursche, hat sich eben bei mir gemeldet. Er ist aus eigenem Antrieb noch einmal in Kampen an der Kurhausstraße vorbeigefahren. Zufällig sah er, wie ein Taxi vor dem Haus hielt und zwei Männer ausstiegen.«

»Das interessiert mich«, sagte Große Jäger und stand auf.

Paulsen lächelte. »Das interessiert dich sicher noch mehr, wenn ich dir sage, wer der eine war. Dr. Friedemann Laipple, der Bankmensch.«

»Das gibt es doch nicht«, schimpfte Große Jäger. »Wir suchen den, und sein Büro in Frankfurt weigert sich, uns zu helfen. Die hätten doch sagen können, dass der auf dem Weg nach Sylt ist.«

Lüder war auch aufgestanden. Gemeinsam mit Große Jäger fuhr er das kurze Stück nach Kampen und parkte direkt vor dem Haus. Von außen sah das Gebäude friedlich und unbewohnt aus.

Sie betätigten die Türklingel an der Gartenpforte. Mit geübtem Blick registrierte Lüder, wie sich die dezent hinter getöntem Glas verborgene Kamera bewegte.

»Ja bitte?«, fragte eine Männerstimme mittleren Alters.

»Polizei. Wir möchten gern mit Herrn Dr. Laipple sprechen«, sagte Lüder.

»Worum geht es?«

»Um den Mord in diesem Haus.«

»Einen Augenblick bitte«, bat die Stimme, um sich nach kurzer Zeit wieder zu melden und nach der Legitimation zu fragen.

Lüder hielt seinen Dienstausweis und drehte ihn nach Anweisung der Männerstimme so, dass die Kamera den Inhalt übertragen konnte.

»Wir bitten Sie, dass einer von Ihnen ins Haus kommt.«

»Wir pflegen Ermittlungsgespräche stets zu zweit zu führen«, sagte Lüder.

»Ich bedaure. Aus Sicherheitsgründen gestatten wir nur einer Person Zutritt.«

»Hör mal, wir sind die Polizei«, fuhr Große Jäger dazwischen. »Wo wir sind, ist der Bürger sicher.«

»Eine Person. Auch wenn Sie von der Polizei zu kommen scheinen.«

»Das scheint nicht nur so«, schimpfte Große Jäger, aber die Männerstimme blieb gleichbleibend höflich und bestimmt.

»Einer. Dr. Laipple gehört zu den meistgefährdeten Persönlichkeiten Deutschlands.«

»Schön«, sagte Lüder. »Ich komme allein.« Sie hatten keine Handhabe, auf ein Gespräch mit dem Manager zu dringen. Und für eine Vorladung würde sich Oberstaatsanwalt Brechmann nie einsetzen. Schon gar nicht für Lüder, da parallel auch die Sonderkommission ermittelte. Der Ärger war ohnehin vorprogrammiert.

Es summte leise, und die Pforte schwang ohne Lüders Zutun zurück. Zunächst schien es, als würde Große Jäger folgen, dann blieb der Oberkommissar aber doch mit einem vor sich hingemurmelten Fluch stehen. Lüder hatte die Worte nicht verstanden. Mit Sicherheit war es nicht druckreif gewesen.

Lüder ging den kurzen Weg bis zur repräsentativen Friesentür, als ihn die immer noch unsichtbare Stimme anwies, den Seiteneingang zu benutzen. Dort erwartete ihn ein drahtig wirkender Mann, der sich als Meyerlinck vorstellte und für Dr. Laipples Personenschutz verantwortlich zeichnete.

Meyerlinck ließ sich noch einmal Lüders Dienstausweis zeigen und führte ihn durch das Haus. Sie durchquerten das geräumige Wohnzimmer, und Lüder warf einen Blick durch die jetzt offenen Glasschiebeelemente, die zum Pool im Atrium führten, in dem Gruenzweig ermordet worden war. Das hatte er den Akten und Große Jägers Bericht entnommen.

Aus dem Nichts tauchte eine mit schlichter Eleganz gekleidete Frau auf. Sie mochte um die vierzig sein, obwohl das Schätzen des Alters in Anbetracht ihrer gepflegten Erscheinung schwierig schien. Die blonden Haare hatte sie zu einem Knoten im Nacken gebunden.

»Das ist Frau Merckel«, stellte Meyerlinck vor und zog sich diskret zurück.

»Darf ich nach Ihrer Funktion in diesem Haus fragen?«, erkundigte sich Lüder und musterte die Frau mit einem forschenden

Blick vom Scheitel bis zur Sohle. Er überlegte, ob das die Besitzerin des Hermelincapes sein könnte.

»Ich bin die Hauswirtschafterin«, sagte Frau Merckel mit einer angenehmen Stimme, die die fränkische Herkunft nicht leugnete.

»Ist das nicht Frau Feddersen?«

Sie deutete ein Lächeln an. »Frau Feddersen ist für die Pflege des Hauses zuständig. Ich kümmere mich um die Haushaltsführung.«

»Wie darf ich das verstehen? Sind Sie mit Herrn Dr. Laipple … äh … enger bekannt?«

»Ich erklärte es bereits«, wich sie aus und wies mit ihrer schlanken Hand in den hinteren Teil des Gebäudes. »Hier bitte.«

Er folgte der Frau und stand kurz darauf in einem fast mediterran eingerichteten Raum, der zum Garten führte. In einem Korbsessel saß Dr. Friedemann Ambrosius Laipple, einer der mächtigsten Wirtschaftsführer der Republik.

»Nehmen Sie Platz«, lud er Lüder ein. Der Bankmanager machte weder Anstalten, sich zu erheben, noch Lüder die Hand zu reichen. Er hatte die Beine übereinandergeschlagen und zupfte mit zwei Fingern an der messerscharfen Bügelfalte der dunkelgrauen Hose mit den dezenten Nadelstreifen. Das passende Sakko lag achtlos über der Lehne eines weiteren Stuhls. Immerhin hatte Dr. Laipple die Weste und das blütenweiße Hemd anbehalten, wenn die Krawatte auch am Hals gelöst war.

»Gabriele, würden Sie dem Herrn etwas zu trinken bringen?«, bat er Frau Merckel.

»Kaffee, bitte«, ergänzte Lüder.

Geräuschlos verließ die Hausdame den Raum. Dr. Laipple lehnte sich zurück und griff entspannt zu einem Glas Bier, das auf einem kleinen Tisch neben seinem Sitzplatz abgestellt war. Als er Lüders Blick gewahrte, lächelte er leise.

»Ich erlaube mir diese kleine Entspannung außerhalb des Protokolls.« Er streckte den linken Arm vor und warf einen Blick auf die Armbanduhr mit dem Lederarmband. Lüder glaubte, eine »Lange und Söhne« aus Glashütte erkannt zu haben. »Meine Zeit ist knapp bemessen. Kommen wir deshalb ohne Umschweife zum Kern. Lew Gruenzweig ist in meinem Haus ermordet worden.«

Lüder nickte. »Wann und wie haben Sie davon Kenntnis erhalten?«

»Ich verfüge über einen Stab, der mich über Wesentliches auf dem Laufenden hält.«

»Wann?«

»Durch mein Sekretariat. Die Putzfrau hat dort angerufen.«

»Frau Feddersen.«

»Heißt sie so? Ich habe meine Tagesplanung geändert und bin hierhergeflogen.«

»Mit einer privaten Chartermaschine. Direkt aus Frankfurt?«

Dr. Laipple unterließ es, auf aus seiner Sicht Selbstverständliches zu antworten.

»Sie wussten von Lew Gruenzweigs Aufenthalt in Ihrem Haus?«

»Er war mein Gast.«

»Wann ist er eingetroffen?«

»Vorgestern.«

»Am selben Abend ist er ermordet worden.«

Dr. Laipple erwiderte nichts.

»Waren Sie verabredet?«

»Heute.«

»Sie sagten eben, Sie hätten Ihren Tagesplan geändert?«

»Ich wäre erst gegen Abend eingetroffen.«

»Was war der Grund Ihrer Verabredung?«

»Geschäftlich.«

»Genauer.« Lüder ging auch dazu über, stakkatohaft zu sprechen.

»Das ist vertraulich.«

»Bei Mord gibt es keine Vertraulichkeiten.«

Dr. Laipple wendete den Blick ab und sah durch das große Fenster in den Garten, der inselgerecht einen eher rustikalen Eindruck machte und von mächtigen Heckenrosenbüschen und einer Handvoll Krüppelkiefern geprägt war. Im Profil sah Lüder, wie abgespannt der Mann aussah. Wenn der ganze Glanz dieses Anwesens, des Reichtums und der gesellschaftlichen Stellung für viele Menschen auch erstrebenswert schien und Neid förderte, war es sicher auch ein hoher Preis, den Dr. Laipple dafür zu entrichten hatte.

»Wir wollten Gedanken austauschen. Ergebnisoffen«, sagte der Bankmanager nach einer Weile.

»Detaillierter.«

Dr. Laipple schüttelte den Kopf. »Brainstorming. Ohne Fahrplan.«

Sie wurden durch Frau Merckel unterbrochen, die den Kaffee brachte. Lüder war nicht überrascht, als ihm das Getränk in Flora-Danica-Geschirr der Königlich Dänischen Porzellanmanufaktur serviert wurde.

»Nein!«

Zum ersten Mal schien der Bankmanager aus seinem Konzept zu geraten. Lüder erkannte es am leichten Zucken der Augenbraue. Dr. Laipple war es sicher nicht gewohnt, dass ihm widersprochen wurde. So überraschte es Lüder nicht, dass der Mann eine Reaktion zeigte, die einem guten Pokerspieler nicht widerfahren durfte.

»Was meinen Sie damit?«, fragte der Manager, nachdem Lüder sein »Nein« ohne Erklärung im Raum stehen ließ.

Statt zu antworten, nahm sich Lüder die Zeit, um mit dem Löffel im Kaffee zu rühren, bedächtig nach der Tasse zu greifen, zunächst vorsichtig einen Schluck zu nehmen, dann in das Trinkgefäß zu starren, als würde er das Rubinrot eines edlen Rotweins prüfen, bevor er erneut die Tasse an die Lippen hob und sie dann wieder absetzte. Danach maß er Dr. Laipple mit einem langen Blick.

»Ich glaube Ihnen nicht.«

Sein Gegenüber hob fragend eine Augenbraue in die Höhe.

»Sie gehen nicht ohne Konzept in ein Gespräch mit Lew Gruenzweig. Es war auch kein Treffen von Männerfreunden.«

Dr. Laipple griff zum Bierglas, auf dem die Schaumkrone inzwischen eingefallen war. Er stellte das Glas wieder ab und rief halblaut: »Gabriele!« Nur einen Herzschlag später tauchte die Hausdame auf.

Der Manager wies auf das Glas, das Frau Merckel kommentarlos abräumte und ein paar Minuten später durch ein frisch gezapftes Bier ersetzte.

Die Zwischenzeit verbrachten die beiden Männer schweigend. Erst als Dr. Laipple getrunken hatte, antwortete er.

»Es gehört zu meinem Tätigkeitsfeld, mit bedeutenden Männern dieser Welt Gedanken auszutauschen. Dazu bedarf es nicht jedes Mal eines konkreten Anlasses.«

»Darf ich an Ihren *Gedanken* teilhaben?«, fragte Lüder.

»Die sind zu vielschichtig, um sie in wenigen Worten abgerundet präsentieren zu können.«

Lüder lehnte sich entspannt zurück. »Ich bin es gewohnt, eine

›Management Summary‹ zu verstehen. So nennen Sie doch die Zusammenfassung komplexer Sachverhalte, die Ihnen Ihr Stab ausarbeitet, da Sie gar nicht die Zeit haben, sich mit den Details auseinanderzusetzen, in denen sich oftmals aber viele Einzelschicksale verbergen.«

»Wollen Sie mit mir eine gesellschaftskritische Diskussion führen?« Dr. Laipples Stimme hatte an Schärfe gewonnen.

»Ich will dem Gesetz zu seinem Recht verhelfen. Ein Mensch ist ermordet worden. Stellen Sie sich die Schlagzeile in der Boulevardpresse vor, wenn dort Mutmaßungen über Geheimabsprachen kursieren. Sie wissen ebenso wie ich, dass in manchen Presseorganen Gerüchte lanciert werden, deren spätere Richtigstellung niemanden mehr interessiert, wenn nur die erste Meldung reißerisch genug war.«

Dr. Laipple spitzte die Lippen, als würde er über Lüders Argument spöttisch schmunzeln wollen.

»Soll das eine Drohung sein?«

»Sind Sie schon einmal von einem Polizisten bedroht worden?« Der Manager trank einen Schluck, bevor er die Augen zusammenkniff und Lüder ansah. Dann zeigte er zum Fenster hinaus.

»Sehen Sie die Katze dort? Sie frisst Mäuse. Das ist ihr von Natur aus mitgegeben. Niemand regt sich darüber auf.«

»Was wollen Sie damit sagen?«

»Ist das nicht der Beweis dafür, dass in der gottgewollten Welt nicht alle Lebewesen gleich sind? Manche sind Jäger, andere sind Opfer. Nehmen Sie die Machtkämpfe in der Brunft. Nur einer kann Führer des Rudels sein. In der Natur setzt sich nur der Stärkste durch.«

»Der Verweis auf die Brunft klingt sehr merkwürdig. Soll ich daraus ableiten, dass die Gier und das Machtstreben der Topmanager hormonell bedingt sind?« Lüder zeigte zum Himmel. »Ihre Metapher klingt sehr hohl. Damit könnten Sie keinen Aktionär in der Hauptversammlung überzeugen.«

»Das mag stimmen. Dort sitzen viele Leute, die das Funktionieren dieser Welt nicht verstehen. Auch mit dem besten Förderunterricht bringen Sie die Maus nicht dazu, erfolgreich Katzen zu jagen. Das ist Naturgesetz.«

»Dann muss ich nur versuchen, Sie zur Maus zu machen?«

Dr. Laipple lachte. »Versuchen Sie es. Sie können die Realität bei aller Sozialromantik nicht ändern. Warum sind Sie Beamter geworden? Mit einem Studium hätten Sie mehr anfangen können. Stattdessen verstecken Sie sich im öffentlichen Dienst. Gesichertes Einkommen bis ans Lebensende. Die Beförderungen kommen automatisch. Kein Kampf darum, dass man besser sein muss als die Mitbewerber, um nach oben zu kommen.«

Lüders Gedanken schweiften für einen Moment ab. Nach dem letzten großen Fall im vergangenen Jahr, als er trotz massiver Drohungen gegen ihn und seine Familie ins schmutzige Geschäft der großen Politik eintauchte, hatte man ihm durch das Versagen der anstehenden Beförderung gezeigt, dass die Wahrheit nicht immer das Interesse der Mächtigen findet. Er hatte gezweifelt, ob es im Polizeidienst eine Zukunft für ihn geben würde. Margit hatte ihn bestärkt, sich beruflich anders zu orientieren, zumal die Dotierungen dort auch attraktiver waren als im öffentlichen Dienst. Sicher waren Margits Motive andere. Sie hätte es gern gesehen, wenn er sich nicht mehr den Gefahren aussetzen würde, die mit der Art *seiner* Ermittlungsmethode verbunden waren.

Er wusste, dass er Kriminaldirektor Nathusius schwer enttäuschen würde, wenn er seine Kündigung aussprechen würde. Trotzdem hatte er viele Bewerbungen geschrieben. Doch es hatte nur Absagen gegeben. Stets hatte man ihm höflich, aber bestimmt mitgeteilt, dass er hinsichtlich seiner Qualifikation einer der ersten Anwärter auf die ausgeschriebene Position gewesen wäre, aber leider hätte man – schweren Herzens – einem anderen Kandidaten den Vorzug gegeben. Niemand hatte ihm mitgeteilt, dass er, Anfang vierzig, für viele Unternehmen zu alt war. Selbst zwei Bewerbungen um Positionen als Beigeordneter in einer Stadtverwaltung waren negativ beschieden worden. Seine Bemühungen, in einer Anwaltskanzlei zu arbeiten, hatten lediglich zu einem intensiven Vorstellungsgespräch geführt. Ausgerechnet die Seniorpartnerin einer großen Kieler Kanzlei war seine Gesprächspartnerin gewesen. Erst hinterher war ihm bewusst geworden, dass Dagmar Johannes die Ehefrau des Leiters der Husumer Kripo, Christoph Johannes, war. Hoffentlich hatte sie Diskretion gegenüber ihrem Mann gewahrt, sonst wären seine Wechselabsichten innerhalb der Polizei kursiert. Irgendwann hatte Lüder seine Bemühungen um eine andere berufliche Tätigkeit eingestellt. Schließlich hatte er eine sechsköpfige Familie zu versorgen. Die Beamtenlaufbahn war da das kleinere Übel. So war er immer noch Polizist.

»Ich bin hier, um einen Mordfall aufzuklären. Einen hochbrisanten allein aufgrund der Begleitumstände: Popularität des Opfers, Art des Vollzugs und nicht zuletzt der Tatort.« Lüder zeigte auf Dr. Laipple. »Sie werden es schwer haben, nicht in die Schlagzeilen zu geraten. Schließlich ist es *Ihr* Haus, in dem der Mord geschah. Also! Um was ging es bei Ihrem geplanten Treffen?«

Dr. Laipple war aufgestanden. »Ich wiederhole mich nicht. Es ist alles gesagt.« Er sah auf Lüder herab, der gelassen sitzen geblieben war.

»Wie ist Lew Gruenzweig ins Haus gekommen?«

»Die Putzfrau hat ihn hineingelassen.«

»Hat sie auch für sein Wohlergehen gesorgt?«

Der Manager schüttelte den Kopf. »Das Catering übernimmt ein ortsansässiges Restaurant.«

»Wer war die Dame, die gestern Abend anwesend war?«

»Welche Dame?« Dr. Laipple schien überrascht.

»Gehört die Bereitstellung von Damenbegleitung auch dazu, dass sich Ihre Gäste wohlfühlen?«

»Jetzt reicht es.« Der Manager hatte seine Stimme erhoben. »Ich lege Ihnen nahe, zu gehen.«

Lüder stand auf. »Wir werden herausbekommen, um was es bei Ihrem Treffen mit Lew Gruenzweig ging und ob dem ein mögliches Mordmotiv innewohnt. Auch wenn Sie viele und gute Verbindungen haben und sich abgeschirmt glauben, müssen Sie sich dem Recht beugen. Denken Sie an Ihre zahlreichen Kollegen aus den Führungsetagen der größten Unternehmen: sei es die Steuerhinterziehung in Liechtenstein, Korruption und Bestechung, der Kauf willfähriger Pseudogewerkschaftler oder die Gewährung von Lustreisen und ausschweifenden Sexpartys. Sie kennen die Fälle und die Namen. Und der Sturz der ›Unantastbaren‹ war danach immer schmerzhaft und tief.«

Dr. Laipples Gesicht überzog eine leichte Zornesröte.

»Die endlose Gier einiger weniger, das Unvermögen der Manager, Krisen zu erkennen und Problemen entgegenzusteuern, haben letztlich zur weltumspannenden Finanzkrise geführt und selbst die größten Banken in die Insolvenz getrieben. Das nennen Sie Elite? Sind das die sogenannten Leistungsträger, die einen immer größeren Anteil für sich beanspruchen, ungeachtet des Elends, das sie über viele Menschen gebracht haben?«

Wortlos zeigte Dr. Laipple mit ausgestrecktem Arm Richtung Ausgang. Dann drehte er sich ostentativ zum Fenster und wandte Lüder den Rücken zu.

Lüder war sich bewusst, dass er zu weit gegangen war. Es war nicht seine Aufgabe, Kritik zu üben. Aber die Selbstgefälligkeit dieses Mannes hatte den Zorn in ihm keimen lassen. Hier ging es um eine Mordermittlung. Und der Bankmanager tat so, als wäre es eine Zumutung, dass man ihn einer Befragung unterzog. Und wie er mit Große Jäger umgegangen war, entsprach nicht zivilisierten Umgangsformen.

An der Zimmertür erwartete ihn Frau Merckel und geleitete ihn zum Nebenausgang. Dort konnte sich Lüder ein Grinsen nicht verkneifen. Große Jäger wanderte mit verbissenem Gesichtsausdruck am Steinwall vor dem Grundstück auf und ab.

»Das lasse ich mir nicht noch einmal bieten«, schimpfte er Lüder von Weitem entgegen. »Ich bin doch nicht der dumme Junge dieser Geldhansel.«

Lüder machte mit der rechten Hand eine beruhigende Bewegung, während Große Jäger Richtung Haus sah und dann mit dem Finger auf ein Tablett wies, das auf dem Wall stand. »Die haben mir einen Tee gebracht. Abgefertigt vor der Tür wie der Trinknapf für Hunde vor einem Geschäft. Und dann – Tee! Das allein rechtfertigt eine Anzeige wegen Körperverletzung.«

Lüder lachte. »Nun beruhige dich. Wärst du mit im Hause gewesen, hättest du eine Anzeige wegen Körperverletzung erhalten, weil du dem Laipple an die Gurgel gesprungen wärst.« Sie setzten sich ins Auto, und Lüder berichtete.

»Was bilden sich diese Figuren eigentlich ein?«, fluchte Große Jäger.

»*Money makes the world go round*«, merkte Lüder an.

»Ich verstehe. Für Leute wie ihn da drinnen ist der Globus ein Spielball. Und die bestimmen die Regeln.« Große Jäger schüttelte heftig den Kopf. »Ich kenne das vom Fußball. Plötzlich steht auch der beste Stürmer im Abseits.«

Lüder startete den Motor und ließ den BMW langsam Richtung Ortszentrum rollen. Die Straße war nur einseitig bebaut. Neuere Appartementhäuser und Hotels wechselten einander ab, während der Blick zur linken Seite auf die Dünenlandschaft führte, die im Hintergrund durch das Kampener Querfeuer begrenzt wurde, das Binnenländer gern als kleinen Leuchtturm bezeichnen.

Große Jäger warf einen Blick über die Schulter zum Haus zurück. »Der Bewachungsaffe steht am Fenster und sieht uns nach. Zuvor hat er uns fotografiert.«

»Ich weiß«, sagte Lüder. »Der Mann heißt Meyerlinck. Und im Haus gibt es auch dezent angebrachte Kameras. Zumindest im Flur. Wir werden jetzt zur Dienststelle nach Westerland fahren, und Kollege Paulsen wird die Aufzeichnungen abholen.«

»Ist nicht«, sagte Große Jäger. »Die Kameras hat die Spurensicherung auch schon entdeckt. Die Aufzeichnungen erfolgen nicht im Hause, sondern werden zu einem Sicherheitsdienst übertragen.«

»Dann sprechen wir dort vor.«

»Haben die Kollegen schon gemacht. Auch die Sonderkommission ist auf diese Spur gestoßen. Angeblich lag ein technischer Fehler vor. Es gibt keine Aufzeichnungen.«

»Die hat jemand gelöscht«, stellte Lüder fest. »Dann werden wir die Festplatte beschlagnahmen und in Kiel von der Kriminaltechnik analysieren lassen.«

»Das wollte die Sonderkommission auch.«

»Und?«

»Oberstaatsanwalt Brechmann hat ihnen die Zustimmung verweigert.«

Lüder war zornig. »Das klingt fast wie Strafvereitelung im Amt.«

»Wollen Sie ihm das nachweisen?«, fragte Große Jäger.

Lüder ließ die Frage unbeantwortet. Er wusste selbst, dass dies eine Sackgasse war.

»Es gibt weitere Neuigkeiten«, sagte der Oberkommissar. »Am Mordtag wurde eine Reihe von Telefongesprächen zu Laipples Haus und von dort geführt.« Große Jäger kramte einen handgeschriebenen Zettel aus den Tiefen seiner Jeans hervor. »Da waren zwei Telefonate zum Restaurant, das das Catering besorgt hat. Zwei Anrufe nach Niebüll.«

»Feddersen?«

»Ja. Vermutlich hat die Haushaltshilfe zu Hause angerufen. Außerdem hat Imke Feddersen in Hattingen an der Ruhr angerufen. Das ist ihre Schwester. Das wurde verifiziert. Im Laufe des Nachmittags und des Abends wurden mehrere Gespräche mit Frankfurt geführt und zu einem nicht registrierten Handy.«

»Was heißt das?«

»Top-VIP. Wir wissen trotzdem, dass es Laipple gehört. Gruenzweig hat außerdem dreimal in New York und einmal in Manila angerufen. New York war eine Bank, Manila ein Broker. Das Beste kommt aber noch.« Große Jäger legte eine Kunstpause ein. »Gruenzweig hat außerdem ein deutsches Handy angewählt.«

»Woher wissen wir, dass es Gruenzweig war?«, fragte Lüder dazwischen.

»Nicht genau. Das ist eine Vermutung. Und das ›Handy‹ hat zurückgerufen.«

»Nun mach es nicht so spannend.«

»Hollergschwandtner.«

»Donnerlüttchen!« Diese Information war so überraschend, dass Lüder am Lenkrad korrigieren musste, weil er für den Bruchteil einer Sekunde abgelenkt war.

»Warum ist der Hollerhansi am Morgen nach dem Mord noch einmal zum Tatort gefahren?«, überlegte Große Jäger laut. »Es war ein glücklicher Umstand, dass ihn der aufmerksame Kollege auf Verdacht angehalten hat. Mit unserer Vermutung, dass die geheimnisvolle ›Arbeit‹ des Mannes durchaus die eines Zuhälters sein könnte, ließe sich etwas konstruieren. Gruenzweig hat Hollergschwandtner angerufen. Die Nummer hat der Amerikaner möglicherweise von Laipple bekommen. Und der Hollerhansi hat Gruenzweig eine Edelprostituierte beschafft, die ihr Hermelincape im Haus vergessen hat, weil sie eventuell in Panik geflüchtet ist.«

»Das könnte eine Theorie sein«, sagte Lüder. »Gegen eine spontane Ermordung Gruenzweigs spricht allerdings die Tatausführung. Der Mörder muss es geplant haben. Sonst hätte er sich nicht vorher das Segeltau besorgt. Und auch die Art der Ermordung deutet auf eine zelebrierte Hinrichtung. Das ist nicht der Stil einer Prostituierten, die in einer Überreaktion jemanden tötet. Auch nicht die Art eines Zuhälters. Und Hollergschwandtner, wenn er der vermutete Zuhälter ist, ist nicht der Typ eines brutalen St.-Pauli-Schlägers. Ich habe Zweifel, ob wir mit dieser Vermutung auf dem richtigen Weg sind.«

»Wir müssen Hollerhansis Asylgeberin, diese Sabine Johbst, unter die Lupe nehmen. Was ist, wenn sie die Trägerin des Hermelincapes ist?« Große Jäger schüttelte den Kopf und deutete mit beiden Händen einen übergroßen Busen an. »Das glaube ich nicht. Die passt nicht in den Pelz. Wir werden der Rechtsmedizin einen Tipp geben. Die sollen prüfen, ob Gruenzweig Geschlechtsverkehr hatte. Dann ließe sich eine DNA erstellen. Fahren wir jetzt zu Hollerhansi?«

Lüder nickte. Sie mussten keine Worte wechseln, um Einigkeit zu erzielen, dass sie es zunächst in der Sansibar versuchen würden.

Der Parkplatz war gut gefüllt. Es handelt sich nicht nur um Besucher des Restaurants, sondern auch um zahlreiche Neugierige, die auf der Fahrt über die Insel hier hielten, um einen Blick auf die legendäre Institution zu werfen.

Vor der Tür zum Wirtschaftsteil standen zwei Bedienste, ins Gespräch vertieft, und rauchten.

»Hätten wir noch einen Kaiser«, überlegte Große Jäger, »was würde er wohl *dieses* Mal für Sansibar bekommen, nachdem er das letzte Mal Sansibar gegen Helgoland getauscht hat? Den Ballermann?«

Lüder lachte laut.

»Das darfst du aber nicht laut sagen. Zwischen den beiden Lokalen liegen Welten. Selbst wenn man bösartig wäre, darf man die beiden nicht miteinander vergleichen.«

Große Jäger zog einen Schmollmund. »*Ich* und bösartig?«

»Vielleicht wäre es gar nicht schlecht, Sansibar zurückzutauschen. Dann hätten wir eine Insel, wo der Pfeffer wächst. Da könnte man viele Leute hinschicken …«

Sie hatten das Restaurant erreicht. Es war für diese Jahreszeit erstaunlich gut gefüllt. Ein aufmerksamer Kellner kam ihnen gleich nach dem Eintritt entgegen, musterte Große Jäger und sagte höflich, aber bestimmt, dass er bedaure, aber leider seien alle Plätze vorbestellt.

»Wir wollen nicht essen«, erwiderte der Oberkommissar. »Oder haben Sie Currywurst und Pommes?«

Der Kellner lächelte. »Wir erfüllen jeden Wunsch unserer Gäste und würden auch das möglich machen.«

Lüder hatte Hollergschwandtner entdeckt, der mit zwei Männern und einer Frau am Ecktisch saß und jetzt auch auf die beiden Polizisten aufmerksam geworden war. Er sagte etwas zu seinen Begleitern, stand auf und kam den Beamten entgegen.

»Ist schon recht, Josef«, sagte er zum Kellner. »Die Herren wollen nur kurz mit mir plaudern.« Er zeigte auf einen Tisch mit dem Schild »reserviert«, auf dem wie auf allen anderen ein Leuchter mit einer brennenden Kerze stand.

Als sie allein waren, legte der Mann allerdings jede Höflichkeit ab.

»Sagen Sie, was soll das Ganze? Wollen Sie mich jetzt ständig verfolgen? Haben Sie einen Verdacht gegen mich?« Er blies die Wangen auf und pustete hörbar die Luft über den Tisch. »Darf man nicht in Ruhe seinen Sundowner genießen?«

Große Jäger pustete ebenso ungeniert in Hollergschwandtners Richtung zurück. Der zog angewidert die Stirn kraus. Lüder konnte sich lebhaft vorstellen, dass der nikotingeschwängerte Atem des Oberkommissars in der Nase eines Parfumeurs kein Wohlgefallen auslösen würde.

»Sie machen auf mich den Eindruck eines weltgewandten Mannes.« Große Jäger schaffte es, seine Stimme nahezu säuseln zu lassen.

Hollergschwandtner sah ihn fragend an.

»Waren Sie schon einmal in Schweden?«

»Was soll das? Wollen Sie mich auf den Arm nehmen?«

»Mitnichten. Kennen Sie den dortigen Einrichtungsstil?«

»Wollen Sie mich veräppeln?« Die Frage war an Lüder gerichtet, der nur wortlos die Schultern hob und in Große Jägers Richtung wies.

Als auch der Oberkommissar schwieg, antwortete Hollergschwandtner: »Das wird mir langsam zu dumm. Sie glauben doch nicht, dass die skandinavische Bretterwelt meinem Stil entspricht.«

»Ich dachte weniger an das Möbelhaus als an die Gardinen, die man in Schweden vor gewissen Räumlichkeiten anbringt.«

Der Mann wollte aufstehen, aber jetzt bedeutete ihm Lüder, sitzen zu bleiben.

»Es würde sicher unerwünschtes Aufsehen bereiten, wenn wir Sie jetzt zur örtlichen Polizeidienststelle mitnehmen würden«, sagte er.

»Was wollen Sie von mir?« Die Nervosität, die den Mann erfasst hatte, konnte er nicht mehr verbergen.

»Es gibt einen Zeugen, der bestätigt hat, dass Sie am Vorabend arbeiten waren. Das war der Tag, an dem Lew Gruenzweig ermordet wurde.«

»Das ist absurd. Das ist lächerlich.«

»Nein, Herr Hollergschwandtner. Der gewaltsame Tod eines Menschen ist nie lächerlich«, sagte Lüder. Seine Tonlage klang jetzt verbindlicher.

»Wer hat das behauptet?« Ein Zucken huschte über das Gesicht des Mannes. »Ah, ich verstehe. Sabine hat das gesagt.« Er ließ ein gekünsteltes Lachen hören. »Da hat sie etwas missverstanden. Was soll ich denn arbeiten?«

»Das würden wir gern von Ihnen wissen«, sagte Große Jäger.

»Muss ich meine Einkommensverhältnisse vor Ihnen ausbreiten?«

»Sicher. Geld ist eines der häufigsten Tatmotive bei Tötungsdelikten«, stellte Große Jäger fest.

»Sie behaupten nicht im Ernst, dass ich dort im Haus war und diesen – wie heißt er noch gleich? – ausgeraubt habe.«

»Haben Sie nicht?«

Hollergschwandtner hatte das Reservierungsschild in die Hand genommen und spielte nervös damit.

»Sie haben am Mordtag mehrfach versucht, in Laipples Villa anzurufen. Bei einem Versuch hat es geklappt, und Sie haben eine Weile gesprochen.«

Jetzt sah man Hollergschwandtner deutlich das Erschrecken an.

»Wie kommen Sie darauf?«, stammelte er.

»Wir sind die Polizei«, erwiderte Große Jäger ungerührt. »Mit wem haben Sie gesprochen? Was wollten Sie von Lew Gruenzweig?«

»Ich … ich …« Er brach ab und fixierte an den beiden Polizisten vorbei einen imaginären Punkt im Hintergrund.

»Ich habe mit dem Personal gesprochen. Ich kenne dort jemanden. Wie man sich auf Sylt halt kennt.«

»Name?«

Hollergschwandtner blickte von einem zum anderen. Dann lehnte er sich zurück und verschränkte die Arme vor der Brust. »I red jetzt nimmer was«, verkündete er und verfiel dabei in seinen bayerischen Heimatdialekt. Plötzlich straffte sich sein Körper.

»Man kennt sich auf Sylt. Dazu gehört auch ein hoher Polizeibeamter aus Schleswig-Holstein, der in meinem Freundeskreis verkehrt. Sie sollten also überlegen, wie Sie vorgehen.«

»Soll das ein Einschüchterungsversuch sein? Oder gar eine Drohung?« Lüder hatte leise gesprochen. Da Hollergschwandtner sich dadurch auf die Worte konzentrieren musste, verstärkte es deren Wirkung.

Der Mann stand auf. »Sie hören von meinem Bekannten«, drohte er jetzt offen und kehrte zum Tisch seiner Freunde zurück.

»Ich werde den Hollerhansi durchleuchten«, sagte Große Jäger auf dem Rückweg zum Parkplatz. »Für mich ist der Mann ein Zuhälter, der Edelnutten vermarktet. Das war kein Zufall, dass er am Morgen nach der Tat bei Laipples Villa aufgekreuzt ist. Der Bursche wollte das Hermelincape abholen. Für so einen Pelz muss sich auch eine First-Class-Dame öfter langmachen.«

»Und wenn es sich um eine Dame der Gesellschaft handelt, die Gruenzweig aufgesucht hat?«, gab Lüder zu bedenken. »Was ist mit Frau Laipple? Schließlich gab es bei den Eskimos früher den Brauch, dass einem Gast des Hauses die eigene Frau oder Tochter für die Nacht angeboten wurde.«

Große Jäger schüttelte den Kopf. »Seltsame Sitten.«

»Das hatte einen tieferen Sinn«, erklärte Lüder. »Ein Gast war in der polaren Weltabgeschiedenheit lange unterwegs gewesen und hatte eine beschwerliche Reise hinter sich. Und wenn dann nicht nur die kalten Knochen, sondern auch die Hormone wieder am Feuer des Gastgebers durchwärmt waren, umging man die Gefahr, dass der ausgezehrte Gast sich etwas mit Gewalt nahm, eben dadurch, dass man ihn einlud.«

»Und Sie glauben, dass die Bräuche der Eskimos auf die Gesellschaftsschichten durchgeschlagen sind, denen Laipple und Gruenzweig angehören?«

»Es ist die Aufgabe der Polizei, Fakten zu beschaffen, und nicht, Vermutungen anzustellen«, wich Lüder aus.

Sie saßen gerade im Auto, als sich Große Jägers Handy meldete.

Der Oberkommissar informierte Christoph Johannes über den Stand der Ermittlungen. Er unterließ es auch nicht, vage Vermutungen zu erwähnen und die noch nicht abgesicherten Gedanken der beiden Polizisten vorzutragen.

Nach dem Gespräch sagte er: »Na so was«, und schüttelte den Kopf, bevor er Lüder berichtete: »Ich erwähnte, dass Christophs Vermieterin heute Nacht verstorben ist. Die alte Dame ist friedlich in ihrem Bett eingeschlafen. Bereits wenige Stunden später ist ihr Neffe aufgetaucht und hat Christoph erklärt, dass er es gern sehen würde, wenn sich Christoph eine andere Wohnung suchen würde, da der Neffe das Haus möglichst schnell verkaufen will. Da würde ein Mieter im Hause nur stören. Und ich habe gedacht, dass die Geldgier nur ein Symptom der oberen Zehntausend sei.«

Sie fuhren zur Westerländer Polizeistation.

Hauptkommissar Paulsen empfing sie und berichtete zunächst, dass es noch keine Resonanz auf das heute früh in der Sylter Rundschau veröffentlichte Foto des Hermelincapes gegeben habe. Er hatte aber gehört, dass Oberstaatsanwalt Brechmann eine Erklärung für die Presse abgegeben habe. In wenigen Minuten werde im Dritten Fernsehprogramm des Norddeutschen Rundfunks das Schleswig-Holstein-Magazin beginnen.

Eingebettet in eine bunte Mischung aus Informativem und Kuriosem nahm der Mord an Gruenzweig im Nachrichtenteil naturgemäß einen größeren Raum ein. Man zeigte das Haus, die Umgebung, erwähnte, dass der Vorstandssprecher des bedeutendsten Kreditinstituts des Landes Eigentümer des Anwesens sei, und brachte auch einen Ausschnitt der Pressekonferenz, die der Kieler Staatsanwalt heute abgehalten hatte. Brechmann hielt sich sehr bedeckt und deutete an, dass die Sonderkommission eine Vielzahl von Spuren verfolge. Die Ermittlungsbehörden würden dringend eine Person suchen, die in Verbindung mit der Tat stehen könnte, deutete Brechmann an. Dann wurde das Bild eines Mannes eingeblendet.

»Es ist ein Phantombild«, erklärte Hauptkommissar Paulsen, »das wir aufgrund der Aussagen des Seglers am Anleger in Rantum angefertigt haben. Es könnte sich um den Mann handeln, der die Segelleine auf dem Boot des Nordstrander Seglers gekappt hat.«

»Oke Petersen«, sagte Große Jäger.

»Ist das der Gesuchte?«, fragte Paulsen erstaunt.

»Nein. So heißt der Eigentümer des Motorseglers, dem man das Großfall an seinem Mast gekappt hat.«

Im Tenor gleich, nur in geraffter Form, wurde die Meldung in der kurz darauf folgenden Tagesschau ausgestrahlt. Auch dort zeigte man das Bild.

»Sagt Ihnen ›Hollergschwandtner‹ etwas?«, fragte Lüder den einheimischen Hauptkommissar.

Paulsen schüttelte den Kopf. »Auf Sylt treibt sich viel A-Prominenz herum, und noch mehr B-Prominenz tummelt sich hier. Hollergschwandtner fällt mir noch nicht einmal in der Kategorie der C-Prominenz ein.«

»So einen wollen sie nicht einmal im Dschungelcamp der Krawallsender sehen«, kommentierte Große Jäger.

»Ist der Laipple eigentlich verheiratet?«, war Lüders nächste Frage, auf die er sich keine Antwort erhoffte.

Doch Paulsen wusste auch hierzu Bescheid.

»Glauben Sie nicht, dass ich beim Frisör die falschen Illustrierten lese, aber wenn Sie hier auf der Insel Dienst tun, bekommen Sie viel mit. Dr. Laipple ist geschieden. Sein Privatleben taucht fast nie in den bunten Gazetten auf. Daher weiß ich auch nicht, ob er eine neue Liaison eingegangen ist. Die Exfrau lebt übrigens auch auf Sylt, nur ein paar Straßen von Laipples Anwesen entfernt. Sie ist wieder verheiratet und heißt jetzt Karoline Freifrau zu Schwichtenberg.«

»Doch nicht *der* Schwichtenberg?«

Paulsen grinste. »Das ist eine ganze Dynastie. Ferdinand Baron von Schwichtenberg gehört zur Erbengemeinschaft, die das Industrie-, Versicherungs- und Tourismusimperium geerbt hat. Als das vor fünfzehn Jahren verkauft wurde, haben die Erben ordentlich Kasse gemacht. Ferdinand hat wohl in Immobilen investiert und lässt seine Latifundien professionell verwalten. Er selbst lebt zurückgezogen, widmet sich den schönen Künsten und leidet seit Jahren unter einer argen Erkrankung. Immerhin ist er fast achtzig.«

»Dann war diese Eheschließung von Laipples Ex wohl keine Liebesheirat«, überlegte Große Jäger laut. »Nee. Wie gut, dass ich nicht in diesen Kreisen leben muss.« Er spitzte die Lippen. »Andererseits – man hätte dann vielleicht ein Treuhandkonto in Liechtenstein und nicht ein überzogenes Girokonto bei der Nord-Ostsee Sparkasse.«

Lüder hatte beschlossen, an diesem Abend nicht mehr nach Kiel zurückzukehren. Begeistert schloss sich Große Jäger an. Mit Paulsens Hilfe hatten sie ein kleines, gemütliches Hotel in der Johann-Möller-Straße, gleich gegenüber dem Appartementhaus, in dem Hollergschwandtner untergekommen war, gefunden.

Vom Hotelzimmer aus rief Lüder zu Hause an, um seine Abwesenheit anzukündigen. Natürlich war Jonas als Erster am Apparat.

»Was machst du gerade?«

»Ich bin auf Sylt.«

»O geil. Jagst du den Mörder von diesem Typen aus dem Fernsehen?«

»Ich suche den Strolch, der zweimal täglich den Stöpsel zieht, damit der Husumer Binnenhafen leerläuft. Ein erster Zeuge meint, es könnte sich um einen gewissen Ebbe handeln.«

Jonas lachte und beschloss dann, den Hörer an Margit weiterzureichen, damit er sich weiter dem Fernsehen hingeben konnte.

Margit war nicht begeistert davon, dass Lüder auswärts übernachten würde.

»Du wolltest dich doch nicht mehr in diese heiklen Fälle einmischen«, sagte sie in deutlich vorwurfsvollem Ton.

Obwohl Lüder zu dementieren und zu beschwichtigen versuchte, ließ er eine deutlich frustrierte Margit am Ende des Gesprächs zurück.

Dann ging er mit Große Jäger die wenigen Minuten zum Stadtzentrum und überquerte die Strandstraße, neben der Friedrichstraße die zweite Fußgängerzone.

»Ich persönlich finde die Strandstraße ursprünglicher«, sagte Lüder. »Leider hat man in der Friedrichstraße nicht mehr viele der reizvollen alten Häuser erhalten, die mit einem besonderen Flair ausgestattet sind. Es schmerzt im Auge des Betrachters, wenn zwischendurch seelenlose Betonbauten eingepflanzt wurden.«

»Eingepflanzt?«, tat Große Jäger erstaunt.

Lüder nickte. »Wie ein Stiftzahn, der eine Lücke füllen soll und aus blankem Edelstahl den Gesamteindruck des Gebisses stört.«

»Blühende Phantasie«, murmelte Große Jäger und wurde von Lüder am hinteren Saum seiner Lederweste festgehalten, als er eine Hamburger-Braterei mit dem golden »M« ansteuerte.

»Wir können dort zu Abend essen«, sagte Lüder, als sich der Oberkommissar erstaunt umsah. »Aber dann musst du den Rest des Abends ›Papi‹ zu mir sagen.«

Große Jäger hob ratlos eine Augenbraue.

»Ich habe nichts gegen den Frikadellentempel. Meistens suche ich den aber in Begleitung meiner Kinder auf.«

Große Jäger war stehen geblieben. »Ich habe aber keine Krawatte um«, maulte er.

Lüder schmunzelte. »Das ist auch nicht erforderlich. Saubere Fingernägel reichen.«

Instinktiv vergrub der Oberkommissar seine Hände tief in den ausgebeulten Taschen seiner Jeans. »Von mir aus, wenn's nicht so'n piekfeiner Laden sein muss.«

Sie landeten im gutbürgerlichen Restaurant Münchener Hahn, das trotz des für diese Region ungewöhnlichen Namens mit handgeschriebenen Kreidetafeln vor der Tür für Kabeljau, Matjes nach Hausfrauenart mit Bratkartoffeln und ähnliche Gerichte warb, von denen der Tourist annahm, dass sie typisch für Sylt wären.

Sie streiften während des Essens und beim anschließenden Bier, das sie in einer Kneipe ein paar Häuser weiter tranken, viele allgemeine Themen, ohne noch einmal auf den Mordfall zurückzukommen. Lüder fiel erneut auf, dass Große Jäger auch nach mehreren Bier konsequent beim Sie blieb, während er den Oberkommissar duzte.

DREI

Es ist zutreffend, wenn man behauptet, dass auf Inseln ein anderer Lebensrhythmus herrscht. Das empfand auch Lüder so. Er war um halb sieben wach geworden, hatte ausgiebig geduscht und war noch vor dem Frühstück die wenigen Schritte zur Strandpromenade gegangen. Als er an Große Jägers Zimmer vorbeikam, bedauerte er die direkten Nachbarn des Oberkommissars. Wer nicht über die Segnungen eines tiefen Schlafs verfügte, hatte sicher unter den sägenden Schnarchtönen zu leiden gehabt.

Lüder fühlte sich trotz der inneren Anspannung wunderbar erholt und ausgeruht. Im Unterschied zur Geschäftigkeit in den Großstädten schien Westerland noch in der Nachtruhe zu verharren. Es gab keine Autokolonnen mit Menschen, die den Weg zur Arbeit antreten, keine Müll- und Lieferfahrzeuge, ja nicht einmal Schulkinder auf dem Weg zum Unterricht traf man. Der Ort schien zu dieser Stunde wie ausgestorben. Zwei einsame Jogger begegneten ihm am Strand. Wer hier als Gast weilte, hatte seinen Tagesbeginn auf die späteren Stunden verschoben. Schade, dachte Lüder. Der hohe Himmel und das unvergleichlich klare Licht des Nordens, das immer schon die Malergrößen angezogen und fasziniert hatte, in Verbindung mit der reinen Luft ließen ihn die kleinen Sorgen des Alltags für einen Moment vergessen. Er nahm sich vor, irgendwann mit Margit ein paar Tage hier auszuspannen und die Kinder seinen Eltern in Kellinghusen zu überlassen. Irgendwann, dachte er bitter. Warum neigen wir Menschen immer dazu, alles auf »irgendwann« zu verschieben. Er ging noch ein Stück auf der Strandpromenade entlang und kehrte dann ins Hotel Vier Jahreszeiten zurück.

Im Frühstücksraum hatten sich um diese Zeit nur wenige, meist ältere Gäste eingefunden, und Lüder wurde von einer gut aufgelegten jungen Frau nach Extrawünschen zum Frühstück gefragt.

Nachdem er sich am reichhaltigen Büfett ausgiebig versorgt und der herrlich duftende Kaffee seine positive Grundstimmung noch verstärkt hatte, warf er einen Blick in die ausliegende Morgenzeitung. Immer noch beherrschte der Gruenzweig-Mord die Titelseite.

Zwischen zwei Bissen erstarrte Lüder und vergaß, weiterzukauen, als er las, dass man den Mann gefunden hatte, dessen Bild gestern im Fernsehen veröffentlicht worden war. Nicht nur das – der Gesuchte hatte auch einen Selbstmordversuch unternommen und lag abgeschirmt auf der Intensivstation des Friedrich-Ebert-Krankenhauses in Neumünster. Es handelte sich um den achtundvierzigjährigen Hubert F., verheiratet, zwei Kinder, wohnhaft in Neumünster und in einem dortigen Unternehmen beschäftigt. Mehr wusste die Sylter Rundschau nicht zu berichten, zumal, so der ergänzende Hinweis in dem Artikel, die Ermittlungsbehörden einen totalen Nachrichtenstopp verhängt hatten.

Lüder legte die Zeitung beiseite, kramte in der Tasche nach seinem Handy, stellte fest, dass er es auf seinem Zimmer hatte liegen lassen, schlang das angebissene halbe Brötchen hinunter und verließ mit schnellen Schritten den Raum.

»Ist irgendetwas nicht in Ordnung?«, fragte die Bedienung mit besorgter Stimme.

Lüder versicherte, dass es keine Beanstandungen gebe, und klopfte heftig gegen Große Jägers Zimmertür. Es dauerte eine Weile, bis geöffnet wurde und der nasse Kopf des Oberkommissars im Türspalt erschien.

»Was 'n los mitten in der Nacht?«, brummte er.

»Der Mann vom Bootssteg ist gefunden«, sagte Lüder.

»Was?« Große Jäger war mit einem Schlag hellwach.

Lüder berichtete mit wenigen Worten, was er wusste.

»Ich bin in fünf Minuten bei Ihnen«, sagte Große Jäger.

Er schaffte es in vier.

Während Lüder Kontakt zum Landeskriminalamt aufnahm, versuchte der Oberkommissar die Husumer Polizeidirektion zu erreichen. Christoph Johannes war schon in seinem Büro in der Poggenburgstraße. Er hatte auch von der Entwicklung gehört, verfügte allerdings über keine weitergehenden Informationen.

Kriminaldirektor Nathusius und Kriminaloberrat Gärtner, der Leiter der Sonderkommission, waren für Lüder nicht zu sprechen, da sie zu einer Dienstbesprechung mit der Staatsanwaltschaft waren. Lüder erreichte Hauptkommissar Helge Thiel, einen Mitarbeiter Gärtners, der ebenfalls in der Sonderkommission mitwirkte. Thiel wollte in Kürze nach Neumünster und dort die weiteren

Ermittlungen vornehmen, insbesondere im familiären Umfeld von Hubert F., der mit vollem Namen Fixemer hieß, wie Lüder erfuhr. Der Hauptkommissar hatte keine Einwände, dass sich Lüder ihm anschließen wollte.

»Helge Thiel?«, fragte Große Jäger und zog die Stirn kraus. »Den kenne ich. Der hat einmal Christoph und mich beschattet, als wir einem Ring von Kredithaien auf der Spur waren. Der Kollege Thiel war maßgeblich beteiligt, als wir einen russischen Auftragskiller in einem Hotel bei Quickborn dingfest gemacht haben. Dabei hat es eine prächtige Schießerei gegeben.« Der Oberkommissar rieb sich dabei die Hände.

»Wir müssen uns umgehend auf den Weg nach Neumünster machen«, sagte Lüder. Große Jäger brummte missmutig, schaffte es aber doch, in aller Eile zuvor in den Frühstücksraum zu stürmen, seinen Kaffee brühheiß hinunterzustürzen und sich vor den großen Augen der Bedienung zwei Brötchen auf die Faust zu schmieren, die er mitnahm.

Auf der Fahrt unterrichteten sie Hauptkommissar Paulsen in Westerland von ihrer überstürzten Abreise. Danach versuchte Lüder, die Kriminaltechnik in Kiel zu erreichen. Es dauerte eine Weile, bis er Frau Dr. Braun am Apparat hatte.

»Wieso sind Sie jetzt der Dritte, dem ich das auseinandersetzen muss?«, beschwerte sich die Wissenschaftlerin. »Wir haben einen Kurzbericht zu diesem Fall verfasst und in den zuständigen Verteiler gegeben.«

»Ihre Arbeit in Ehren, aber hier geht es nicht um bürokratische Formalismen«, schnauzte Lüder sie an. Deutlich war durch die Leitung zu vernehmen, dass die Kielerin daran schluckte.

»Wenn wir jedem individuelle Auskünfte erteilen, schaffen wir unsere Arbeit erst recht nicht«, klagte sie. »Niemand bedenkt, dass immer mehr auf uns zukommt. Die Anforderungen wachsen stetig, aber am qualifizierten Personal wird gespart.«

»Das ist bei uns nicht anders«, erwiderte Lüder scharf.

»Liebe Frau Dr. Braun, hier spricht Große Jäger aus Husum.« Der Oberkommissar hatte sich eingemischt, und es gelang ihm, seine Worte einem Säuseln gleich zu formulieren. »Es ist eine Notsituation. Nur Sie können uns weiterhelfen. Wir sind seit gestern ohne

Unterbrechung unterwegs. Wir haben die ganze Nacht über kein Auge zugemacht, sondern durchgerackert. Jetzt sitzen wir im Auto, um zum nächsten Verhör zu fahren. Haben Sie ein wenig Mitleid mit uns. Ich kann jetzt ermessen, wie es Ihnen und Ihren Mitarbeitern ergehen muss. Sie sind sicher immer so gestresst wie wir jetzt.«

Man hörte ein Seufzen. »Dann verstehen Sie vielleicht, welchen Belastungen wir ausgesetzt sind. Ständig.« Die Stimme aus Kiel klang schon ein wenig versöhnlicher. »Wir haben die Schnittkanten der beiden Enden des Seils, das Sie auf dem Segelschiff auf Nordstrand sichergestellt haben, unter dem Elektronenmikroskop mit dem Seil verglichen, das mit den Champagnerflaschen um den Hals des Mordopfers geknüpft war. Mit hoher Wahrscheinlichkeit ist das Tatwerkzeug das passende Mittelstück, das aus dem anderen Seil herausgeschnitten wurde.«

»Ohne Sie würden wir weiter dumm durch die Gegend irren«, bedankte sich Große Jäger und legte auf. Dann strahlte er Lüder an. »Das habe ich von Christoph gelernt. Der geht auch immer so mit Dr. Braun um und war bisher stets erfolgreich.«

Lüder lächelte. »Schön. Außerdem hätten wir damit den Beweis, dass der Mörder oder zumindest ein an der Tat Beteiligter das Seil von Oke Petersens Motorsegler gestohlen hat, als dies am Anleger in Rantum lag. Und dort hat sich Hubert Fixemer nach Zeugenaussagen aufgehalten. In Verbindung mit seinem Selbstmordversuch sind das starke Indizien, die im ersten Augenschein gegen den Mann sprechen. Was haben wir über ihn erfahren können?«

»Ich frage nach«, versprach Große Jäger und führte mehrere Telefonate mit seiner Husumer Dienststelle. Zwischendurch fluchte er unbotmäßig.

»Was ist?«, fragte Lüder.

»Das ist Mist, wenn das Kind nicht da ist«, erklärte der Oberkommissar.

»Welches Kind?«

»Mommsen, unsere Nachwuchskraft. Der ist noch sehr jung und trotzdem auf der Hochschule der Polizei in Münster.«

»Wie jung? Ich meine, Kommissar Mommsen ist schon eine ganze Weile bei der Kripo.«

Große Jäger legte die Stirn in Falten. »Das ist noch ein Kind. Der ist doch erst vierunddreißig.«

»In dem Alter haben Profisportler ihre Kariere lange beendet.«
Große Jäger klopfte sich gegen die Brust. »Männer und *richtige*
Kriminalisten fangen da erst an, in die Blüte zu kommen.« Dann
wurde er abgelenkt, weil er einen Gesprächspartner in der Leitung
hatte und bat, man möge ihm ein Profil von Hubert Fixemer zukommen lassen.

Obwohl es dem Oberkommissar viel zu lange dauerte, erhielten
sie die gewünschten Informationen, als sie sich der Rader Hochbrücke bei Rendsburg näherten.

»Hubert Fixemer ist achtundvierzig, verheiratet und hat zwei
Kinder. Er ist Betriebsratsvorsitzender der Maschinenfabrik Noskemeier GmbH in Neumünster«, fasste Große Jäger seine Informationen zusammen.

»Noskemeier? Davon habe ich schon gehört«, sagte Lüder halblaut und beschleunigte, als sie die Geschwindigkeitsbeschränkung
nach der Hochbrücke hinter sich gelassen hatten. Die Tachoanzei-
ge näherte sich der Marke zweihundertfünfzig, und Große Jäger
hatte sein unentwegtes Brabbeln eingestellt.

»Keine Sorge«, sagte Lüder grinsend. »Im vergangenen Jahr, seit
unserem letzten Einsatz in Norderstedt, habe ich im Personenschutz
gearbeitet.«

»Aber doch nur am Schreibtisch.«

»Ich habe dennoch das Angebot genutzt und ein Fahrtraining
absolviert. Das gilt auch für die Nahkampfausbildung, Schießtrai-
ning und Selbstverteidigung.« Er stieß Große Jäger vorsichtig in die
Seite. Der Oberkommissar starrte stur geradeaus.

»Sie sollten bei diesem Tempo die Hände besser am Steuer lassen«, sagte er, und seine Stimme klang ein wenig gepresst.

Wenig später hatten sie das Einfamilienhaus in der Jahnstraße
erreicht. Die ruhige Nebenstraße lag unweit eines kleinen Indus-
triegebiets in Neumünsters Norden und war in ihrer beschaulichen
Lage vermutlich nur Einheimischen bekannt. Eine Reihe weiß ge-
putzter Einfamilienhäuser, deren Giebel mit Schindeln verkleidet
waren, säumten die Straße. Vor dem Eingang von Fixemers Haus
stand eine Gruppe von drei Männern, denen mit lässig über die
Schulter gehängten Fotoapparaten der Pressevertreter von Weitem
anzusehen war. Sie rauchten und unterbrachen ihre Unterhaltung,
als sich Lüders Wagen näherte.

Die beiden Beamten hatten das Fahrzeug noch nicht verlassen, als sich die drei näherten.

»Polizei?«, fragte einer der Reporter.

»Sieht eher aus wie der Staatsanwalt«, mutmaßte ein zweiter, wurde aber vom dritten korrigiert. »Brechmann ist zuständig. Den kenn ich.«

Bevor Lüder es verhindern konnte, wurden er und Große Jäger fotografiert. Der Oberkommissar trat auf einen der Reporter zu, streckte seinen Finger aus und bohrte damit zwischen den Rippen des Mannes, dass der schmerzhaft zusammenzuckte. »Wehe dir, wenn ich unsere Bilder in der Zeitung finde«, drohte er.

»Ist schon gut, Mann«, antwortete der Reporter und wich zwei Schritte zurück.

»He, schon mal was von freier Presse gehört?«, murrte dessen Kollege.

»Die ist gut und wichtig«, erwiderte Große Jäger, »kommt aber gut ohne unsere Fotos aus. Verstanden?«

Dem Ganzen war ein Mann mit deutlich gelichtetem Haupthaar gefolgt, der einem VW-Golf entstiegen war. Er gab zunächst Lüder, dann Große Jäger die Hand.

»So sieht man sich wieder«, begrüßte Große Jäger Hautkommissar Thiel, der sie bereits erwartete.

Es bedurfte noch einiger harscher Worte des Oberkommissars, bis die drei Reporter sich davon überzeugen ließen, dass sie nicht mit in das Innere des Hauses vordringen konnten.

Sie wurden von einer schlanken Frau mit auffallend spitzer Nase empfangen.

»Lange«, stellte sie sich vor. »Ich bin die Schwester von Hubert Fixemer.« Sie ging durch die Diele, die mit einer kleinen Garderobe, einem Ablagetisch und einer stattlichen Sammlung von Schuhen vollgestellt war, ins Wohnzimmer voran.

Familie Fixemer schien es mit der Einrichtung konventionell zu halten. Warme Holztöne und geschmackvoll zusammengestellte Repliken an den Wänden gaben dem Raum nicht nur eine persönliche Note, sondern auch den Ausdruck der Heimeligkeit. Wenn man es mag, ergänzte Lüder für sich.

Vier Personen sahen den drei Beamten entgegen. Eine blonde Frau, sie mochte etwa vierzig sein, mit dem Hang zur Rundlichkeit und einem ersten Ansatz eines Doppelkinns tupfte sich verstohlen die rot geränderten Augen.

»Meine Schwägerin, Frau Fixemer«, stellte die Schwester vor und zeigte dann auf das sehr schlanke Mädchen mit langen, bis zu den Schulterblättern reichenden Haaren. »Jana, die Tochter. Und das ist ihr Bruder. Alexander.« Der Junge mit der Harry-Potter-Brille stand auf und bot den Beamten seinen Platz an.

Der Vierte im Zimmer, ein Mann mit deutlichen Geheimratsecken, war ebenfalls aufgestanden und kam auf die Polizisten zu.

»Armbruster«, stellte er sich vor. »Ich bin von der IG Metall Neumünster und unterstütze die Familie des Kollegen Fixemer in dieser schweren Stunde.«

Nachdem sie auf zwei eilig aus einem Nebenraum herbeigeschleppten zusätzlichen Stühlen Platz genommen hatten, übernahm Armbruster sofort die Gesprächsführung.

»Es ist uns allen unerklärlich, was Hubert bewegt haben mag, sich so etwas anzutun«, erklärte er. »Er ist nicht nur ein vorbildlicher Familienvater, sondern engagiert sich gesellschaftlich und politisch. Seit Langem setzt er sich für die Belange der Kollegen ein und genießt das Vertrauen der Belegschaft, da er schon zum dritten Mal in den Betriebsrat gewählt wurde, dessen Vorsitzender er seit sechs Jahren ist.«

»Ist Herr Fixemer als Betriebsrat freigestellt? Macht er das hauptberuflich?«

Armbruster schüttelte den Kopf. »Noskemeier hat keine fünfhundert Mitarbeiter. Hubert übt dieses Amt neben seinem Job als Mitarbeiter im strategischen Einkauf des Betriebs aus. Das fordert viel Zeit und Kraft, zumal er auch noch für seine Partei in der Kommunalpolitik mitarbeitet, im Kirchenvorstand ist und eine Reihe weiterer Ehrenämter wahrnimmt.« Armbruster unterbrach seine Ausführungen für einen Moment und sah Lüder mit einem betrübten Blick an. »Wenn Sie mich fragen … Das ist alles zu viel geworden. ›Hubert‹, habe ich ihm letzte Woche noch gesagt. ›Schalt einen Gang zurück. Denk an deine Familie.‹ Gerade in letzter Zeit hat er sich ordentlich krumm gemacht. Was die da vorhaben – das geht an die Nieren.«

»Was hat Hubert Fixemer gegen *die da oben* in die Wege geleitet?«, fragte Lüder und bemühte sich, sein mangelndes Hintergrundwissen zu verbergen.

»Das geht doch seit Wochen durch die Presse«, schimpfte Armbruster. »Aber was hier in Neumünster los ist – das kümmert Kiel in keiner Weise. Wenn es eine Rezession zu verteilen gibt, dann kloppt ihr immer auf Neumünster ein. Und wenn wir uns hier selbst wieder ein bisschen aus dem Dreck gezogen haben, rums! Schon kommt die nächste Klatsche.« Der Gewerkschaftler hatte sich in Rage geredet.

»Noskemeier soll das nächste Opfer sein?«, riet Lüder.

»Die sollen geschlachtet werden. Das ist es, was Hubert zu schaffen macht. Erst kommt da einer aus dem Süden angeschlichen, kauft sich hier billig ein, und dann wird Neumünster plattgemacht.«

»Das stimmt so nicht ganz«, warf zaghaft Frau Fixemer ein. »Du bist genauso erregt wie Hubert. Ihr habt ja recht. Der kleine Mann bleibt wieder einmal auf der Strecke.« Sie wandte sich an Lüder. »Noskemeier ging es vor fünfzehn Jahren nicht gut. Da ist der alte Hundegger eingesprungen und hat den Betrieb übernommen.«

»Und dabei die halbe Belegschaft rausgeworfen«, fuhr Armbruster dazwischen.

»Davon verstehe ich zu wenig«, sagte Frau Fixmer leise. »Jedenfalls ging es mit dem Rest weiter. Noskemeier in Neumünster hat seitdem Motorenteile für das Stammwerk gebaut.«

»Und nun glauben die, dass sie das allein besser können.« Armbruster hatte seine Erregung immer noch nicht abgelegt.

»Wer sind *die*?«, fragte Lüder.

»Hundegger-Industries AG aus Ditzingen. Das liegt bei Stuttgart«, antwortete der Gewerkschaftler schnell. »Die gesamte Produktion soll hier weg und in Baden-Württemberg konzentriert werden. Verschlanken nennen die das. Erst plündern die hier das Know-how, und dann wird der Laden dichtgemacht. Ich möchte …«

»Lass gut sein«, mischte sich Frau Fixemer ein. Trotz der offensichtlichen Anspannung schien ihr daran gelegen, die Emotionen nicht zu hochkochen zu lassen. »Mein Mann hat mit Dr. Hundegger zu sprechen versucht. Der Betriebsratskollege aus Ditzingen hat Hubert eine Nachricht gesteckt, dass Dr. Hundegger das ganze Werk, also Stuttgart, verkaufen will. Angeblich an die Chinesen, die seit einiger Zeit die Hauptkunden sind. Mein Mann wollte von

Dr. Hundegger Klarheit, ob an diesem Gerücht was dran ist. Doch der hat sich geweigert, mit Hubert zu reden. Deshalb ist mein Mann nach Sylt gefahren, um mit dem Senior zu sprechen. Der Herr Konsul hat sich vor einiger Zeit ganz zurückgezogen und alles seinem Sohn, dem Dr. Gisbert Hundegger, überlassen. Hubert hat gehört, dass der Konsul im Moment auf Sylt ist. Deshalb ist er hingefahren.«

»Hat Ihr Mann von seiner Begegnung mit dem alten Herrn Hundegger berichtet?«, fragte Lüder.

Frau Fixemer tupfte sich erneut die Augen ab. »Nein«, sagte sie dann leise. »Er hat nur gesagt, es sei alles so sinnlos. Mit denen könne man nicht vernünftig reden.«

Lüder räusperte sich. »Wissen Sie, warum Ihr Mann einen Selbstmordversuch unternommen hat?«

Die Frau schluchzte, dann begann sie zu weinen. Sie wurde von heftigen Krämpfen geschüttelt. Mit einem vorwurfsvollen Blick auf Lüder nahm Frau Lange ihre Schwägerin in den Arm und fuhr ihr sanft übers Haar.

»Die haben Hubert fertiggemacht auf Sylt«, sagte Armbruster.

»Wissen Sie Näheres?«, wandte sich Lüder an den Gewerkschaftler.

»Hmh«, antwortete der vielsagend, ohne auf Einzelheiten einzugehen.

»Kennen Sie Lew Gruenzweig?« Lüder sah Armbruster an.

»Wer kennt diese Hyäne nicht?«

»Könnte der ein Interesse an Hundegger-Industries gehabt haben?«

»Der dreht nur das ganz große Rad«, erwiderte Armbruster schnell. »Für einen Deal wie Hundegger kommt der nicht rüber von Amerika. Das sind für Gruenzweig nur kleine Fische, obwohl bei Hundegger insgesamt viertausend Arbeitsplätze gefährdet sind.«

Lüder erkannte, dass er in diesem Haus keine weiteren Informationen erhalten würde. Entweder wusste man nichts, oder man wusste zu viel und hüllte sich deshalb in Schweigen.

An der Haustür wurden sie erneut von den drei Reportern bedrängt, die sie mit Fragen bestürmten, Vermutungen äußerten und von den drei Beamten eine Bestätigung der abwegigsten Theorien zu hören versuchten.

Lüder passierte die Gruppe und setzte sich mit den beiden anderen in seinen BMW. Erst nachdem Große Jäger noch einmal ausgestiegen war und in barschem Ton die Reporter angesprochen hatte, ließen die von Lüders Fahrzeug ab und entfernten sich auf ihre Warteposition vor dem Hauseingang.

»Mit ein wenig Phantasie könnte man sich vorstellen, dass Fixemers Gespräch mit Hundegger einen anderen Verlauf genommen hat, als es sich der Betriebsrat vorgestellt hatte«, äußerte Große Jäger eine Vermutung. »Vielleicht hat Hundegger erzählt, dass die Verhandlungen mit Gruenzweig so weit gediehen sind, dass das Ende des Neumünsteraner Betriebs besiegelt ist. Daraufhin ist Fixemer ausgerastet und hat Gruenzweig auf symbolträchtige Weise ins Jenseits befördert. Schließlich haben wir glaubwürdige Zeugen, die ihn als den Mann identifiziert haben, der sich auf dem Anleger in Rantum zu schaffen gemacht hat. Und von dort stammt nachweislich das Tatwerkzeug. Ich halte es für dringend geboten, Hubert Fixemer zu vernehmen.«

Helge Thiel wiegte den Kopf. »Das wird noch eine Weile dauern, wenn es überhaupt je möglich sein wird.«

Bisher hatten sie noch keine Auskunft darüber erhalten, auf welche Weise Fixemer den Selbstmordversuch unternommen hatte. Lüder fragte Hauptkommissar Thiel danach.

»Der Mann war neben seinen vielfältigen Engagements in Vereinen und Verbänden auch Mitglied im Schützenverein Neumünster von 1869. Er hat, nachdem sein Bild in der Tagesschau gezeigt worden war, gar nicht das Ende der Sendung abgewartet, sondern ist wortlos aufgestanden. Kurz darauf hörten die Mitglieder der Familie einen Knall. Als sie in das Zimmer des Vaters stürzten, sahen sie ihn. Es war ein bestürzender Anblick. Fixemer hatte sich mit einem Gewehr durch das Kinn in den Kopf geschossen.«

»Und überlebt?«, fragte Große Jäger.

Thiel holte tief Luft, bevor er antwortete. »Er liegt auf der Intensivstation des Friedrich-Ebert-Krankenhauses. Wenn er es überleben sollte, ist nicht absehbar, wie gravierend die Folgeschäden sein werden.«

Lüders Gedanken schweiften für einen Moment ab. Warum werde ich immer wieder mit den tiefsten Abgründen menschlichen Daseins konfrontiert?, dachte er und wurde abgelenkt, als sich sein

Telefon meldete. Auf dem Display sah er, dass ihn jemand vom Familienanschluss zu erreichen versuchte. Er betätigte die rote Taste und nahm das Gespräch nicht an.

Dann berichtete Thiel von den bisherigen Erkenntnissen, die die Sonderkommission gewonnen hatte. Es gab eine Reihe von Hinweisen, teilweise anonym, zum anderen von Leuten, denen anzumerken war, dass sie sich wichtigmachen wollten. Wenige der eingegangenen Tipps versprachen, sich zu ergiebigen Informationen zu entwickeln. Trotzdem mussten die Beamten der Kommission allen noch so vagen Vermutungen nachgehen. Es war das mühsame, von den Medien und der Bevölkerung oft nicht verstandene Stochern im Dunkeln, zäh und zeitaufwendig, nervenzermürbend, insbesondere wenn sich – wieder einmal – eine verfolgte Spur als Sackgasse erwies. Das bedeutete, dass an einer anderen Stelle des Knäuels der Faden wiederaufgenommen und in eine andere Richtung verfolgt werden musste.

Jedenfalls fand sich in der Ermittlungsarbeit der Kommission noch keine andere »heiße Spur« als Hubert Fixemer.

Die drei Beamten fuhren zur Maschinenfabrik Noskemeier GmbH. Die schmale Straße, in der Fixemer wohnte, mündete vor einem der für Neumünster typischen schlichten Arbeiterhäuser in die Jungmannstraße. Kurz darauf hatten sie die Hauptstraße erreicht, und an der nächsten Ampel musste Lüder warten. Im Hintergrund bot der alte Wasserturm eine reizvolle Perspektive aus vergangenen Zeiten. An die wurden die Beamten auch erinnert, als sie wenig später die lang gestreckten Gebäude des ehemaligen Ausbesserungswerks Neumünster der Bundesbahn passierten. Lüder wusste, dass sich dahinter das große Areal heute nur noch wenig genutzter Gleisanlagen verbarg.

»Neumünster ist ein Beispiel dafür, wie eine einst lebendige Industriestadt ohne Eigenverschulden um die Früchte der Arbeit gebracht wurde«, sagte Lüder.

Große Jäger nickte versonnen. »Die Stadt liegt im Herzen des Landes, aber an dem wurde viel operiert. Neumünster war nie eine reiche Stadt, sondern hatte immer den Ruf einer fleißigen Arbeiterstadt. Und heute? Die Messehalle, Verkehrsknotenpunkt und die Anfänge einer neuen Industrialisierung ...«, zählte der Oberkommissar auf.

»Da gäbe es noch mehr«, wandte Lüder ein.

»Sicher«, knurrte Große Jäger. »Der Knast.«

Sie durchquerten das Stadtzentrum, den Großflecken, auf holprigem Kopfsteinpflaster und fanden sich kurz darauf im Gewerbegebiet Süd wieder. Es hatte leicht zu regnen begonnen, und im tristen Grau sah das Areal so trostlos aus wie viele Industriegebiete.

»Weserstraße«, las Große Jäger das Straßenschild laut vor. »Ob das an der Feuchtigkeit liegt, dass man aus einer Straße gleich einen Fluss macht?« Der Oberkommissar bekam glänzende Augen, als er an der Kreuzung zum Krokamp den Pesel entdeckte. Das rot geklinkerte Haus mit dem flachen Walmdach und der Leuchtreklame von »Cola« und »Pausentreff« lockte mit einem großen Schild »Mittagstisch«.

»Dort gibt es aber kein Fast Food«, sagte Lüder mit spöttischem Unterton.

»Wetten, dass die Pommes und Currywurst haben?«, erwiderte der Oberkommissar und sah sehnsüchtig zurück, als Lüder auf den großen Parkplatz gegenüber dem Firmengelände von Noskemeier abbog. Von außen sah das modern gestaltete Gebäude nicht wie eine Maschinenfabrik aus.

Die resolut auftretende Frau am Empfang schien nicht überrascht, als die drei Polizisten um ein Gespräch mit der Geschäftsleitung baten.

Kurz darauf wurden die Beamten in das Büro des Geschäftsführers geführt. »Günter Hartwig«, stand auf dem Schild an der Tür, kein ergänzender Zusatz, der auf die Position des Mannes schließen ließ. Außerdem führte der Zugang zu seinem Büro direkt vom Flur ab, ohne durch ein Vorzimmer gefiltert zu werden.

Hartwig war ein untersetzter Endfünfziger mit dunkler Hornbrille, Pausbacken und deutlich erkennbaren dritten Zähnen. Er trug einen über dem Bauch leicht spannenden grauen Anzug, der deutlich als Konsumware zu erkennen war. Insgesamt erinnerte der Mann Lüder an Heinz Erhardt. Selbst die Stimme wies eine – wenn auch entfernte – Ähnlichkeit auf.

Der Geschäftsführer kam auf die Polizisten zu, drückte jedem die Hand und nannte seinen Namen. Dann stellte er einen weiteren im Büro anwesenden Mann vor, der mit einer blauen Latzhose und dem aufgestickten Emblem »Noskemeier« bekleidet war.

»Das ist Herr Knudsen, unser stellvertretender Betriebsratsvorsitzender. Sozusagen der Vertreter von Herrn Fixemer. Bitte, meine Herren, nehmen Sie Platz«, sagte er und stutzte, als er registrierte, dass die vorhandenen Sitzplätze nicht ausreichten. Viele andere Manager hätten jetzt ihre Sekretärin angerufen. Hartwig ging selbst ins Nebenzimmer und kam mit zwei Stühlen zurück.

»Es ist schlimm, was dort geschehen ist«, eröffnete er dann das Gespräch. »Wir sind hier alle sehr erschüttert und fühlen mit der Familie. Hubert ist ein toller Mensch.« Er unterbrach einen Moment. »Sie werden vielleicht verwundert sein, dass ich Herrn Fixemer beim Vornamen nenne, aber alles andere wäre gekünstelt. Wir duzen uns schon seit Langem. Daran erkennen Sie auch, wie gut und reibungslos die Zusammenarbeit zwischen der Belegschaft und der Geschäftsleitung funktioniert.«

Knudsen hüstelte, und als ihn alle ansahen, schob er fast ein wenig schüchtern ein: »Funktionierte, Günter.« Er zeigte mit der offenen Hand auf Hartwig. »Nicht dass Sie es falsch verstehen. Mit Herrn Hartwig gibt es keine Probleme. Aber von außen rollt es auf uns zu.«

»Ich verstehe dich«, versuchte Hartwig zu beschwichtigen. »Du weißt doch – nichts wird so heiß gegessen, wie es gekocht wird.« Dann sah er wieder die Polizisten der Reihe nach an. »Noskemeier ging's mal richtig schlecht. Wir standen kurz vor dem Ruin und hatten schon alle Hoffnungen aufgegeben. Da kam Hundegger. Damals noch der Senior. Der hat ordentlich was investiert und den Laden wieder flottgemacht. Wenn man ehrlich ist – ohne Hundegger hätten wir es nicht geschafft. Die Belegschaft – na ja, die, die bleiben durften – hat auch ihr Scherflein dazu beigetragen. Lohnverzicht, unbezahlte Überstunden und so.«

»Sie sprechen ungewöhnlich für einen Geschäftsführer«, sagte Lüder kritisch. »Normalerweise erwartet man eine unterschiedliche Interessenlage zwischen der Beletage und den Mitarbeitern.«

Hartwig lachte. »Warum? Wir ziehen doch alle am selben Strang. Natürlich muss ich manchmal Dinge tun, die nicht jedermanns Zustimmung finden. Aber wenn man es den Mitarbeitern vernünftig erklärt, verstehen sie es.«

»Und aus welcher Ecke ziehen jetzt dunkle Wolken auf?«, fragte Große Jäger.

Der Geschäftsführer wurde nachdenklich. »Konsul Hundegger, der Senior, das war ein Unternehmer vom alten Schlag. Der stellte sich der Verantwortung für seine Arbeiter und deren Familien. Irgendwann hat er sich zurückgezogen und alles seinem Sohn übergeben.«

»Das einzige Kind?«

»Nein. Da gibt es noch zwei Geschwister. Ein zweiter Bruder ist beim Surfen in Kalifornien ertrunken. Und die Tochter hat sich schon vor Jahren auszahlen lassen. Die lebt irgendwo in Frankreich mit einem Maler zusammen. Dr. Gisbert Hundegger ist als Einziger übrig geblieben. Es gibt noch weitere Anteilseigner. Eine Erbengemeinschaft, die aber untereinander hoffnungslos zerstritten ist. Das sind die Nachkommen vom verstorbenen Bruder des Konsuls.« Hartwig fasste sich an die Stirn. »Was wollte ich noch sagen? Ach – richtig. Der Junior möchte das alles jetzt zu Geld machen.«

»Absahnen«, knurrte Knudsen dazwischen, aber Hartwig ging nicht darauf ein.

»Man munkelt, dass die Chinesen an einer Übernahme interessiert sind. Die sind schon heute die größten Abnehmer.«

»Sie verkaufen also Ihre Produkte nach China?«

»Nein.« Hartwig schüttelte den Kopf. »Wir hier in Neumünster produzieren nur Vorfertigung. Das Ganze wird nach Ditzingen geliefert. Das liegt bei Stuttgart. Dort ist das Stammwerk, die Hundegger-Industries AG.«

»Die früher einfach nur Hundegger GmbH hieß, ohne diesen amerikanischen Kram im Namen«, fuhr Knudsen dazwischen.

»In Ditzingen werden die Maschinen zusammengebaut und an die Kunden ausgeliefert. Wir haben nur einen einzigen Kunden: Hundegger. Und das ist unser Problem. Wenn es wirklich wahr ist, dass alles an die Chinesen geht, dann sind wir überflüssig. Man könnte sagen, sogar ein Klotz am Bein. Deshalb soll das hier dichtgemacht und unserer Know-how mitsamt den Ditzingern verkauft werden.«

»Das hat man Ihnen schon eröffnet?«, fragte Lüder.

Bevor Hartwig antworten konnte, mischte sich Knudsen ein. »Das ist die Gemeinheit. Niemand informiert uns. Das sind alles nur Gerüchte. Deshalb ist Hubert Fixemer nach Sylt. Er wollte dort mit dem Konsul sprechen, um endlich Klarheit zu bekommen. Damit wir wissen, woran wir sind. Er hat sich dort mit Balzkowski getroffen. Der ist in einer ähnlichen Lage.«

»Wer ist das?«

»Lothar Balzkowski ist der Betriebsrat der Vereinigten Dortmunder Hütte AG«, erklärte Hartwig. »Die hängen zwar nicht mit am Maschinenbau, gehören aber mit zum Hundegger-Imperium. Und die fürchten, auch an die Chinesen zu gehen. Die Schlitzaugen lechzen nach Stahl.«

»Wissen Sie, ob Hubert Fixemer erfolgreich in seinen Bemühungen war? Hat er den Senior gesprochen?«

Die beiden Männer tauschten einen Blick. »Das wissen wir nicht«, gestand Hartwig. »Ich habe nicht einmal mitbekommen, dass Hubert wieder zurück ist.«

»Ist der Senior immer noch auf der Insel?«

»Vermutlich ja. Der ist begeisterter Segler. Er hat eine größere Yacht. Die liegt häufig auf Sylt. Übrigens ist sein Sohn, Dr. Gisbert Hundegger, auch oft auf Sylt.«

»Mit seinem Vater?«

»Das glaube ich nicht. Die beiden können nicht gut miteinander. Der Alte meint, sein Filius bringt alles durch, während der Sohn über seinen senilen Vater schimpft und ihm unterstellt, er wäre von gestern und hätte keine Ahnung von Globalisierung.« Hartwig rümpfte die Nase. »Mir fällt noch was ein. Dr. Gisbert Hundegger war zweimal in Begleitung eines Unternehmensberaters hier. Ein unangenehmer Mensch. Aalglatt.«

»Kennen Sie den Namen?«

»Sicher. Dr. Dr. Cornelius Buurhove aus Düsseldorf.«

Lüder hatte Mühe, seine Überraschung zu verbergen. Der Jurist war ihm kein Unbekannter. In seinem kritischen Fall, als es um die Machenschaften bei der Planung eines Atomkraftwerks an der Schlei ging, war er Dr. Dr. Buurhove begegnet. Dem Anwalt war seinerzeit nicht beizukommen gewesen, obwohl Lüder ihn für einen der Drahtzieher im Hintergrund hielt. Mit einer illegalen Aktion hatte Lüder Dr. Dr. Buurhove düpiert, der daraufhin seinen lukrativen Job bei einer international tätigen Wirtschaftskanzlei verloren hatte. Jetzt schien sich der Mann erneut in der Welt der Großen und Mächtigen zu bewegen. Es war denkbar, dass Dr. Dr. Buurhove im Auftrag der Chinesen handelte. Aber welche Verbindung bestand zu Lew Gruenzweig? Hatte der gemeinsame Interessen mit den Chinesen?

»Haben Sie mit Dr. Buurhove gesprochen?«, fragte Lüder.

Hartwig schüttelte den Kopf. »Sie überschätzen mich. Ich bin hier nominell Geschäftsführer, aber die Entscheidungen fallen in Ditzingen. Wir führen nur das aus, was man sich dort hat einfallen lassen. Dr. Gisbert Hundegger hat den Düsseldorfer hier herumgeführt, sich unsere Unterlagen geben lassen, und dann haben die beiden miteinander gesprochen.«

Knudsen war auf seinem Stuhl nach vorn gerutscht. Er schüttelte seinen rechten Zeigefinger, als würde er einem Kleinkind etwas verbieten wollen. »Bei uns glaubt keiner den Quatsch, der in der Zeitung steht. Die ticken doch nicht richtig. Hubert bringt doch keinen Menschen um. Das ist doch alles Scheiße. Hubert wäre der Letzte, der zu so was fähig ist.«

»Gibt es andere Gründe für seinen Selbstmordversuch?« Lüder hatte sich an Hartwig gewandt.

Der Geschäftsführer hatte die Lippen zu einem schmalen Strich zusammengepresst. »Man kann nicht in einen Menschen hineinsehen«, sagte er vorsichtig. »Verstehen tu ich das auch nicht. Hubert Fixemer hat sich immer voll für den Betrieb und die Kollegen eingesetzt. Das ist sein Leben hier. Andererseits – Hubert ist achtundvierzig. Wenn er und die anderen ihren Job verlieren, bekommen die Älteren, zu denen er auch gehört, keinen neuen Job mehr. Schon gar nicht in Neumünster. Der Mann hat Familie. Zwei Kinder, die noch ausgebildet werden wollen, ein Haus, das nicht abbezahlt ist. Hubert würde tief fallen. Wie viele andere auch.«

Knudsen räusperte sich. Es war ihm anzumerken, dass er mit sich rang, ob er noch eine weitere Information preisgeben konnte. »Das alles hat Hubert ordentlich mitgenommen«, sagte er stockend. »Das haut auf den Zeiger.« Er fasste sich ans Herz. »Huberts Gesundheit war fix was angeknackst. Hängt vielleicht auch mit der Psyche zusammen. Damit will ich nicht gesagt haben, dass er depressiv war. Vielleicht fragen Sie mal seinen Arzt. Dr. Tröger. Der hat seine Praxis am Großflecken. Das ist mitten in der Stadt, gleich beim Rathaus.«

»Jetzt bist du zu weit gegangen, Knudsen.« Hartwig war deutlich die Verärgerung anzumerken. »Du wirst doch nicht behaupten wollen, dass Fixemer sich in geistiger Umnachtung erschießen wollte?«

»Ich habe nicht behauptet, dass Hubert plemplem ist. Aber hier wirst du doch fertiggemacht. Mit Jack un Büx. Außerdem pfeifen es sowieso die Spatzen vom Dach. Irgendwo hockt hier eine Plaudertasche. Nicht mal mehr auf dem Lokus kannst du Vertrauliches reden.«

Lüder war hellhörig geworden. »War das schon immer so?«

»Nee. Nix da.« Knudsen wartete nicht ab, bis der Geschäftsführer die Antwort übernahm. »Seitdem der junge Hundegger mit diesem komischen Unternehmensberater hier herumgeschlichen ist, kannst du keinem mehr vertrauen. Alles geht sofort weiter nach Stuttgart. Der Feind hört mit.«

Als die Beamten Hartwigs Büro verließen, blieben zwei nachdenkliche Männer zurück. Das Gleiche traf auf Lüder und seine beiden Begleiter zu.

Vor der Tür kratzte sich Große Jäger die Bartstoppeln. »Es ist merkwürdig, dass plötzlich gegenseitiges Misstrauen im Betrieb herrscht und jemand als Spion Vertrauliches an die schwäbische Zentrale weiterreicht. Haben die Süddeutschen jemanden bestochen?«

»Das kann ich nicht bestreiten«, sagte Lüder. »Aber bei meinem letzten Zusammentreffen mit Dr. Buurhove bediente sich dieser der Dienste eines zwielichtigen Privatdetektivs. Ich wäre nicht überrascht, wenn das Gespann Gisbert Hundegger und Buurhove die Mitarbeiter akustisch überwachen ließ.« Er sah Hauptkommissar Thiel an. »Können Sie es arrangieren, dass die Kriminaltechnik diesem Verdacht nachgeht? Es sollte vertraulich bleiben. Deshalb habe ich auch nichts in Gegenwart des aufgebrachten Betriebsrats Knudsen verlauten lassen. Das müsste mit dem Geschäftsführer besprochen werden.«

Hauptkommissar Thiel versprach, sich darum zu kümmern, verabschiedete sich von Lüder und Große Jäger und fuhr nach Kiel zurück.

»Ich muss mich zu Hause melden«, sagte Lüder und erinnerte sich daran, dass er vorhin einen Anrufversuch seiner Familie weggedrückt hatte. Überraschenderweise war nicht Jonas, sondern Margit am Apparat.

»Hast du ein schlechtes Gewissen, weil du den Anruf vorhin unterdrückt hast?«, fragte sie pikiert. Ihre Verärgerung war deutlich zu spüren.

»Es war eine ungünstige Situation«, sagte er.

»In der befand ich mich auch.« Lüder hatte seine Partnerin selten in einem so erregten Zustand erlebt. »Was denkst du dir eigentlich dabei, mich so zu blamieren? Du hättest nur ein Wort sagen müssen.«

Lüder war irritiert. Er war sich keiner Schuld bewusst.

»Was ist los, Liebes? Warum bist du so aufgebracht?«

»Da fragst du noch? Oder hast du das nicht mehr im Griff?«

Langsam stieg auch in Lüder der Zorn hoch. »Vielleicht kommst du langsam auf den Punkt. Um was geht es?«

»Ich stand vorhin ziemlich dumm da im Supermarkt, als mir die Kassiererin vor allen Kunden erklärte, dass meine EC-Karte gesperrt ist. Das war eine peinliche Situation. Natürlich hatte ich nicht genügend Bargeld dabei. Wenn unsere Nachbarin Frau Mönckhagen nicht an der Parallelkasse gestanden hätte, hätte ich nicht gewusst, was ich machen soll. Schließlich hätte ich auch nichts am Geldautomaten bekommen. Dort habe ich es nach dem Einkauf versucht, aber der Automat hat meine Karte mit dem Hinweis, ich möge mich an meine Bank wenden, eingezogen. Und dann hat die Mönckhagen auch noch die blöde Bemerkung fallen lassen, dass vier Kinder Geld kosten und es schon einmal vorkommen kann, dass das Geld nicht bis zum Ende des Monats reicht.«

Lüder warf Große Jäger einen Seitenblick zu. Der Oberkommissar tat so, als hätte er vom Gespräch nichts mitbekommen.

»Ich versichere dir, dass ich nichts gemacht habe. Wir haben die Reparatur an der Waschmaschine gehabt, und du warst mit den Großen Bekleidung kaufen. Darüber hinaus war nichts. Schön, wir sind ein wenig im Minus. Aber das ist nichts Dramatisches.«

»Ich erwarte, dass *du* dich darum kümmerst«, sagte Margit und legte nach einer sehr knappen Verabschiedung auf.

Lüder starrte eine Weile sein Handy an, bevor er durch Große Jägers Hüsteln aus seinen Gedanken geweckt wurde.

»Ich möchte nicht indiskret sein«, sagte der Oberkommissar. »Aber es klang so, als hätten Sie kurzfristig Probleme mit Ihrer Bank.«

»Das verstehe ich nicht«, erwiderte Lüder. »Da ist nichts Außergewöhnliches vorgefallen.«

»Bei welchem Institut haben Sie Ihr Konto?«

Lüder nannte den Namen.

Große Jäger schnalzte mit der Zunge. »Und wie heißt der Vorstandssprecher dieser Bank?«

»Das glaube ich nicht«, entfuhr es Lüder.

»Doch. Auch solche Großfürsten können beleidigt sein, wenn man ihnen in ihren Eingeweiden bohrt.«

»Dr. Laipple«, presste Lüder hervor.

Große Jäger nickte stumm.

Der Großflecken bildet das lebendige Zentrum Neumünsters. Den Beginn markiert das Kaufhaus, das halb den vom kleinen Flüsschen Schwale gespeisten innerstädtischen Teich verdeckt. Lüder zeigte auf die Grünanlage und schmunzelte.

»Ein beliebtes Plätzchen, das junge Paare gern aufsuchen.«

»Woher wissen Sie das?«, fragte Große Jäger und runzelte die Stirn.

»Von meinem Geburtsort Kellinghusen aus waren Itzehoe oder Neumünster die nächsten größeren Städte.«

»Ich dachte immer, Kriminalräte wären Neutren.«

Lüder reckte zwei Finger in die Luft. »Und die beiden Kinder?«

Große Jäger kratzte sich den Haaransatz. »Nun ja – an dem Argument ist etwas dran. Aber die sind nicht in diesem Park auf Helgen gelegt worden?«

Er wurde abrupt unterbrochen, weil Lüder auf die Bremse trat, kurz entschlossen auf dem schmalen Weg wendete und den BMW in eine enge Parklücke bugsierte, die gerade auf dem von vielen lebhaften Geschäften gesäumten Platz frei geworden war.

»Am anderen Ende des Großfleckens steht das Rathaus. Ein interessantes Bauwerk«, erklärte Lüder und wies mit dem Daumen über die Schulter. »Es stand schon einmal im Mittelpunkt einer exzellent gemachten Verfilmung von Hans Falladas ›Bauern, Bonzen und Bomben‹.«

»Die Bauern haben an Einfluss verloren«, knurrte Große Jäger mehr zu sich selbst, »aber die Bonzen sind immer noch da. Nicht nur hier, sondern allgegenwärtig.«

98

Der Oberkommissar war ausgestiegen und hatte sich als Erstes eine Zigarette angezündet.

Er sah sich um und zeigte auf einen runden Pavillon auf dem Platz. »Klatsch-Palais«, las er vor. »Welch ein sinnreicher Name für ein Café. Ob die dort auch über ihren toten Mitbürger Hubert Fixemer parlieren?« Dann wich er einen Schritt zur Seite, um einem eng umschlungenen Paar Platz zu machen. Er griente hinter den beiden her und zeigte mit der Zigarettenspitze auf sie. »Ob die auch in den Park gehen?«

Lüder hatte sich umgesehen. »Da müsste es sein.«

»Interessant«, sagte Große Jäger, nachdem er das Gebäude in Augenschein genommen hatte. »Warum können Architekten heutzutage nicht mehr so bauen? Das ist ein Augenschmaus.«

Lüder betrachtete das schmucke Eckgebäude aus rotem Klinker mit den umlaufenden weißen Gesimsen, den Zierstreifen, dem kunstvoll herausgearbeiteten Erker an der abgeschrägten Ecke.

»Das ist ärztliche Verschwiegenheit pur«, lästerte der Oberkommissar. »Da gibt es nicht einmal einen Eingang.««

Das ganze Erdgeschoss nahm eine mit lichten Fenstern ausgestattete Bäckerei ein, in der ein paar Tische auch zum kurzzeitigen Verweilen einluden. Sie fanden den Zugang in einer schmalen Seitenstraße.

Es dauerte eine Viertelstunde, bis Lüder und Große Jäger unter den missbilligenden Blicken anderer wartender Patienten ins Sprechzimmer des Arztes gerufen wurden.

Der Arzt mochte Mitte sechzig sein, wirkte aber durch das dichte schlohweiße Haar älter. Sicher trugen auch das blasse Gesicht und der müde Zug um die Augenpartie dazu bei. Wäre Dr. Tröger als Patient bei einem Kollegen erschienen, würde dieser wohl ein Überlastungssyndrom diagnostizieren. Der Arzt war überarbeitet.

»Ich habe davon gehört«, sagte der Mediziner und fuhr sich mit den Fingerspitzen über die Lippen. Ein nervöses Zucken umspielte seine Mundwinkel. »Und was bezwecken Sie mit Ihrem Besuch in meiner Praxis?«

»Wir suchen nach Beweggründen für den Suizid Hubert Fixemers«, erklärte Lüder.

»Sie meinen, ob der Selbstmordversuch ein Schuldeingeständnis

99

ist oder ob es andere Gründe gibt?«, fragte der Arzt mehr zu sich selbst gewandt.

Nachdenklich betrachtete er eine Weile den Fuß des Bildschirms auf seinem Tisch. »Hm«, sagte er, beugte sich vor und begann auf der Tastatur etwas einzugeben. Dann musterte er die beiden Polizisten eindringlich. »Eigentlich darf ich nicht mit Ihnen sprechen. Es gibt schließlich den Rechtsanspruch des Patienten auf absolute Vertraulichkeit.« Dr. Tröger lehnte sich zurück. »Andererseits sehe ich mich in der Verpflichtung, einem langjährigen Patienten in einer schwierigen Lage zu helfen. Herr Fixemer stand in der letzten Zeit unter erheblichem Stress. Er hat mich deshalb aufgesucht, und wir haben eine medikamentöse Therapie gefunden.«

»War Hubert Fixemer depressiv?«

Der Arzt verzog keine Miene und hob als Antwort lediglich beide Hände in einer Art Abwehrhaltung.

»Wenn sich die Hinweise verdichten sollten«, setzte Lüder die Befragung vorsichtig fort, »dass Ihr Patient eine Mitschuld an den in der Öffentlichkeit erhobenen Vorwürfen trägt, könnten bestimmte Krankheitsbilder schuldmindernd wirken. Die Polizei sucht nicht nur nach den Tätern, sondern ist bemüht, das gesamte Umfeld zu ergründen und auch Entlastendes zusammenzutragen.«

»Ihre Frage geht zu weit«, blieb Dr. Tröger hartnäckig. »Liegt schon ein konkreter Tatverdacht gegen meinen Patienten vor?«

»Wir ermitteln in alle Richtungen«, wich Lüder aus.

»Ich kann mir nicht vorstellen, dass Herr Fixemer zu einer solchen Tat fähig ist. Ein ausgesprochener Familienmensch, der sich außerdem für seine Mitbürger aufreibt. Die Firma kümmerte sich früher um die Mitarbeiter und entließ diese nicht ohne Not. Dafür blieben die Angestellten dem Unternehmen dauerhaft treu verbunden. Fixemer war immer loyal, aber es ist ihm nie gedankt worden. Mehr kann ich Ihnen nicht sagen.« Der Arzt stand auf und gab zuerst Große Jäger, dann Lüder die Hand. »Wenn ich Rechtsmediziner wäre«, sagte Dr. Tröger, als er die beiden Beamten zur Tür begleitete, »würde ich bei Hubert Fixemer nach Spuren von Beruhigungsmitteln suchen und mir die Blutwerte gründlich ansehen, die auf eine Kombination von Alkohol und Medikamenten schließen lassen.«

»Benzodiazepine?«, fragte Lüder.

»Das ist ein Wirkstoff, der bei Anspannungen verordnet wird«, wich der Arzt aus.

»Flunitrazepam?«

Der Arzt schüttelte den Kopf. »Ich fürchte, Ihre Fragen gehen zu weit. Vielleicht kann der Rechtsmediziner diese beantworten.«

Sie hatten die Tür zur Praxis noch nicht geschlossen, als Große Jäger sagte: »Flunitrazepam aus der Gruppe der Benzodiazepine hat man doch bei Lew Gruenzweig gefunden. Damit ist der Amerikaner ruhiggestellt worden, bevor ihm die Halskrause aus Champagnerflaschen um den Hals gelegt wurde.«

Lüder nickte. »Fixemer hatte folglich Zugriff auf diese Medikamente und wusste um deren Wirkung. Und er hatte einen triftigen Grund, Gruenzweig und dessen Geschäfte zu hassen.« Lüder zeigte mit dem Daumen über die Schulter. »Mich wundert nicht, dass Dr. Tröger überlastet ist. Das muss ein guter Arzt sein. Er hat die Schweigepflicht bewahrt, aber seinem Patienten in einer kritischen Lage dennoch geholfen.«

Dann rief er die Rechtsmedizin in Kiel an und bat um eine entsprechende Analyse.

»Sie haben Glück«, sagte Dr. Diether.

»Haben Sie das Ergebnis schon vorliegen?«, fragte Lüder erstaunt.

»Das nicht. Aber unsere Kundschaft rekrutiert sich normalerweise nicht aus dem Kreis lebendiger Wesen, wenn Sie von den standardmäßigen Labortests absehen.«

»Davon spreche ich«, erwiderte Lüder.

»Habe ich verstanden«, sagte der Rechtsmediziner ungerührt. »Meine Feststellung, Sie hätten Glück, bezieht sich darauf, dass wir in diesem Fall keine Blutproben in Neumünster anfordern müssen.«

Lüder stutzte. Der Kieler Pathologe war für seinen rabenschwarzen Zynismus bekannt, den man auch Lüder nachsagte. Nathusius meinte, die beiden würden in diesem Punkt miteinander wetteifern.

»Sie bekommen die Proben nach Kiel geliefert?«, fragte Lüder.

»So ist es.«

101

»Und die Proben werden nicht im Reagenzglas versandt, sondern mit dem ganzen Körper?«

Dr. Diether lachte. »Ich habe Sie schon immer für einen messerscharfen Analytiker gehalten.«

Lüder atmete tief durch.

»Seit wann wissen Sie, dass Hubert Fixemer seinen Verletzungen erlegen ist?«

»Ich habe die Nachricht zwei Minuten vor Ihrem Anruf erhalten.«

Der Pathologe versprach, sich nach dem Vorliegen der Ergebnisse bei Lüder zu melden.

»Wie sollen wir das bewerten?«, sagte Große Jäger, nachdem Lüder ihm von der neuen Entwicklung berichtet hatte. »Ist das ein Schuldeingeständnis?«

»Verhören können wir Fixemer nicht mehr. Und sein Tod wird die ohnehin schwierigen Ermittlungen zusätzlich belasten. Aber gerade weil es verzwickt ist, hat man uns beide ausgesucht.«

»Das sollten Sie der Polizeiführung erklären«, stöhnte Große Jäger gespielt theatralisch, bevor sie ins Auto stiegen und nach Kiel fuhren.

Obwohl es Freitagnachmittag war, kamen sie zügig voran. Selbst die Landeshauptstadt stellt außerhalb der Kieler Woche kein unüberwindbares Verkehrshindernis dar. Lüder fand sogar in kurzer Entfernung zu seiner Bankfiliale einen Parkplatz. Er wurde von einer ihm vom Ansehen bekannten jungen Mitarbeiterin, die den Zweigstellenleiter rief, mit einem freundlichen Kopfnicken begrüßt.

Patrick Uhlmann war wie immer in dezentem Blau gekleidet. Lüder hatte den sportlichen Mann, der seit zwei Jahren die Leitung der Dependance innehatte, bei den wenigen Begegnungen noch nie leger erlebt.

Uhlmann zeigte ein geschäftsmäßiges freundliches Gesicht, als er auf Lüder zukam und ihn in eine Beratungsecke bat.

»Ich bin erstaunt, dass Sie die Verfügungsberechtigung über mein Girokonto ohne Vorankündigung eingeschränkt haben.«

Der Bankmitarbeiter zeigte sich erstaunt, zog ein auf dem Tisch stehendes Notebook zu sich heran und drehte den Bildschirm so, dass Lüder keinen Einblick hatte.

»Ah, ja«, sagte er nach einem kurzen Augenblick. »Ihr Konto steht im Minus.«

»Das ist mir bekannt. Der Saldo beträgt aber weniger als ein halben Monatsbezug, und erst vor zwei Monaten habe ich von Ihnen unaufgefordert die Mitteilung eines von mir nie in Anspruch genommenen höheren Dispositionsrahmens erhalten.«

Uhlmann beschäftigte sich erneut mit dem Notebook. Dann schenkte er Lüder ein unverbindliches Lächeln.

»Es gibt insgesamt Tendenzen, die freien Dispositionsmöglichkeiten der Kunden auf eine mehr auf individuellen Absprachen basierende Grundlage zu verlagern«, sagte der Bankmitarbeiter.

»Wollen Sie damit umschreiben, dass Sie mir keine angemessene Überziehung mehr zugestehen wollen?«

»Es gibt grundsätzliche Entscheidungen im Hause, die von den verantwortlichen Ebenen vorgegeben werden«, wich Uhlmann aus. »Die Banken sind in den vergangenen Monaten oft und heftig gescholten worden, ihr Kreditengagement zu leichtfertig betrieben zu haben.«

»Wollen Sie mich damit als zweifelhaften Kunden deklassieren? Ich bin nicht nur viele Jahre bei Ihnen, sondern gehöre als Beamter auch einer absolut risikolosen Gruppe an.«

»Das ist alles richtig«, erwiderte Uhlmann gedehnt und wahrte immer noch das einstudierte Dauerlächeln. Dann zeigte er auf das Notebook. »Wir unterliegen den allgemeinen Weisungen, die nicht in dieser Zweigstelle gemacht werden. Der Computer …«

Beim Rest seines Satzes schwang das erste Mal ein wenig Unsicherheit mit.

»Das beleidigt Ihre und meine Intelligenz, wenn Sie die Reduktion des Kreditrahmens auf technische Gründe schieben. Das ist eines der dümmsten Argumente, auf den Computer zu verweisen«, sagte Lüder.

Der Zweigstellenleiter unterließ es, darauf zu antworten.

»Wie hoch ist der neue Dispo auf meinem Girokonto?«, wollte Lüder wissen.

Uhlmann beschäftigte sich lange mit seinem Notebook, bis er kleinlaut sagte: »Das Konto sollte künftig auf Guthabenbasis geführt werden.«

»Habe ich mich eben verhört? Sie stellen meine Kreditwürdigkeit infrage, wo rundherum Banken durch übersteigertes Profitdenken Pleite machen?«

»So dürfen Sie das nicht sehen. Das sind zwei unterschiedliche Welten.«

Lüder sah Uhlmann aus zusammengekniffenen Augen an, bis dieser seinen Blick verlegen zu einer anderen Stelle des Raumes gleiten ließ.

»Dann werde ich mir eine andere Bankverbindung suchen, einschließlich der Sparanlagen und des Depots, das bei Ihnen geführt wird.«

Der Bankangestellte war jetzt sichtlich verunsichert. »Ich verstehe Sie ja, Herr Lüders. Aber wir müssen stets das gesamte Engagement Ihnen gegenüber betrachten. Da wäre ja noch die Hypothek.«

»Die durch den Gegenwert des Hauses sehr gut abgesichert ist.«

»Niemand kann die Entwicklung des Immobilienmarktes voraussagen, daher …«

»Sparen Sie sich Ihre Erläuterungen«, fuhr Lüder den Mann an. »Ich transferiere einen Betrag von den Spareinlagen auf das Girokonto. Wie viel kann ich überweisen, ohne eine Vorfälligkeitsentschädigung zahlen zu müssen?«

Uhlmann nannte einen Betrag.

»Wann ist das Geld auf dem Girokonto?«

Der Bankangestellte schien froh, dem unangenehmen Gespräch entfliehen zu können. »Übermorgen.«

»Nun behaupten Sie sicher auch, dass der Computer schuld daran ist, dass *mein* Geld für zwei Tage aus meiner Verfügung verschwindet und bei Ihnen geparkt wird.«

Uhlmann breitete die Hände in einer hilflosen Geste aus. Er war sicher auch nicht überrascht, dass er von Lüder keine Erwiderung auf die Verabschiedung erhielt.

Auf dem Rückweg zum Auto legte sich Lüders Zorn, zumindest kanalisierte er sich. Der Zweigstellenleiter war das vorletzte Glied in einer langen Befehlskette und führte nur die Anweisungen aus, die »von oben« kamen. Und da saß der Vorstandssprecher Dr. Laipple, der durch diese Maßnahme sein Missfallen über das Gespräch mit Lüder kundtat.

»Sie scheinen Ärger gehabt zu haben«, stellte Große Jäger fest, als Lüder zum Auto zurückkehrte. Der Oberkommissar hatte die Zeit genutzt, um seiner Nikotinsucht zu frönen. Mit Sicherheit hatte Große Jäger mehr als eine Zigarette geraucht.

»Ich möchte nicht indiskret sein«, sagte Große Jäger, als sie wieder im Auto saßen, »aber ich vermute, dass ein Kleingeist aus Frankfurt Ihnen böse mitspielt. Wie soll ich es sagen ... also ... Wenn es bei Ihnen ein akutes Problem gibt, so könnte ich Ihnen vorübergehend aushelfen.«

Lüder warf seinem Nachbarn einen kurzen Blick zu. »Das stimmt«, sagte er. »Aber vielen Dank. Ich musste nur ein wenig umdisponieren.«

Den Rest des Weges bis zum Landeskriminalamt schwiegen die beiden Beamten.

Große Jäger bewegte sich in den Räumen der Behörde, als wäre es seine Dienststelle. »Ich besorge mir einen Kaffee«, sagte er und verschwand in Richtung des Vorzimmers von Nathusius, in dem Edith Beyer ihm mit einem mädchenhaften Lachen entgegensah und ihn mit frisch gebrühtem Kaffee versorgte.

Lüder zögerte, ob er zu Hause anrufen und Margit von seinem Besuch bei der Bank berichten sollte. Er unterließ es, um sie nicht zu beunruhigen. Dann fiel ihm ein, dass er ihr doch davon erzählen musste, schließlich konnte sie übers Wochenende nicht über das Konto verfügen. Er müsste noch einmal zum Geldautomaten und mit seiner Kreditkarte für eine hohe Gebühr Bargeld abheben.

Lüder wollte den Kriminaldirektor aufsuchen, aber Nathusius war nicht im Hause. Er würde heute auch nicht mehr ins Landeskriminalamt zurückkehren, richtete Edith Beyer ihm aus. Lüder hatte den Hörer gerade zurückgelegt, als ihn ein externer Anruf erreichte.

»Dittert«, meldete sich der Reporter des Boulevardblatts. »Man hat mir zugeflüstert, dass Sie bei der Gruenzweig-Sache mitmischen, Lüders.«

»Erstens heißt das *Herr* Lüders. Das sollten Sie wissen, Dittert. Und außerdem würde ich an Ihrer Stelle einen Ohrenarzt aufsuchen. Wenn es im Gehörgang flötet, nennen es gebildete Leute Tinnitus.«

»Nun fühlen Sie sich doch nicht angepinkelt.«

105

»Sie sprechen so, wie Sie schreiben. Waren Sie in Norditalien auf der Journalistenschule?«

»Wieso?«

»In Pisa. Und wenn Sie meine Telefonnummer kennen, wissen Sie sicher auch die Durchwahl der Pressestelle. Dort sitzt ein überaus kompetenter Kollege.«

Lüder legte auf, ohne die Antwort abzuwarten. LSD – wie er Leif Stefan Dittert abkürzte – war einer der Reporter, die nicht ohne Geschick aus einer Story die Fäden herauspickten, aus denen sie eine Geschichte aus Halbwahrheiten und Vermutungen strickten. Um sich rechtlich abzusichern, wurden abenteuerliche Thesen in der balkendicken Schlagzeile mit einem Fragezeichen versehen, das aber nicht ins Bewusstsein der Leser drang. Dort blieb nur der Schlagtext hängen. Und das Fragezeichen für die Juristen, schloss Lüder seinen kurzen gedanklichen Ausflug.

Er machte sich auf die Suche nach Große Jäger und fand den Oberkommissar in ein Gespräch über altägyptische Mumien verstrickt. Edith Beyer lauschte seinen Ausführungen, halb belustigt, halb interessiert, da Große Jäger es vermochte, seine Darstellung so zu präsentieren, dass es schwierig war, Wahrheit und Dichtung zu unterscheiden.

Es gab noch eine Reihe offener Fragen, die auf Sylt zu klären waren. Doch heute, am Freitag, würden sie keinen Erfolg mehr haben. Lüder sah auf die Uhr. Sie hätten noch den Weg bis Niebüll vor sich, müssten zu Beginn des Wochenendes möglicherweise an der Autoverladung warten, und die Hotelfrage war auch noch nicht geklärt. Es war erfahrungsgemäß schwierig, kurzfristig eine Unterkunft auf Sylt zu bekommen, die zudem in der Abrechnung der Spesen nicht vielfältige Diskussionen mit der Polizeiverwaltung zur Folge haben würde. Lüder beschloss, den Abend seiner Familie zu widmen.

Große Jäger sah kein Problem darin, mit der Direktverbindung der Nord-Ostsee-Bahn von Kiel nach Husum zurückzukehren, zumal er nur wenige Schritte vom Bahnhof entfernt wohnte. Sie verabredeten sich für den nächsten Tag, und Lüder versprach, den Oberkommissar abzuholen.

In der Einfahrt des älteren Einfamilienhauses am Stadtrand stand der betagte VW-Bulli, mit dem Margit den Transportwünschen der

Kinderschar nachkam und die Einkäufe tätigte. In den BMW passte die Patchworkfamilie schon lange nicht mehr.

Lüder hatte sein Fahrzeug noch nicht abgeschlossen, als Frau Mönckhagen, die Nachbarin, aus ihrem Vorgarten auftauchte.

»Haben Sie schon Feierabend? Das ist ja schön, dass Sie nicht wieder unterwegs sein müssen. Man liest so allerhand in der Zeitung. Da sparen die da oben an der Polizei. Immer weniger müssen immer mehr arbeiten. Und was machen die mit dem eingesparten Geld? Bauen komfortable Gefängnisse, damit die Ganoven das auch ordentlich gut haben tun. Nee, Herr Lüders, wenn ich was zu sagen hätte …«

Gott sei Dank war die Generation mittlerweile ausgestorben, dachte Lüder, die an dieser Stelle stets angefügt hätte: Bei Atsche wäre das nicht passiert.

»Das ist alles halb so schlimm«, sagte Lüder und lenkte die Aufmerksamkeit der Nachbarin geschickt auf deren Vorgarten.

Doch Frau Mönckhagen kehrte nach einem Diskurs über die erforderlichen Gartenarbeiten um diese Jahreszeit zu ihrem ursprünglichen Thema zurück.

»Nicht mal anständig bezahlen tun die unsere Polizei. Wo kommen wir hin, wenn ein Beamter nicht mal mehr das Geld für das tägliche Brot seiner Familie zusammenkriegt.«

Lüder tat überrascht und musste sich die Geschichte, dass Frau Mönckhagen den Einkauf im Supermarkt vorgestreckt hatte, aus der Sicht der alten Dame anhören. Dabei wurde Lüder bewusst, dass mangels anderer spannender Themen die Geschichte in ihrem Stadtviertel sicher kreisen würde.

»Das war mein Fehler«, log Lüder. »Ich habe einen größeren Betrag vom Girokonto auf das Sparkonto überwiesen und dabei nicht bedacht, dass die Elektronik dabei verrücktspielt. Das läuft heutzutage alles über den Computer.«

Frau Mönckhagen nickte zustimmend.

»Wie viel haben Sie ausgelegt?«, fragte Lüder und war froh, durch die Abhebung mit der Kreditkarte genügend Barmittel im Portemonnaie zu haben, um der Nachbarin das Geld zurückzugeben.

Zu Hause wurde er von Sinje, der Jüngsten, stürmisch begrüßt, während aus dem Obergeschoss ein ohrenbetäubender Lärm herunterschallte. In das metallische Hämmern von Musik mischte sich das elektronisch verzerrte Wimmern von Schusswaffen.

Margit tauchte aus der Küche auf und hauchte ihm einen Kuss auf die Lippen.

»Hältst du das aus?«, fragte er und zeigte die Treppe hoch.

Sie zuckte resignierend die Schultern. »Ich habe es den beiden zigmal gesagt, aber keiner hört auf mich. Viveka ist auch schon zu einer Schulfreundin geflüchtet.«

Lüder wollte die Treppe hinauf, aber Margit hielt ihn am Ärmel fest. »Lass uns zunächst ein paar Worte wechseln«, bat sie und schob Lüder in die Küche. Die geschlossene Tür dämmte nur unwesentlich den Lärm.

»Was hat das mit dem gesperrten Konto auf sich?«, fragte sie, und Besorgnis schwang in ihrer Stimme mit. »Ich habe mir den Kontostand im Internet angesehen und konnte nichts Außergewöhnliches feststellen.«

»Ich verstehe das auch nicht. Da muss ein Fehler bei der Bank passiert sein«, sagte Lüder und verschwieg seinen Besuch in der Zweigstelle des Kreditinstituts. »Ich werde mich am Montag darum kümmern.«

»Und dann beunruhigt mich, dass du wieder in irgendwelche gefährlichen Fälle verwickelt bist. Gibt es einen Zusammenhang zwischen deiner Reise nach Sylt und dem Mord, der durch alle Medien geistert?«

Es hatte keinen Sinn, Margit anzulügen.

»Du hast recht. Das ist eine brisante Sache. Es geht um das internationale Business. Da ist mein Rat als Jurist gefragt.«

Margit tätschelte seinen Arm. »Ich möchte nicht, dass du dich wieder in Gefahr begibst.«

Lüder griff nach ihrer Hand und drückte sie sanft. »Du kannst unbesorgt sein.« Dann räusperte er sich. »Allerdings muss ich morgen wieder nach Sylt.«

Sie sah ihn überrascht an. »Am Wochenende?«

»Leider. Was hältst du davon, wenn wir alle in unseren Bulli laden und ihr mitkommt? Wir könnten uns ein schönes Wochenende an der Nordsee machen, und meine Arbeit werde ich nebenbei erledigen.«

Über Margits Gesicht huschte ein freudiges Lächeln, das im selben Augenblick aber gefror.

»Und womit willst du das bezahlen, wenn wir erst am Montag wieder an unser Konto können?«

Lüder nickte traurig. »Dann verschieben wir das auf das kommende Wochenende. Und heute Abend gehen wir alle zu unserem Lieblingsitaliener.«

Margit sah ihn aus großen Augen an und rieb Daumen und Zeigefinger gegeneinander.

»Ich habe genug«, sagte Lüder und setzte Sinje auf den Boden, die sich umgehend auf den Weg ins Obergeschoss machte und laut »Pizza! Pizza!« rief.

VIER

Es war ein schöner und harmonischer Abend gewesen. Sicher würden in nicht allzu ferner Zeit die großen Kinder ihr Desinteresse an gemeinsamen Restaurantbesuchen bekunden. Das war der Lauf der Dinge. Deshalb genoss Lüder jede gemeinsame Aktivität, für die noch alle Mitglieder der Patchworkfamilie zu begeistern waren.

Das traf auf das gemeinsame Frühstück am Wochenende nicht zu. Der vierzehnjährige Thorolf hätte den Sonnabendmorgen lieber im Bett verbracht und war erst nach einer wortreichen Auseinandersetzung am Frühstückstisch erschienen. Entsprechend wortkarg war sein Auftreten, und es bedurfte keiner besonderen Provokation seiner Schwestern, um eine heftige Nonsensdiskussion vom Zaun zu brechen. Nachdem auch Jonas sich mit seinen Kommentaren eingeschaltet hatte, musste Lüder massiv einschreiten, um das Geplänkel zu beenden. Das hatte aber zur Folge, dass sich die drei Kinder einig waren, Lüder sei ein Despot.

»Was ist ein Despot?«, fragte Sinje neugierig.

»So was wie dein Vater«, entgegnete Thorolf unwirsch.

»Papi, bist du ein Despot?«, fragte Sinje mit großen Augen.

Lüder lachte. »Wenn der Familienrat das mit Mehrheit beschlossen hat, muss es wohl so sein. Das hat der allwissende Thorolf bestimmt.«

»Haha«, lachte Jonas schallend auf. »Der und clever. Wisst ihr, dass der seine letzte Mathearbeit verhauen hat?«

»Stimmt nicht, du Blödmatz.« Der Große war sichtlich erzürnt.

»'türlich. Ich hab's doch in deinem Matheheft gesehen.«

Thorolf wollte sich auf Jonas stürzen. »Du hast überhaupt nichts an meinen Sachen zu suchen.«

Vorsichtshalber duckte sich Jonas und lugte zwischen den erhobenen Armen hervor. »Frag mal Lüder. Der sagt auch immer, dass ein guter Polizist seine Augen überall haben muss.«

Lüder fiel es schwer, bei solchen Argumenten ernst zu bleiben. »Der Polizist in mir sagt, dass letztlich doch alles irgendwann herauskommt. Das ist an deine Adresse gerichtet, Thorolf. Und der

Jurist, Jonas, erklärt dir unmissverständlich, dass illegal beschafftes Beweismaterial keine Verwendung findet. Also sind wir quitt.«

Margit lachte. »Mit diesem Spruch hat sich Lüder die Berechtigung erworben, dass wir ihn künftig nur noch Salomon nennen.«

»Was ist ein Salomon?«, wollte Sinje wissen.

Lüder kniff ihr sanft in die Nase. »Das erklärt dir Mami, wenn ich aus dem Haus bin.«

Er verabschiedete sich von seiner Familie und machte sich auf den Weg nach Husum, um Große Jäger abzuholen und mit dem Oberkommissar gemeinsam Richtung Sylt zu fahren.

»Baller – Bumm – Brumm«, begrüßte ihn Große Jäger anstatt des üblichen »Moin«.

»Bitte?«, fragte Lüder.

Der Oberkommissar grinste. »Das ist die positive Nachricht.«

»Ich habe dich nicht verstanden.«

»Der Gruenzweig-Mord ist nicht mehr die oberste Schlagzeile in der Zeitung. Stattdessen steht dort: Baller – Bumm – Brumm. Ich lüge nicht. ›Baller‹ ist eine Aufforderung an Michael Ballack, möglichst viele Tore zu schießen, ›Bumm‹ soll die Leser auf den Boxkampf von Klitschko einstimmen, und ›Brumm‹ leitet einen kurzen Bericht zum Finale der Formel 1 ein.«

»Das ist wirklich positiv. Ein Hoch dem Baller-Bumm-Brumm-Journalismus. Mich interessiert viel mehr, was der Täter mit der Art der Tatausführung dokumentieren wollte. Der edle Champagner, als Krause um den Hals eines Milliardärs drapiert, weist Züge eines Ritualmordes auf. Brauchen wir zur Deutung einen Kriminalpsychologen?«

Große Jäger grunzte verächtlich. »Profiler sind in einschlägigen Krimisendungen ›in‹. Wir sollten das lieber allein mit logischem Menschenverstand klären. Und mit meinem Bauchgefühl.« Er strich sich mit beiden Händen über seinen Schmerbauch. »Davon habe ich schließlich eine Menge.«

»Die Tatausführung war kein Zufall, sondern geplant. Schließlich hat sich der Mörder die Segelleine zuvor besorgt. Er wusste folglich, wie er vorgehen wollte. Wenn wir nur eine Idee hätten, was den Täter zu dieser symbolischen Handlung bewog. Wollte er damit ein Zeichen setzen? Weltweite Aufmerksamkeit erregen?«

»In solchen Fällen hätte ich ein Bekennerschreiben erwartet«, gab Große Jäger zu bedenken. »Oder zumindest eine später über die Presse an die Öffentlichkeit lancierte Nachricht. Mich wundert, dass nichts dergleichen geschehen ist. Auch hält sich das Jubilieren einschlägiger Kreise in Grenzen. Ich habe von keiner ausufernden Freudenveranstaltung über den Abgesang der Heuschrecke gehört.«

»Es hätte uns nicht verwundert, wenn linksorientierte Gruppierungen auf die Straße gegangen wären und im Überschwang den Tod weiterer Wirtschaftsbosse gefordert hätten. Wenn man publiziert, dass allein die Kosten für das Tatwerkzeug, die Champagnerflaschen, den monatlichen Unterhalt einer Hartz-IV-Familie übersteigt, schürt das ein Feuer, das ohnehin latent schwelt.«

»Das haben Sie jetzt aber elegant formuliert«, sagte Große Jäger. »Wenn Demagogen auf dieses Ereignis Öl schütten, kann es leicht zu einem Flächenbrand kommen. Puh!« Der Oberkommissar schien selbst überrascht über die Dimensionen, die diesem Mord innewohnen könnten.

»Und wenn es sich nur um den Racheakt aus dem Rotlichtmilieu handelt? Wenn ein Edelzuhälter ein Warnzeichen für andere Kunden aus der High Society setzen wollte? Auch ihr da oben dürft euch nicht alles herausnehmen. Wir sichern unseren Einflussbereich. Was ist, wenn Gruenzweig den Liebeslohn schuldig bleiben wollte? Wenn es zum Streit über die sexuellen Dienstleistungen kam? Vielleicht gibt es Dinge, die man sich auch mit viel Geld nicht kaufen kann. Wir wären sicher ein Stück weiter, wenn wir die Besitzerin des Hermelincapes ausfindig machen könnten.«

Große Jäger nickte versonnen. »Ich komme immer wieder auf die Champagnerflaschen zurück. Wo bewahren die Leute aus diesen Kreisen die auf? Die stehen doch nicht am Swimmingpool. Jedenfalls nicht sechs Stück. Vielleicht hat Gruenzweig den Karton aus dem Getränkelager geholt und wollte eine opulente Party feiern. Trinkt man sechs Flaschen zu zweit? Das wage ich zu bezweifeln. Und in diesem Punkt darf ich mich als zumindest kleiner Experte bezeichnen.«

»Das ist für mich ein kritischer Punkt. Wir können uns nicht vorstellen, dass man Champagner auch für andere Zwecke verwenden kann. Den Partner übergießen, damit herumspritzen … Der Phantasie sind keine Grenzen gesetzt.« Lüder lachte leise. »Ich habe zu Hause einen roten Krimsekt von 1967 im Keller stehen.«

Große Jäger pfiff durch die Zähne: »Donnerwetter. Was macht man damit?«

»Den trinke ich, wenn mich Marilyn Monroe besuchen kommt.«

»Hat Ihre Frau nichts dagegen?«

»Nein. Das gönnt sie mir.«

»Donnerwetter. Ist die tolerant.« Dann stutzte er. »Moment mal! Marilyn Monroe? Die ist doch tot?«

»Eben.«

Mittlerweile hatten sie Niebüll erreicht. Die freundliche junge Frau am Fahrkartenschalter erkannte die beiden Beamten wieder.

»Sie werden wohl Dauergast bei uns?«, fragte sie mit einem Lächeln, und zwei Grübchen bildeten sich auf ihren Wangen. »Möchten Sie nicht eine Zwölferkarte nehmen? Das wird um über einhundert Euro günstiger.«

»Vielen Dank«, strahlte Große Jäger. »Wir hoffen, heute das letzte Mal unterwegs zu sein. Obwohl ich dann die Begegnung mit Ihnen vermissen werde.«

»Danke«, sagte sie und zeigte mit einem leichten Rotschimmer einen Hauch ehrlicher Freude über dieses Kompliment.

Nachdem sie auf den Zug verladen worden waren, wunderte sich Große Jäger über die Massen, die selbst um diese Jahreszeit nach Sylt fuhren. »Wenn man bedenkt, dass die Züge je nach Jahreszeit alle zwanzig Minuten fahren und auf jeden Zug hundert Autos und mehr passen, wundert es mich nicht, wenn die Insel durch dieses Gewicht immer weiter absinkt. Nicht zu vergessen das Geld und Gold, das auf Sylt gelagert oder spazieren getragen wird. Das drückt doch mächtig das Land ins Meer.«

Lüder war sich nicht sicher, ob es das monotone Rattern der Räder auf dem Schienenstrang war oder andere Gründe hatte, dass Große Jäger merklich gegen die aufkeimende Müdigkeit anzukämpfen hatte. Mehrfach fiel der Kopf des Oberkommissars aufs Kinn hinab, und erschrocken riss ihn Große Jäger wieder in die Höhe.

»Wissen Sie mehr über das Opfer?«, fragte er schließlich.

»Soll ich dir das als Schlaflied vorsingen? Oder reicht es, wenn ich berichte, was ich recherchiert habe?«

»Muh«, knurrte der Oberkommissar und zog eine Grimasse.

Lüder lachte. »Lew Gruenzweig ist achtundfünfzig Jahre alt geworden.«

»Hah«, unterbrach ihn Große Jäger. »Das ist jetzt dumm. Der Bursche sah so alt und verbraucht aus, dass ich dachte, ich sollte in meiner Ahnengalerie forschen, ob ich mich in die Erbengemeinschaft einreihen könnte.«

»Wenn es bei den anderen Parametern eine Übereinstimmung gibt? Die Familie stammt ursprünglich aus Warschau.«

»Der Name deutet auf einen jüdischen Ursprung hin.«

Lüder nickte und schüttelte dann energisch den Kopf.

»Was denn nun?«

»Ja zum jüdischen Ursprung. Nein dazu.« Lüder zeigte auf die zerknautschte Zigarettenpackung, die Große Jäger gedankenverloren aus der Hosentasche gekramt hatte und der er eine Zigarette entnehmen wollte. Mit einem Schmollmund verstaute er die Packung wieder in der Jeans. »Da gibt es kaum gemeinsame Vorfahren.«

Der Oberkommissar nickte versonnen. »Da müsste man sehr weit zurückgehen. Bis vor Christi Geburt. Da waren wir alle Juden.«

»Nicht unbedingt«, erwiderte Lüder.

»Die Italiener, die damals wohl Römer hießen, nicht. Die tun bis heute so, als wären sie schon vor Christi Geburt katholisch gewesen.«

»Ist das bei euch Münsteranern anders?«

»Ich bin kein Münsteraner, sondern nur Münsterländer. Ich komme aus Nottuln.«

»Die Gruenzweigs waren eine angesehene Warschauer Handels- und Bankiersdynastie. Ein kluger Kopf in der Familie muss die Entwicklung vorausgeahnt haben, und so ist ein Großteil vor 1938 nach Amerika ausgewandert.«

»Also keine Opfer des Pogroms?«

»Die haben wohl fast alle jüdischen Familien zu beklagen. So wird es auch bei den Gruenzweigs Angehörige gegeben haben, die aus welchem Grund auch immer nicht mit ausgewandert sind. Jedenfalls haben Großvater und Vater von Lew Gruenzweig in Amerika weitergemacht, wo sie in Polen aufgehört haben. Auch dort war ihnen durch Fleiß und Geschick Erfolg beschieden.«

»Also wurde Lew Gruenzweig schon als Baby mit einem goldenen Löffel gefüttert?«

»Wenn du es so formulieren möchtest. Jedenfalls hat sich der

Junge nicht auf den Lorbeeren seiner Vorfahren ausgeruht. Die Vor-
gängergeneration war schon nicht zimperlich. Als Bankiers haben
die gern Geld an Unternehmer verliehen, bei denen abzusehen war,
dass denen die Rückzahlung schwerfällt. So sind viele im Kern
gesunde Unternehmen in das Familienvermögen gefallen. Und Lew
Gruenzweig hat das System im Laufe der Jahre perfektioniert. Er
kauft rund um den Globus große Unternehmen der Schlüsselin-
dustrien oder systemsteuernde Unternehmen wie Banken und Ver-
sicherungen, aber auch Logistik und Medien interessieren ihn. Entweder nutzt er sie für seine Zwecke, um sein weit verzweigtes Netz
zu komplettieren, da diese Unternehmen wiederum als Käufer auftreten, oder er schlachtet sie aus.«

»Und wie funktioniert das?«

»Die Substanz der aufgekauften Unternehmen wie Grundstü-
cke, Maschinen und Know-how werden unter Marktwert an andere Gruenzweig-Unternehmen verkauft. Dann nimmt das zu einer
wertlosen Hülle gewordene ausgesaugte Unternehmen einen Kre-
dit auf und kauft damit den nächsten Betrieb, der auf die gleiche
Weise ausgeschlachtet wird.«

»Moment«, unterbrach Große Jäger. »Das bedeutet, dass sich
das System von selbst finanziert. Und Gruenzweig mehrt sein Vermögen durch die billig erworbenen Werte der ausgesaugten Betriebe.«

»Richtig. Und die sind jetzt wertlos und werden eingestampft.«

»Einschließlich der Menschen, die dort über Jahrzehnte gearbeitet haben und ihren Lebensunterhalt verdienten.« Große Jäger
schwieg eine Weile. »Als Polizist darf ich das weder sagen noch denken, was mir jetzt in den Sinn kommt.«

»Dass es Leute gibt, die diesem Treiben ein Ende bereiten wollen, sei es, dass sie selbst Opfer waren, oder aus ideologischen Gründen«, sagte Lüder. Er sah Große Jäger von der Seite an. »Und du
kannst dich nicht von dem Gedanken frei machen, dass du dafür ein
wenig Verständnis hegen würdest.«

»Hmh«, war die ganze Antwort des Oberkommissars.

Lüder erinnerte sich an die Reaktion Thorolfs am familiären
Frühstückstisch, als der Vierzehnjährige bei der Erörterung des
Sylter Mordes von einem Ausbeuter sprach, von Ratten, die rund
um den Globus ersäuft werden müssten. Sicher war das jugendli-

cher Übereifer gewesen, aber es war nicht auszuschließen, dass auch nüchtern Denkende so dachten.

In Westerland dauerte es eine Weile, bis sich der Pulk desorientierter Autofahrer aufgelöst hatte.

»Das ist wie an der Rolltreppe«, murrte Große Jäger. »Da wird unentwegt ein Strom von Leuten nachgebaggert, die keine Chance zum Stehenbleiben haben und am Ende der Rolltreppe auf jenes Knäuel treffen, das dort verharrt und sich in aller Ruhe zu orientieren sucht. Wohin fahren wir zuerst?«

»Wir müssen herausfinden, zu wem Hubert Fixemer Kontakt auf Sylt hatte. Deshalb würde ich gern mit Vater und Sohn Hundegger sprechen. Außerdem soll noch der zweite Betriebrat aus dem Ruhrgebiet auf Sylt sein. Lothar Balzkowski. Mit dem wollte sich Fixemer treffen. Wer sagt uns, dass der mutmaßliche Mörder die Tat allein ausgeführt hat?«

»Die beiden aus Neumünster machten einen sehr jovialen Eindruck«, ergänzte Große Jäger. »Aber der Geschäftsführer Hartwig und der zweite Betriebsrat Knudsen stehen auch auf der Straße, wenn Noskemeier in Neumünster die Pforten schließt.«

Lüder klopfte mit dem Zeigefinger auf das Lenkrad. »Außerdem wäre da noch das Hermelincape.«

»Wenn sich niemand dafür findet, melde ich Ansprüche an«, sagte Große Jäger und grinste.

»Darin dürftest du aber sehr albern wirken.« Lüder lachte.

Große Jäger bohrte demonstrativ mit dem Zeigefinger in dem Schussloch in seiner abgewetzten Lederweste. »Ich könnte dies hier aber mit dem Cape verbergen.«

»Das wäre schade«, erwiderte Lüder. »Im Wilden Westen haben die Revolverhelden Kerben in den Revolver geschnitzt …«

»… und in Nordfriesland tragen Oberkommissare zur Abschreckung Schusslöcher in der Kleidung.«

»Ich würde einen roten Rand herumsticken, damit es jedem Bösewicht von Weitem auffällt«, lästerte Lüder.

Große Jäger sah aus dem Fenster. »Wieder zur Sansibar?«, fragte er.

Lüder schüttelte den Kopf.

»Zum Anleger nach Rantum.« Es war eine Feststellung.

Obwohl sich viele Gäste auf der Insel aufhielten, lag der Anleger verlassen. Auf keinem der Boote war jemand anzutreffen. Eine Schranke versperrte den Zugang zum Steg. Auf der Deichkrone, auf der ein Schild den Wanderweg nach Keitum auswies, stand ein Schaukasten, in dem ein großes Plakat mit Erklärungen und Abbildungen einheimischer Vögel hing. Lüder zeigte auf einen einsamen Holzpfosten nebenan. »Das ist deutsch«, sagte er und Große Jäger nickte, als er das Schild las. Dort stand, dass es sich um den Landesschutzdeich handelte. Dann folgte eine Aufzählung, was alles verboten war. Neben zwei weiteren am Pfosten angebrachten Schildern erregte ein in einer Klarsichtfolie steckender Zettel ihre Aufmerksamkeit.

»Bin im Hafenkiosk – Onno«, stand dort in leicht krakeliger Schrift.

Lüder sah sich um. Der unbefestigte, mit Schlaglöchern übersäte Platz wurde am anderen Ende durch einen windschiefen Schuppen begrenzt, an dem eine Veranda im Westernstil angebracht war. An der Wand prangte ein Schild »Hafenkiosk«, während ein gespanntes Plakat aus Tuch verriet, dass es hier eine Räucherei und einen Terrassenimbiss gab.

Gleich an der Tür wäre Große Jäger fast mit einer jungen Frau zusammengestoßen, die ein Tablett mit Gläsern balancierte.

»Hups«, sagte sie. »Entschuldigung.«

»Trifft mich im gleichen Maße«, erwiderte der Oberkommissar. »Wer ist Onno?«

Sie nickte im Vorbeilaufen mit dem Kopf Richtung Tresen. »Der mit dem Rollkragenpullover und der Pfeife.«

Die Beamten gingen auf die drei Männer zu, die sich angeregt auf Platt unterhielten.

»Sind Sie Onno?«, fragte Große Jäger, und Lüder ergänzte: »Entschuldigung, wir haben Ihre Nachricht am Pfahl gefunden. Dort stand kein Nachname.«

Der Mann zog noch einmal an seiner Pfeife mit dem zerbissenen Mundstück, musterte die beiden Polizisten aus seinen meeresblauen Augen und nickte bedächtig.

»Tjä. Ich bin Onno. Einfach nur Onno.«

»Wir suchen das Boot von Konsul Karl-Friedrich Hundegger.«

Onno zog erneut an der Pfeife, bevor er antwortete und dabei das Mundstück mit den Vorderzähnen festhielt.

»Ein Konsul segelt nicht. Hier gibt's nur Segelkameraden. Wie soll denn das Boot heißen?«

»Das wissen wir nicht. Der Segelkamerad heißt Karl-Friedrich Hundegger.«

Onno nahm die Pfeife aus dem Mund, betrachtete sie nachdenklich, nahm einen Schluck Bier, steckte die Pfeife zurück zwischen die Zähne und sagte: »Kenn ich nich. Was soll denn das für 'n Boot sein?«

»Auch das wissen wir nicht«, gestand Lüder.

Onno verzog das Gesicht zu einem Grinsen. »Ihr habt ja reinweg von nix was 'ne Ahnung.«

»Hör mal«, mischte sich Große Jäger ein. »Ihr Segler seid fixe Jungs. Ihr findet mitten auf dem Atlantik, wo links und rechts, oben und unten wochenlang nur Wasser ist, die kleenste Jolle.«

Onno nickte im Zeitlupentempo. »Tun wir.«

»Dann hilf zwei armen Landratten, den Karl-Friedrich und sein Boot zu finden. Der ist hier auf Sylt.«

»Wenn das 'nen großes ist, dann kann das nich hier bei uns liegen. Wenn der 'nen Kiel hat, müsst ihr mal in Hörnum gucken.«

»Danke«, sagte Große Jäger und tippte sich mit dem Zeigefinger an die Stirn.

»Da nich für«, presste Onno zwischen Zähnen und Pfeife hervor. »Noch was. Wenn ihr mal wieder nach 'nen Boot sucht, schickt doch welche von der Wasserpol. Die ham da mehr Ahnung von.«

Das »Tschüss« von Lüder und Große Jäger beantwortete Onno mit einem Kopfnicken.

Die einzige Straße zur Südspitze führte durch eine grandiose Dünenlandschaft. Die sanften Hügel sahen fast unwirklich aus. Wenn nicht der Linienbus der Sylter Verkehrsgesellschaft mit den charakteristischen am Heck montierten gelben Fahrradständern vor ihnen hergefahren wäre, hätte man sich irgendwo in einer abgeschiedenen Ödnis wähnen können.

»Da haben Generationen von Schülern ihre Klassenreisen hin unternommen«, sagte Lüder, als sie die Abzweigung zum Jugenderholungsheim Puan Klent passierten.

Große Jäger schien anderen Gedanken nachzugehen: »Was machen die bloß mit dem ganzen Geld, das die einsacken?«, fragte er, um sich sogleich selbst die Antwort zu geben. »In den Straßenbau investieren die es nicht.«

Lüder musste ihm recht geben. Dafür, dass Sylt ein absolutes touristisches Highlight war und ausschließlich vom Fremdenverkehr lebte, waren die Verkehrswege in einem katastrophalen Zustand.

»Nur die Inselautobahn zwischen Westerland und Kampen ist akzeptabel«, maulte Große Jäger und meinte damit die gut ausgebaute Straße zwischen den beiden Orten. »Aber sonst sind das Rumpelpfade und Knüppeldämme.« Provozierend hüpfte er rhythmisch auf dem Beifahrersitz im Takt der Stoßkanten der Betonplatten auf und ab, die aus den unseligen Zeiten der deutschen Vergangenheit stammten und bis heute das Straßenfundament bildeten.

Lüder schenkte dem Oberkommissar einen belustigten Seitenblick.

»Das ist nicht der einzige Ackerweg«, sagte Große Jäger. »Andere Inselstraßen sind aus lauter Flickstellen designt.«

Wenig später erreichten sie den Hafen von Hörnum an der Südspitze Sylts. Trotz des Hinweisschildes, dass der große Parkplatz den Gästen der Linien- und Ausflugsschiffe vorbehalten war, stellte Lüder sein Fahrzeug dort ab.

Ein Pavillon beherbergte die Geschäftsstelle der Reederei, während Große Jäger einen kleinen Bau ansteuerte, in dem eine Fischbude ihre Ware feilbot. Ächzend ließ sich der Oberkommissar auf einer Bank nieder, fischte seine Zigarettenpackung hervor und zündete sich einen Glimmstängel an. Er schlug die Beine übereinander und legte seine linke Hand auf die Rückenlehne der Bank. Zufrieden blinzelte er in die Sonne.

Lüder lachte herzhaft über das Bild, das sich ihm bot. Irgendwer mit Humor hatte weithin sichtbar auf die Rückenlehne der weißen Bank die Beschriftung »Hörnumer Rentnerbank« angebracht.

Es war eine friedliche Szenerie. Wie zwei Arme umfassten die Molen den Hafen und ließen nur einen schmalen Durchlass für die Passage der Schiffe. Ein weißes Seebäderschiff mit dem Namen Adler VII lag am Kai. Zahlreiche Krabbenkutter, überwiegend mit fremden Heimathäfen, dümpelten in mehreren Reihen im sanften Wellengang. Dieser Teil des Hafens wurde fast ausschließlich von der Berufsschifffahrt genutzt, während im hinteren Abschnitt Sportboote zu erkennen waren.

Lüder ließ Große Jäger Zeit. Er sah der überschaubaren Anzahl Urlaubern nach, die gemächlich am Wasser entlangbummelten. Oberhalb der Anlage auf einer hohen Dünenkette erkannte Lüder ein flaches Gebäude, an dessen Dach ein Schild in fröhlichen bunten Buchstaben verkündete, dass hier eine Grundschule beheimatet sei.

»Ob die Kinder es zu schätzen wissen, dass sie wahrscheinlich einen der schönsten Ausblicke Deutschlands haben, wenn sie aus dem Klassenfenster sehen?«, fragte Lüder und zeigte auf das Schulgebäude. Ein Stück weiter wehte von einem Fahnemast die blau-weiß-rote Landesflagge.

Große Jäger hatte seine Zigarette zu Ende geraucht, sich eine weitere angezündet und folgte Lüder, der langsam am Hafenbecken vorbei in Richtung des Yachthafens gegangen war.

Auch hier gab es eine große Halle, an deren Stirnwand das Emblem des Sylter Yachtclubs prangte. Sie umrundeten die Halle, ignorierten das Hinweisschild, dass es sich um Privatgelände handelte, und gingen auf einem schmalen gepflasterten Weg bis zum Ende des Hafens, wo eine Stiege hinab zu den Bootsstegen führte.

Im Unterschied zu Rantum waren hier auf mehreren Schiffen Leute mit irgendwelchen Arbeiten beschäftigt.

»Moin«, rief Lüder einem braun gebrannten Glatzkopf zu, der auf dem Deck eines Motorseglers hantierte. »Wir suchen das Boot von Karl-Friedrich Hundegger.«

»Hundegger?« Der Mann streckte den Arm aus. »Dahinten. Die ›Ägir‹. Der Skipper ist aber vorhin mit einem Taxi weg.«

»Wissen Sie, wohin?«

»Keine Ahnung.«

»Kennen Sie den Sohn?«

»Ja. Aber der ist hier nicht aufgetaucht.«

»Was ist das für ein seltsamer Name?«, sagte Große Jäger, als sie weitergingen.

»Den müsstest du doch kennen«, antwortete Lüder. »Ägir ist in der nordischen Mythologie der Name des ›Riesen der See‹, der einem Meeresgott gleichkommt. Er ist aber gleichzeitig auch der ›Riese des Bieres‹.«

Große Jäger lachte. »Dann verstehe ich, weshalb die Segler so trinkfest sind.« Er wies auf ein Boot.

»Das ist eine Ketsch«, erklärte Lüder, und als er Große Jägers ratloses Gesicht sah, ergänzte er: »Das Boot hat zwei Masten, den vorderen Großmast und den hinteren kleineren Besanmast.« Sie waren vor der »Ägir« stehen geblieben. Das Schiff machte einen verlassenen Eindruck.

Große Jäger griff zum Handy. »Hier dürfte es nur eine überschaubare Anzahl Taxen geben. Da sollten wir den Fahrer zügig ausfindig machen.«

Er rief die Auskunft an und ließ sich mit dem Taxiruf Sylt verbinden. Dort fragte er nach, ob vor kurzem ein Fahrzeug einen Gast am Hörnumer Hafen abgeholt habe.

Wenig später rief die Taxizentrale zurück.

»Ich habe mit dem Fahrer gesprochen. Er hat einen älteren Mann mit Koffer in Hörnum aufgenommen und nach Westerland zum Bahnhof gefahren.«

»Dann fragen wir da nach«, beschloss Lüder und steuerte den Inselbahnhof an.

Das Bahngebäude hatte sich den Charme vergangener Jahre bewahrt. Für den Humor der Insulaner sprachen auch die giftgrünen Laternenmasten, die den Fußweg zum Eingang säumten und schief montiert waren, als hätten sie sich einem Sturm beugen müssen.

Das Innere des Bahnhofs wirkte düster. Dennoch fand Lüder es schön, dass man erfolgreich allen Versuchen einer seelenlosen Modernisierung getrotzt hatte und der Pseudo-Jugendstil erhalten geblieben war. Sogar der Zugang zum modern gestalteten Reisezentrum in der rechten hinteren Ecke passte.

Der Bahnmitarbeiter konnte sich an Hundegger erinnern. »Der war hier. Er hat eine Karte erster Klasse für den Intercity gelöst.«

»Wissen Sie noch, wohin?«, fragte Lüder.

»Klar. Hamburg.«

Sie bedankten sich und kehrten zum Bahnhofsvorplatz zurück.

»Wie gut, dass es noch Bahnhöfe gibt, wo Menschen die Fahrkarten verkaufen und man nicht auf Mehlwurms Beklopptenklavier angewiesen ist«, sagte Große Jäger.

Lüder runzelte die Stirn. »Auf was?«

»Die Fahrkartenautomaten. Da drückt man auf die Glasscheibe, und im besten Fall passiert nichts. Oder die Software springt irgendwohin und bricht ab, kurz bevor man am Ziel seiner Eingabe zu sein scheint. Dabei wird die wichtigste Frage für Bahnkunden gar nicht gestellt.«

»Und welche wäre das?«

»Ob man im Raucher sitzen möchte«, sagte der Oberkommissar und griente dabei. Dann überlegte er laut: »Was sucht Hundegger in Hamburg?«

»Die Antwort bekommen wir nur, wenn wir ihn fragen.« Sie wurden durch das Klingeln von Große Jägers Handy unterbrochen. Lüder bekam mit, dass Hauptkommissar Paulsen von der Westerländer Kripo anrief.

»Das ist ja großartig«, freute sich Große Jäger und erklärte, nachdem er das Gespräch beendete hatte: »Wir wissen, wem das Hermelincape gehört.«

»Bist du jetzt enttäuscht? Nun kannst du es dir doch nicht über deine Lederweste hängen.«

»Das ist gut so«, erwiderte Große Jäger. »Mir ist eingefallen, dass ich Probleme mit den Waden bekomme, wenn ich in den zum Cape passenden Pumps über die Kurpromenade gewackelt wäre. Es taucht ein neuer Name auf: Katja von Mühl.«

»*Die* von Mühl?«, fragte Lüder erstaunt.

»Das weiß ich nicht. Die Dame ist heute auf der Westerländer Dienststelle vorstellig geworden und wollte ihr Hermelincape abholen. Sie soll dort einen mittelschweren Krach produziert haben, weil man es ihr nicht ausgehändigt hat.«

»Theaterdonner«, warf Lüder ein. »Dabei spielt die nicht mal auf den Brettern, die die Welt bedeuten. Katja von Mühl ist doch eine Fernsehschauspielerin. Der statten wir jetzt einen Besuch ab. Moment.« Er wählte seinen heimischen Anschluss an.

»Gibt's die nächste Leiche?«, fragte Jonas, der das Telefon abgenommen hatte.

»Wie oft soll ich dir noch sagen, dass du nicht so reden sollst? Es geht um Menschenleben.«

»Es wäre doch blöd, wenn es keine Leichen mehr geben würde«, erwiderte Jonas mit kindlich-vergnügter Stimme. »Dann wärst du arbeitslos, und wir hätten kein Geld mehr.«

»Beamte verlieren ihren Job nicht«, sagte Lüder. »Und Geldsorgen haben wir auch keine.« Zumindest berichte ich den Kindern nichts von unserem derzeitigen Problem mit dem Konto, setzte er den Gedanken im Stillen fort.

»Thorolf hat auch gesagt, dass man die Geldgeier alle abschlachten sollte.«

»Das ist töricht. Niemand ist befugt, einen anderen Menschen zu verletzen oder gar zu töten.«

»Aber diese Dinger, die Heuschrecken ...«

»Jonas!« Lüder hatte seine Tonlage verschärft. »Darüber sprechen wir in Ruhe. Von Angesicht zu Angesicht. Nun möchte ich gern Viveka sprechen.«

»Wieso die denn?«

»Muss ich dir alles erklären?«

»Ja«, behauptete der Junge kühn, bequemte sich aber doch, laut »Viiveekaa!« durchs Haus zu brüllen. Dann hörte Lüder ein Knacken, und kurz darauf meldete sich das Mädchen.

»Hi, was gibt's?«, fragte sie.

»Du siehst dir doch im Fernsehen die tägliche Soap an?«

»O Manno. Da gibt es viele. Welche meinst du?«

»Mit Katja von Mühl.«

»Ach die. Mensch, die ist vielleicht süß. Warum fragst du?«

»Was weißt du über die?«

»Die spielt doch die Bianca. Und die liebt Benny, aber der nutzt sie nur aus. Das finde ...«

»Darf ich dich unterbrechen? Ich meine nicht die Rolle, sondern die Schauspielerin.«

»Ohne die wäre die ganze Serie nichts. Katja hat sich von Metallic Tom getrennt. Aber schon lange.«

»Wer ist das?«

»Du hast aber überhaupt keine Ahnung«, sagte Viveka in gespielter Entrüstung. »Der ist der Frontmann einer Boygroup.«

»Und mit wem ist sie jetzt liiert?«

Einen Augenblick war es still in der Leitung.

»Das weiß ich nicht«, gestand Viveka dann.

»Und *mir* unterstellst du, ich hätte keine Ahnung«, lästerte Lüder. »Danke. Und grüß die anderen.«

»Mach ich.« Dann war die Leitung unterbrochen.

»Schade«, sagte Große Jäger. »Sonst hätten wir vielleicht in Erfahrung bringen können, wie das Hermelincape in Laipples Haus gelangt ist. Ich kann mir aber gut vorstellen, dass ein Date zwischen Gruenzweig und Katja von Mühl kein Thema für die ›Bravo‹ ist.«

Die gewundene Dorfstraße in Keitum mit den anheimelnden Häusern und kleinen Geschäften war stellenweise so eng, dass sich begegnende Fahrzeuge auf den Bürgersteig ausweichen mussten.

Große Jäger zeigte auf eine Seitenstraße. »Da müssen wir links abbiegen.«

Der Ingiwai, wie die Straße hieß, lag am entgegengesetzten Ende des Dorfs. Auch diese Wegstrecke war in einem schlimmen Zustand.

»Ich sag's ja«, kommentierte Große Jäger die Straße, als hätte er Lüders Gedanken erraten.

Es war das letzte Haus auf der rechten Straßenseite, bevor sich der schmale Weg durch die Marsch schlängelte. Lüder warf einen Blick auf das reetgedeckte Gebäude, dessen Dach mit dichtem grünem Moos bedeckt war, soweit es der obligatorische Friesenwall mit seiner bepflanzten Krone und die im Garten stehenden Krüppelkiefern zuließen. Zwei wuchtige, aus dem Dachfirst wachsende Schornsteine und mehrere Gauben mit Sprossenfenstern zeigten schon von außen, dass in dem Haus mehrere Wohneinheiten untergebracht waren.

»Abgesehen davon, dass *wir* uns selbst so etwas nicht leisten können, gibt es doch große Unterschiede zum Anwesen des Bankmanagers«, stellte Große Jäger fest.

An der Haustür fand sich kein Namensschild. Es dauerte ewig, bis ihnen geöffnet wurde.

»Ja?«, fragte ein verkatert aussehender Glatzkopf in einem chinesischen Hausmantel. »Von welcher Zeitung kommen Sie?«, schob er die nächste Frage nach.

»Von ›Land und Leute‹ aus Kiel. Wir sind der führende Informationsdienst in Schleswig-Holstein und haben im Land zwischen den Meeren eine absolute Monopolstellung«, antwortete Große Jäger, bevor Lüder etwas sagen konnte.

Der Glatzkopf öffnete die Tür ganz. »Kommen Sie rein«, sagte er. »Da durch.« Er wies den Weg in einen sehr spartanisch möblierten Raum, in dem ein weißes Ledersofa, zwei passende Sessel und ein Regal aus Glas und Chrom stand. »Ich hole Katja«, sagte er und verschwand.

Sie mussten fast eine Viertelstunde warten, bis der Glatzkopf zurückkehrte. Er war in Begleitung einer schlanken Frau mit langen offenen Haaren, die in einen Bademantel gehüllt war, unter dem die wohlgeformten Fesseln ihrer Waden hervorlugten. Sie hatte sich in aller Eile Schminke ins Gesicht geschmiert, was aber nur bedingt als gelungen bezeichnet werden konnte.

»Das ist Katja von Mühl«, stellte der Glatzkopf vor. »Ich bin Enzo von Burzlaff, ihr Manager. Aber das wissen Sie wahrscheinlich.«

»Ich bin Wilderich von Husum«, knurrte Große Jäger. »Dann sind wir alle von Adel. Bis auf ihn da.« Er zeigte auf Lüder, ohne ihn vorzustellen.

»Was sagten Sie, Herr von Husum, von welchem Magazin kommen Sie?«

»Ich schreibe für die Polizei«, sagte Große Jäger und blätterte bedeutungsschwer in seinem abgegriffenen Taschenkalender aus dem Jahre 1998, in den er noch nie etwas Wichtiges eingetragen hatte. Es machte aber stets Eindruck auf die Leute, wenn »die Polizei etwas notierte«.

»Wie? Was?«, stammelte von Burzlaff. »Sie sagten doch, Sie kämen von einer Zeitung.«

»Nee«, erwiderte Große Jäger ungerührt. »Ich habe erklärt, dass wir vom führenden Informationsdienst des Landes kämen.«

»Haben Sie mein Cape mitgebracht?«, mischte sich Katja von Mühl in das Gespräch.

»Wir möchten von Ihnen gern wissen, wie der Nerz in das Haus Dr. Laipples gekommen ist«, sagte Lüder.

»Nerz! Es handelt sich um einen Hermelin. Außerdem ist es meine Sache, wohin ich meine Kleidung trage.« Katja von Mühl strich sich mit der Hand eine Haarsträhne aus der Stirn. Es war eine eingeübte Geste, denn die Haare fielen sofort wieder zurück.

»Nicht bei Mord«, sagte Lüder.

»Mord?« Die Frage kam gleichzeitig aus den Mündern der beiden.

Große Jäger nickte. »Wir haben den Nerz am Tatort gefunden.«

»Das ist kein Nerz, sondern ein Hermelin«, protestierte die Schauspielerin. »Was für ein Tatort?«

»Lesen Sie keine Zeitung?«

»Schon. Aber da stand nichts von einem Mord.«

»Wir konzentrieren uns auf den Kulturteil«, sagte von Burzlaff und sah die Schauspielerin an. »Nicht wahr, Liebes?«

»Warum haben Sie Ihr Hermelincape im Haus gelassen?«

»Wir hatten Streit. Da bin ich in der Erregung aus dem Haus und habe die Jacke vergessen.«

»Worüber haben Sie sich mit Lew Gruenzweig gestritten?«

»Das war etwas Persönliches. Wir ... Moment mal. Wer ist Lew Gruenzweig?«

»Das Mordopfer.«

Von Burzlaff und Katja von Mühl wechselten einen raschen Blick. »Ich dachte schon, Friedemann wäre ermordet worden.« Der Schauspielerin war die Erleichterung deutlich anzumerken.

»Und wer ist nun dieser Gruenzweig?«, fragte von Burzlaff und tätschelte Katja von Mühl das Knie, nachdem sie die Beine übereinandergeschlagen und der Bademantel sich dabei weit geöffnet hatte.

»Ein führender Wirtschaftsmanager aus Amerika.«

»Kenne ich nicht«, erwiderte von Burzlaff. »Du?« Er sah die Schauspielerin an.

Die schüttelte den Kopf und strich sich erneut die Haare aus dem Gesicht.

»Sie haben Herrn Dr. Laipple besucht und sich gestritten. Um was ging es dabei?«

Sie wollte antworten, aber ihr Manager fuhr dazwischen. »Das können wir nicht sagen. Es gibt einen Exklusivvertrag mit einer großen Sonntagzeitung. Morgen können Sie die ganze Wahrheit über diese Affäre lesen.«

»Dann geben Sie uns jetzt einen mündlichen Vorabdruck«, sagte Große Jäger mit spöttischem Unterton.

»Ich sagte schon, das geht nicht.«

»Dann ziehen Sie sich bitte an. Beide. Wir werden Sie mitnehmen und in Husum einem intensiven Verhör unterziehen. Wenn wir schnell sind, bekommt die Presse vielleicht noch eine Ergänzung bis morgen hin: Das Ende einer Affäre – Mord. Katja von Mühl bei der Polizei.«

»Das können Sie nicht machen, Herr von Husum«, jammerte der Manager.

»Ich bin der *Große* Jäger. Ich habe vorhin nur gesagt, ich bin *von* Husum. Da ist unsere Dienststelle.«

»Wollen Sie uns verarschen? *Großer* Jäger! Pah! Enzo, hast du dir von diesen Verrückten eigentlich die Ausweise zeigen lassen?«

»Nein«, gestand der Manager kleinlaut.

»Sind denn jetzt alle verrückt?«, fragte Katja von Mühl mit schriller Stimme.

Lüder grinste breit und zeigte auf Große Jäger. »Er schon – ich nicht.«

Von Burzlaff streckte den beiden Beamten fast flehend die Hand entgegen. Dann las er sorgfältig die Dienstausweise.

»Der heißt wirklich Große Jäger«, sagte er schließlich.

»Und das ist kein Künstlername wie in Ihrer Branche üblich«, erwiderte der Oberkommissar ungerührt.

Die Schauspielerin seufzte filmreif. »Sind Sie diskret?«

Große Jäger nickte. »Ich bin so diskret, dass ich jeden Morgen vergesse, wo ich am Vorabend gefeiert habe.«

»Friedemann und ich sind ein Paar. Wir haben uns auf einer Charity-Veranstaltung kennengelernt. Ich war dort Stargast.«

»Du hast sogar gesungen, mein Liebes«, warf von Burzlaff ein.

Sie winkte ab. »Das war irgendwo in der Nähe von Frankfurt. Lausiges Kaff.«

»Königstein«, ergänzte der Manager.

»Lass gut sein, Enzo. Die Einzelheiten interessieren doch nicht. Ich wurde als Ehrengast an den Tisch der wichtigsten Gäste gebeten. Einer von ihnen war Friedemann Laipple. Wir kamen ins Gespräch, und noch in derselben Nacht fand ich mich in seinem Bett wieder.«

»Katja – das sind jetzt aber wirklich pikante Details«, mahnte von Burzlaff.

»Wieso? Glaubst du, die beiden Polizisten kennen das Leben nicht? Was sollte ein Manager schon von mir wollen? Über Anlagestrategien für Anleihen sprechen?«

»Und seitdem sind Sie liiert?«, fragte Lüder.

»Eine Woche später. Ich musste erst meinen alten Lover entsorgen.«

»Metallic Tom?«, ließ Lüder seinen von Viveka vermittelten Weisheiten freien Lauf.

Katja von Mühl wiederholte den Namen. Es klang, als würde sie Kirschkerne ausspeien.

»Bescheuert. Bodo Hünerbein heißt der Typ. Ohne ›h‹. Nicht mal dazu hat es gereicht. Und dann kam er auch noch aus Furzheim.«

»Pforzheim«, korrigierte der Manager, aber niemand beachtete ihn.

»Wie lange sind Sie schon mit Dr. Laipple zusammen?«, fragte Lüder.

Sie überlegte kurz. »Sechs Wochen.«

»Und jetzt gab es Streit?«

»Ja«, sagte sie versonnen. »Er wollte mich nicht mitnehmen auf diese Tagung. Dabei bin ich doch die Frau an seiner Seite gewesen. Der Scheißkerl wollte mich nur fürs Bett. Wir haben uns ordentlich gezofft. Und dann bin ich im Zorn aus dem Haus.«

»Wann war das?«

»Letztes Wochenende.«

»Und seitdem haben Sie Dr. Laipples Anwesen nicht mehr betreten?«

»Nein.«

»Haben Sie Ihr Hermelincape nicht vermisst?« Lüder sah die Schauspielerin an.

»Schon, aber ich kam ja nicht in die Hütte. Das ist alles alarmgesichert.«

»Das Personal ist im Haus.«

»Mag sein.«

»Und dann haben Sie Hansi Hollergschwandtner beauftragt, für Sie das Hermelincape aus dem Haus zu holen?«

Sie tat erstaunt. »Hansi? Was hat der damit zu tun?«

»Sie kennen ihn?«

»Natürlich. Wer kennt ihn nicht?«

»Wissen Sie, was Hollergschwandtner beruflich macht?«

»Na – nix. Und was ist nun mit meiner Jacke? Wann bekomme ich die zurück?«

»Das ist ein Beweisstück. Die Polizei wird sich bei Ihnen melden.«

»Eine schöne Bescherung«, sagte Katja von Mühl, und diesmal schien der ärgerliche Unterton nicht geschauspielert.

»Eine letzte Frage – wusste Hansi Hollergschwandtner, dass Sie Ihr Hermelincape in Dr. Laipples Haus vergessen haben?«

Katja von Mühl sah Lüder erstaunt an. »Wo Sie das fragen? Ja! Wir haben mit einer Clique beim Sundowner zusammengesessen. Da habe ich es erwähnt. Die ganze Runde hat gelacht und gemeint, bei Friedemann Laipple wäre die Jacke gut aufgehoben. Da wäre sie so sicher wie in einem Banksafe.«

Große Jäger schüttelte den Kopf, als sie wenig später im Auto saßen. »Da herrschen Bräuche in diesen Kreisen, die verstehen wir nicht.«

»Und nicht jeder ist so vermögend und unabhängig, wie er es gern nach außen kundtun möchte«, ergänzte Lüder. »Ein Hermelincape könnte schon eine Versuchung sein. Wir müssen unbedingt noch einmal mit Hollergschwandtner sprechen.«

»Und was ist mit ›Metallic Tom‹ Bodo Hünerbein? Wenn der eifersüchtig ist und sich am neuen Lover seiner Exfreundin rächen wollte? Dabei könnte es doch zu einem Irrtum gekommen sein. Der Bursche dringt in das Haus ein und erwischt den Falschen. Pech für Lew Gruenzweig, dass er im Hause war.«

Lüder schüttelte den Kopf. »Die Tatausführung spricht gegen diese These. Mord aus Eifersucht wird nicht sorgfältig geplant, sondern erfolgt eher spontan. In unserem Fall hat sich der Täter seine Vorgehensweise zuvor zurechtgelegt und die Requisiten für die Tat besorgt. Wir sollten der Sonderkommission trotzdem einen Tipp geben, damit auch diese Spur aufgenommen wird, sonst zerpflückt ein geschickter Anwalt in einem Prozess die Beweisführung.«

Große Jäger kramte sein Handy hervor und gab die Informationen weiter. Dann rief er in Flensburg an und zog Erkundigungen ein, was die Spurensicherung am Tatort ergeben hatte. Es war ein schwieriges Unterfangen, heute, am Sonnabend, einen Gesprächspartner zu erreichen, der kompetent Auskunft erteilen konnte. Schließlich hatte er aber die gewünschten Informationen zusammen. »Es gibt einen weiteren Grund, an einem Mörder wie Metallic Tom zu zweifeln: Es gab keine Einbruchspuren. Auch die Alarmanlage wurde nicht ausgelöst. Schon beim geringsten Versuch wäre eine Meldung in der Zentrale des Sicherheitsunternehmens aufgelaufen. Klaus Jürgensen und seine Leute haben die Alarmanlage getestet. Sie war nicht manipuliert und funktionsbereit. Lew Gruenzweig hat seinen Mörder gekannt.«

»Es besteht noch die Möglichkeit, dass Lew Gruenzweig mit jemandem zusammen war, dem er Zutritt gewährt hatte, und dass dieser Dritte den Täter eingelassen hat. Entweder als Komplize …«

»… oder Auftraggeber«, ergänzte Große Jäger. »Das würde erklären, dass ein möglicher Dritter sich nicht als Zeuge melden konnte. Wenn Katja von Mühl wider alle Bekundungen doch im Haus anwesend war, hätte sie den Mörder ins Haus lassen können. Zum Beispiel den ihr bekannten Hollerhansi. Oder ihren Manager Enzo von Burzlaff.« Große Jäger zog die Stirn kraus. »Nur fällt mir zu dem absolut kein Motiv ein. Warum hätte der diesen ›Ritualmord‹ verüben sollen?«

»Das ist unser Problem«, sagte Lüder. »Wir haben überhaupt noch kein schlüssiges Motiv. Bisher haben wir nur eine Reihe von Vermutungen, die aber alle sehr dürftig sind.«

»Und wie sieht es mit dem Personal aus? Der Bodyguard und die Hausdame sind mit Laipple aus Frankfurt gekommen. Sie scheiden als Täter aus. Das dürfte auch auf die Putzfrau Imke Feddersen zutreffen.« Große Jäger kratzte sich hörbar die Bartstoppeln. »Gibt es weiteres Personal?« Er hielt seinen Finger in die Höhe. »Ich hab's. Hat sich schon jemand nach dem Gärtner erkundigt?«

Lüder lachte. »Die Verfolgung *dieser* Spur ist seit Reinhard Meys Klassiker Bestandteil der ersten Stunde auf jedem Polizeiseminar.« Er konzentrierte sich kurz auf den Straßenverkehr, bevor er weitersprach. »Wir müssen unbedingt mehr über den Aufenthalt Hubert Fixemers auf Sylt in Erfahrung bringen. Wo hat er gewohnt? Wen hat er getroffen? Hat er ein Alibi für die Tatzeit?«

Große Jäger stöhnte. »Für Frondienste bin ich zuständig. Das kenne ich aus Husum.« Er rief Hauptkommissar Thiel von der Sonderkommission an. »Hah«, sagte er nach dem Telefonat. »Diese Spur haben unsere Kollegen vom LKA schon verfolgt.«

»Verfügen die über die Fähigkeiten von LSD?«

»LSD? Wer ist das?«

»Leif Stefan Dittert, der Skandalreporter von diesem Boulevardblatt«, erklärte Lüder. »Der kann auch mit Toten sprechen.«

»Die Sonderkommission hat einen irdischen Weg beschritten. Wir wissen, dass es auch aus dem Ruhrgebiet einen Betriebsrat gibt, der auf Sylt mit dem alten Konsul Hundegger Kontakt aufnehmen wollte.«

»Lothar Balzkowski«, warf Lüder ein.

Der Oberkommissar nickte. »Der hat sich in einer Frühstückspension einquartiert. Dort wohnte auch Fixemer. Offenbar ist Balzkowski noch auf der Insel, während Fixemer abgereist ist.«

»Warum ist der Ruhrgebietler noch hier und der Neumünsteraner schon nach Hause gefahren?«, überlegte Lüder laut.

»Wenn Fixemer der Mörder ist, würde es keinen Sinn machen, nach der Tat noch auf Sylt zu weilen«, erklärte Große Jäger. »Es wäre nicht das erste Mal, dass wir einen toten Mörder haben. Da gab es vor ein paar Jahren einen Fall, in dem jemand einem Pastor in Bredstedt einen Mord gestand und kurz darauf selbst Opfer eines Tötungsdelikts wurde.«

»Wo ist das Hotel, in dem Balzkowski logiert?«, fragte Lüder.

»Ich weise Ihnen den Weg. Thiel hatte noch eine weitere Neuigkeit für uns. Das LKA hat mit Zustimmung des Geschäftsführers die Räumlichkeiten bei Noskemeier inspiziert. Sie hatten recht.«

Der Oberkommissar legte eine Kunstpause ein und war enttäuscht, als Lüder sagte: »Man hat Abhöreinrichtungen gefunden.«

»Stimmt. Im Büro des Geschäftsführers, im Umkleideraum und auf dem Klo.«

»Wenn es nicht so traurig wäre, müsste man über solche Perversionen lachen. Tatsächlich werden auf dem Örtchen aber in scheinbar vertraulicher Runde intimste Gedanken ausgetauscht. Niemand vermutet, dass man dort belauscht wird. So lassen manche Arbeitnehmer dort Luft ab.« Nachdem ihn Große Jäger mit einem spöttischen Blick musterte, ergänzte Lüder: »Seelische Luft.«

»Das nennt man dann Latrinengerücht. Trotzdem! Es ist eine ausgemachte Schweinerei.«

»Ich fürchte«, gab Lüder zu bedenken, »dass dem aber nur wenig folgen wird. Der Geschäftsführer dürfte kaum Strafanzeige erstatten, da er sich zusammenreimen kann, wer hinter dieser Aktion steckt. Wenn allerdings der aufgebrachte Betriebsrat Knudsen davon erfährt, dürfte mehr in Bewegung gesetzt werden. Ich habe aber noch eine Idee.«

»Hier ist es«, sagte Große Jäger und zeigte auf ein Haus, an dem ein verblichenes Schild »Hotel garni« angebracht war.

Lüder griff zum Handy und musste eine Weile suchen. Er fand die Nummer in der Liste der eingegangenen Gespräche.

»Hallo, Dittert«, sagte er, nachdem sich der Reporter des Boulevardblattes mit einem saloppen »Hi« gemeldet hatte.

»Ich kenne Ihre Abneigung gegen eine freie Presse. Aber könnten Sie nicht doch ›Herr Dittert‹ sagen?«

»Jemand wie Sie ist kein Herr. Und das ›freie‹ bei Ihrem Presseerzeugnis bezieht sich auch nur auf das freie Erfinden und nicht auf die sorgfältige Recherche einer ausgewogenen Berichterstattung. Trotzdem: Ich habe eine Story für Sie. Die Chinesen horchen deutsche Unternehmen aus. Nach Telekom und Lidl haben wir einen weiteren Abhörskandal.«

»Lüders. Was ist nun los? Das gab es noch nie, dass Sie sich bei der Presse melden.«

»Noskemeier in Neumünster ist ein mittelständischer Maschinenbauer. Dort hat man den Betrieb verwanzt, um die Reaktion der Mitarbeiter auszuforschen.«

Dittert pfiff ins Telefon. »Und weiter? Was will man wissen?«

»Der Laden soll an eine Heuschrecke gehen und dann zerlegt werden. Das kostet ein paar tausend Arbeitsplätze.«

Lüder hatte keine konkrete Zahl genannt und bewusst übertrieben.

»Mann. Das ist ein dickes Ei. Woher haben Sie die Information?«, fragte der Reporter.

»Sie haben das nicht von mir, Dittert. Ist das klar? Wenn auch nur ein Wörtchen herauskommt, wird Ihr Auto jede Woche zweimal abgeschleppt. Das verspreche ich Ihnen.«

»Ich bin verschwiegen wie ein Grab«, wisperte der Reporter durch die Leitung.

Lüder hätte Dittert gern geantwortet, dass er ihn für einen schleimigen und windigen Typen hielt. Aber heute war er auf den Zeitungsmann angewiesen. »Es reicht, wenn Sie mit Ihren Artikeln immer *aus* dem Grab berichten.«

»Sie waren schon origineller, Lüders. Die Phrase mit ›sprach zuerst mit dem Toten‹ kannte schon mein Großvater.«

»Und seitdem haben Sie nichts dazugelernt. Es geht aber noch weiter. Ich kann Ihnen noch zwei Namen nennen, die vermutlich dahinterstecken.«

»Dafür haben Sie einen gut bei mir. Wenn es wahr ist.«

»Ich gehe davon aus, dass Sie es nachrecherchieren. Die Abhöraktion ist von einem Dr. Buurhove initiiert worden. Für solch schmutzige Aktionen bedient sich der Unternehmensberater gern der Dienste von Willi Kwiatkowski. Das ist ein sogenannter Privatdetektiv aus Mülheim an der Ruhr.«

»Wie authentisch ist das, was Sie da von sich geben?«, fragte Dittert nach.

»Finden Sie es heraus.« Damit beendete Lüder das Gespräch.

Der Oberkommissar sah ihn mit großen Augen an. Er holte zweimal Luft, bevor er sprach: »Das haut mich um. Lernt man das beim LKA?«

Lüder schüttelte vergnügt den Kopf. »Das ist die Methode Lüder. Manchmal wende ich unkonventionelle Mittel an, wenn der formelle Weg nicht aussichtsreich erscheint.«

»Wie kommen Sie auf die beiden Namen Buurhove und Kwiatkowski?«

»Der Name des Unternehmensberaters fiel im Gespräch bei Noskemeier in Neumünster. Der Geschäftsführer berichtete, dass dort ein Unternehmensberater und ein Dritter aufgetaucht und mit ausdrücklicher Zustimmung von Hundegger junior im Betrieb herumgeschlichen sind. Und unsere beiden Gesprächspartner haben sich beklagt, dass nichts mehr vertraulich geblieben ist. Den Rest habe ich mir zusammengereimt.«

»Das macht ja richtig Spaß, mit Ihnen zusammenzuarbeiten«, sagte Große Jäger und klatschte sich vergnügt auf die Schenkel.

Das Gebäude sah von außen weniger einladend aus als viele andere Beherbergungsbetriebe. Im Putz klaffte ein notdürftig verschmierter Riss, die Farbe blätterte ab, auf den Dachziegeln hatte sich Moos angesiedelt, und die Fenster bedurften auch eines neuen Anstrichs.

Der Empfang war nicht besetzt, und erst nachdem Große Jäger

mehrfach »Hallo« gerufen hatte, schlurfte aus dem Hintergrund ein älterer Mann herbei.

»Alles besetzt«, sagte er mürrisch ohne weitere Begrüßung.

»In solch einem Haus möchten wir auch nicht übernachten«, gab Große Jäger zurück. »Wir suchen Lothar Balzkowski.«

Der Mann stützte sich mit beiden Ellenbogen auf dem Empfangstresen ab. »Was wollen Sie denn von dem?«

Der Oberkommissar näherte sich dem Gesicht des Mannes, bis sich die Nasenspitzen fast berührten. »Wie oft haben Sie im letzten Quartal mit Ihrer Frau gebumst?«, fragte er.

Der ältere Mann wich zurück. Empörung zeigte sich in seinem Gesicht. »Was fällt Ihnen ein? Wie können Sie solche Fragen stellen?«

»Sie werden mir sicher keine Antwort geben«, erwiderte Große Jäger gelassen. »Also? Was ist? Ist Herr Balzkowski da?«

»Ich kann doch nicht jedem Auskunft über unsere Gäste erteilen.« Die Antwort klang weniger forsch.

Der Oberkommissar zog seinen Dienstausweis hervor und hielt ihn auf Distanz in Richtung des Mannes. Der drehte sich zu einem Brett an der Wand um, an dem die Zimmerschlüssel hingen. »Der ist auf seinem Zimmer«, sagte er dann.

»Hat Herr Fixemer auch bei Ihnen gewohnt?«

Der Mann winkte ab. »Hören Sie mir bloß mit dem auf. Solche habe ich gern. Erst reist er vorzeitig ab, und dann gab es auch noch Ärger, weil er den Aufschlag für Kurzaufenthalte nicht entrichten wollte.«

»Wie lange war Herr Fixemer Gast bei Ihnen?«, mischte sich Lüder ein.

»Der ist am Montag gekommen und Mittwoch nach dem Frühstück plötzlich abgereist.«

»Würden Sie Herrn Balzkowski hinunterbitten?«, fragte Lüder.

»Zimmer elf, erster Stock«, erwiderte der Mann und verweigerte mit dieser Reaktion jede Hilfe.

Die beiden Beamten stiefelten die ausgetretene und knarrende Holztreppe empor. Ein Hauch von Muffigkeit herrschte im engen Flur. Eine einsame Lampe gab ein schwaches Licht von sich.

Lüder klopfte gegen das Holz der Tür. Nachdem sich nichts rührte, versuchte er es noch einmal. »Herr Balzkowski«, rief er halblaut. Kurz darauf hörten sie, wie sich der Schlüssel bewegte und die Tür geöffnet wurde.

»Was ist?«, fragte ein Mann mit schütterem Haar und eingefallenen Wangen. Er sah übernächtigt aus. Tiefe Schatten lagen unter seinen Augen.

»Polizei. Wir würden gern mit Ihnen über Ihren Kollegen Hubert Fixemer sprechen.«

»Ich wüsste nicht, was ich dazu sagen könnte«, antwortete Balzkowski, trat aber zur Seite und ließ die beiden Beamten in den karg möblierten Raum. Ein Bett, ein leicht windschiefer Holzschrank, der Tisch und ein Stuhl mit einem zerschlissenen Polster bildeten das ganze Interieur. Der Mann machte eine einladende Handbewegung. »Mehr kann ich Ihnen nicht bieten.«

Er setzte sich auf das aufgeschlagene Bett. Es sah aus, als hätte er beim Eintreffen der Polizisten darauf geruht. Sein Oberhemd war zerknittert. Das lag sicher am Liegen und daran, dass er es nicht den ersten Tag trug, dachte Lüder. Im Unterschied zu Große Jäger machte Balzkowski keinen ungepflegten Eindruck. Das mehrfach benutzte Oberhemd schien ein Indiz dafür, dass der Mann schon länger auf Sylt weilte als ursprünglich beabsichtigt. Er hatte zu wenig Wäsche mitgebracht.

»Ich habe von Huberts Ableben gehört«, sagte Balzkowski mit müder Stimme. »Warum er sich erschossen hat … Ich verstehe es nicht. Diese Woche haben wir noch gemeinsam hier gesessen.« Er zeigte auf die Bettkante. »Er hier, ich da.« Dabei wies er auf den Stuhl, auf dem Große Jäger Platz genommen hatte. »Mittwoch früh war er plötzlich weg, ohne sich zu verabschieden. Nicht einmal zum Frühstück ist er da gewesen. Den muss die Panik erfasst haben.« Er seufzte und ließ den Kopf in die Hände sinken, die er mit den Ellenbogen auf den Oberschenkeln abstützte.

Die Polizisten ließen ihm Zeit, bevor Lüder fragte: »Was könnte der Grund für seine Panik gewesen sein?«

»Hubert glaubte, alles wäre aussichtslos. Er war richtiggehend deprimiert. ›Es geht nicht nur um mich und meine Familie, sondern um die vielen Kollegen bei uns im Werk‹, hatte er gesagt. ›Die Älteren haben doch keine Chance mehr auf dem Arbeitsmarkt.‹ Er wollte auch nicht wahrhaben, dass sich die Lage zu bessern scheint.«

»Waren Sie mit Hubert Fixemer auf Sylt verabredet?«

»Wir hatten uns abgestimmt und wollten mit dem Senior sprechen.«

»Der hat doch die Leitung der Hundegger-Unternehmen an seinen Sohn abgegeben?«

»Der Junior ist ein Windhund. Dem geht es nur darum, Kasse zu machen. Mit den Millionen, die er bekommt, macht er sich einen schönen Lenz. Die Mitarbeiter, die das alles geschaffen haben, kümmern ihn nicht.«

»Haben Sie mit Konsul Hundegger gesprochen?«, fragte Lüder, während sich Große Jäger bei diesem Gespräch zurückhielt.

Balzkowski schüttelte den Kopf. »Nein. Wir wussten, dass er zum Segeln auf Sylt ist. Wir haben ihn aber nicht gefunden.«

»Sie waren in den Häfen?«

»Ja. Wir haben alles abgeklappert, was irgendwie nach einem Hafen aussah.«

»Wann war das?«

Balzkowski überlegte. »Das muss Dienstag gewesen sein.«

Lüder wechselte einen schnellen Blick mit Große Jäger. An dem Tag hatte der Zeuge einen Unbekannten auf dem Anleger in Rantum gesehen. Anhand der Beschreibung wurde das Fahndungsfoto veröffentlicht, das Hubert Fixemer offensichtlich zum Anlass genommen hatte, Selbstmord zu verüben.

Der Oberkommissar musste den gleichen Gedanken gehabt haben. »Waren Sie auch in Rantum?«

Balzkowski überlegte einen Moment. »Kann sein«, erwiderte er. »Wir sind überall rumgefahren. Ich habe mir nicht alle Namen gemerkt.«

»Sind Sie stets zu zweit auf den Bootsstegen gewesen?«

Der Mann kratzte sich mit vier Fingern die wenigen Haare, die ihm zwischen den Geheimratsecken geblieben waren. »Irgendwann war ich müde. Ich bin gefahren, und nachher ist Hubert allein los.«

Große Jäger legte eine Pause ein, bevor er die nächste Frage stellte. »Haben Sie oder Hubert Fixemer an irgendeinem Hafen etwas mitgenommen?«

»Nein. Warum sollten wir?« erwiderte Balzkowski. Plötzlich schien ihm doch etwas einzufallen. »Doch! Wo Sie es sagen. Das war ziemlich am Ende unserer Tour. Da kam Hubert mit einem Tau in der Hand zurück. ›Das habe ich gefunden‹, sagte er. ›Das nehme ich für meinen Sohn mit.‹ Er hat es in meinen Kofferraum gelegt.«

»Wie trug er das Seil?«

»Na – so zusammengerollt.«

»Was ist damit geschehen?«

»Als wir wieder im Hotel waren, hat er es umgeladen in sein Auto.«

»Das können Sie einwandfrei bestätigen?«

Balzkowski nickte heftig.

»Wo waren Sie am Dienstagabend?«, mischte sich jetzt Lüder wieder ein.

»Ich war mit Hubert zum Essen. Anschließend haben wir noch ein paar Bier zusammen getrunken. Der Laden hieß … Ich habe es vergessen. Warten Sie.« Balzkowski stand auf und kramte zwischen mehreren Papieren, die er in der Seitentasche seiner Reisetasche verstaut hatte. »Hier.« Er wedelte mit einer Gastronomierechnung. Fast schuldbewusst erklärte er: »Ich wollte zumindest einen Teil der Kosten dieser Reise erstattet bekommen. Deshalb habe ich die Belege aufbewahrt.«

Große Jäger nahm die Quittung entgegen und ließ seinen Zeigefinger mit dem Trauerrand an der Seite abwärtsfahren. »Da haben Sie ordentlich gebechert«, sagte er.

Balzkowski nickte geistesabwesend. »Das war wohl eine Art Frustsaufen.«

»Haben Sie mit sonst jemandem gesprochen?«, fragte Große Jäger.

»An dem Abend?«

»Nicht nur. Auch Dr. Gisbert Hundegger ist auf Sylt.«

Balzkowski winkte ab. »Den haben wir erreicht. Der logiert in einem piekfeinen Hotel in Rantum. Direkt in den Dünen am Meer. So ein arroganter Hund. Nicht einmal einen Kaffee hat er uns angeboten. Der hat uns glatt abgebügelt. In diesen schwierigen Zeiten, meinte er, muss man das Übergeordnete sehen. Wenn es um das Wohl der Volkswirtschaft geht, wäre es zu vertreten, ein paar Arbeitsplätze zu verlieren. Ein *paar*.« Balzkowski schrie es fast heraus. »Der hat uns für dumm verkauft. Es geht ausschließlich um seine Interessen. An die Beschäftigten denkt der nicht. Der Junior ist aus einem anderen Holz geschnitzt als der alte Konsul. Das war noch ein Unternehmer, der in der Tradition der Ruhrbarone an seine Arbeiter gedacht hat. Ich komme aus dem Pott.« Um seine Worte zu unterstreichen, tippte er sich auf die Brust. »Da sehen Sie noch heute die endlosen Siedlungen, die die Krupps und wie sie heißen, für die Malocher gebaut haben. Aber heute …«

Balzkowski brach mitten im Satz ab.

»Was genau hat man mit Hundegger-Industries vor?«, fragte Lüder.

Der Mann sah ihn lange an. »Da gibt es nur Vermutungen. Genaues weiß man nicht. Ich bin Betriebsrat der Vereinigten Dortmunder Hütte AG. Das ist ein Stahlwerk. Es ist kein Geheimnis, dass die Chinesen und die Inder ganz heiß darauf sind, sich Stahlwerke zusammenzukaufen. Die Schlitzaugen brauchen das zur Deckung ihres Eigenbedarfs, während die Inder ein Stahlmonopol anstreben, um den Weltmarktpreis zu beherrschen.«

»Kennen Sie Lew Gruenzweig?«

»Nicht persönlich, aber der Name steht für eine Horrorvision auf dem Erdenrund.«

»Haben Sie mit Gruenzweig gesprochen?«

Balzkowski lachte bitter auf. »Das ist wohl ein Scherz. Wie sollte ich an den herankommen?«

»Immerhin ist er auf Sylt.«

»Bei mir hat er sich nicht angemeldet.«

»Und er ist tot.«

»Tot? Sagen Sie bloß.«

»Das wollen Sie nicht mitbekommen haben?«, übernahm Große Jäger die nächste Frage.

»Guter Mann. Ich habe ganz andere Sorgen.«

»Könnte Gruenzweig die Fäden im Hintergrund gesponnen haben? War er an Hundegger-Industries und oder dem Stahlwerk interessiert?«

Balzkowski starrte ins Leere. »Ich weiß es nicht«, sagte er leise. »Es wäre ihm zuzutrauen, dass er die Inder und die Chinesen gegeneinander ausspielen will. Damit treibt er den Preis in die Höhe. Und den Profit teilt er mit Hundegger junior.«

Das ist eine denkbare Konstellation, überlegte Lüder. Und wenn Dr. Buurhove die gleiche Absicht gehegt haben sollte, wäre dem agilen Unternehmensberater aus Düsseldorf mit Lew Gruenzweig ein unbequemer Mitbewerber erwachsen. Schließlich handelte es sich um Millionenbeträge, und es wurde schon für kleine Summen gemordet.

»Was haben Sie jetzt vor?«, fragte Große Jäger.

Balzkowski zuckte resignierend mit den Schultern. »Ich werde nach Hause fahren. Meine Mission hier ist gescheitert.«

Der Oberkommissar nahm die Personalien auf. Lothar Balzkowski war sechsundvierzig Jahre alt und wohnte in Gelsenkirchen.

»Wir müssen Ihr Auto vorübergehend sicherstellen«, schloss Große Jäger die Vernehmung und ließ sich die Fahrzeugschlüssel geben.

Balzkowski fragte nicht nach dem Grund. Deshalb unterließ es der Oberkommissar, ihm zu erläutern, dass die von Große Jäger angeforderte Spurensicherung im Kofferraum des VW-Passats nach Mikrospuren des Segeltaus fahnden würde, das als Tatwaffe benutzt wurde.

»Es verdichten sich die Hinweise, die auf den Selbstmörder Hubert Fixemer deuten«, sagte Große Jäger, als sie wieder im Auto saßen. Dann zog er die Stirn kraus. »Mir ist aber noch etwas aufgefallen.«

Lüder kannte Große Jäger mittlerweile gut genug und war nicht über den Scharfsinn des Oberkommissars erstaunt, als dieser die Vermutung äußerte, die Lüder selbst hegte: Es könnte auch ein Machtkampf zwischen Dr. Buurhove und Lew Gruenzweig gewesen sein. Schließlich war Hundegger-Industries ein lukrativer Leckerbissen. Und wenn Dr. Buurhove wirklich die Interessen der Chinesen vertrat …?

Die beiden Beamten waren sich einig, als Nächstes Dr. Gisbert Hundegger zu befragen. Das Dorint Resort Söl'ring-Hof war mit fünf Sternen ausgezeichnet. Es lag direkt in den Dünen am Meer.

»Das ist eine noble Herberge«, erklärte Lüder. »Dort zahlst du für das Zimmer fünfhundert Euro und mehr.«

»Das ist günstig für eine Pauschalwoche«, griente Große Jäger zurück und zählte an seinen Fingern wie ein Kleinkind ab. »Dann müsste ich die letzten fünfundzwanzig Tage des Monats im Büro schlafen.«

»Und damit die Vorurteile der Bevölkerung nähren, dass Beamte dort schlummern. Ähnlich verhält es sich mit der Küche. Der international bekannte und ausgezeichnete Johannes King führt dort das Kommando. Unter einem Trüffelseminar läuft in seinen Kochkursen kaum etwas.«

Große Jäger gähnte herzhaft und unternahm gar nicht erst den Versuch, die Hand vor den Mund zu halten. »Für mich kocht Baba Khan.«

»Wer ist das?«, fragte Lüder.

Erneut grinste der Oberkommissar. »Der hat so einen komischen Hut auf und bedient in der Hamburger-Bude in der Flensburger Chaussee.«

»Habe ich es mit einem kulinarischen Kulturbanausen zu tun?«

»Nee, nur mit einem Realisten, der sich von seinem mageren Polizistensalär nichts anderes leisten kann.«

Die Lobby war von schlichter Eleganz. Die dominierende Farbe Weiß unterstrich in Kombination mit den hellen Fliesen das freundliche Ambiente, das sorgfältig zusammengestellte Interieur zeigte die Hand eines guten Innenarchitekten. Selbst das dezente Licht wirkte so, als würden die Gäste persönlich eingeladen sein und nicht in einer Herberge logieren. Lediglich die dunklen Türen und die ins Obergeschoss führende ebenfalls dunkle Treppe kontrastierten nach Lüders Meinung ein wenig zu hart mit der übrigen Gestaltung.

Die junge Frau an der überraschend kleinen Rezeption musste nicht nachsehen. »Herr Dr. Hundegger ist nicht im Hause«, sagte sie.

»Er hat aber noch nicht ausgecheckt?«, fragte Große Jäger.

Sie bewegte ein klein wenig ihren Pagenkopf und lächelte den Oberkommissar gekonnt an. »Herr Dr. Hundegger ist noch Gast in unserem Haus.«

»Wissen Sie, wo wir ihn sprechen können?«, fragte Lüder.

Als Antwort bekam er ein zauberhaftes Lächeln geschenkt. »Ich bedaure sehr.«

»Haben Sie seine Mobilfunknummer?« Große Jäger versuchte auch, charmant zu lächeln. Lüder registrierte den misslungenen Ansatz mit einem Schmunzeln.

»Die habe ich leider nicht«, sagte die junge Dame, ohne nachzusehen. Beiden Beamten war klar, dass die Hotelangestellte ebenso höflich wie diskret war und nicht bereit, Informationen über die Hotelgäste zu erteilen.

»Das ist ja wirklich luxuriös«, meinte Große Jäger und warf noch einmal einen Blick auf die beeindruckende Anlage. »Und jetzt versuchen wir, das zu steigern, und besuchen den Bankmenschen.«

»Dr. Laipple wird sich freuen«, erwiderte Lüder und wartete vor dem BMW, bis der Oberkommissar die unvermeidliche Zigarette, die er sich gleich nach dem Verlassen des Hotels angezündet hatte, aufgeraucht hatte.

Westerland war trotz der Bekanntheit eine Kleinstadt. Das zeigte sich auch am hohen Verkaufsaufkommen. Es schien, als gäbe es genug Leute, die ihr Vergnügen daran fanden, langsam mit ihrem Fahrzeug zu promenieren und dabei das neue Cabrio oder das vom vorigen Jahr, aber mit neuer Frau auf dem Beifahrersitz, zu präsentieren.

Große Jäger schien einen ähnlichen Gedanken gehabt zu haben. »Wenn man eine allgemeine Verkehrskontrolle durchführen würde«, sagte er, »würde man in vielen Kofferräumen entweder Champagnerkisten oder die Mahnbriefe für die nicht ausgeglichenen Leasingraten der Fahrzeuge finden.«

»Soll das heißen, jeder, der Champagner spazieren fährt, ist ein potenzieller Mörder?«

»Das wäre ein interessanter Lösungsansatz. Vielleicht nimmt sich einmal ein Krimiautor dieses Themas an.«

Sie hatten Westerland hinter sich gelassen, mussten noch einen kleinen Stau in Wenningstedt passieren und erreichten kurz darauf das Anwesen des Bankmanagers.

Sie klingelten, und Lüder gewahrte, wie sich die hinter einer Halbkugel verborgene Kamera bewegte.

»Ich öffne«, meldete sich die vertraute Stimme des Leibwächters. Diesmal unterblieb die Aufforderung, dass nur einem Beamten Zutritt zum Haus gewährt würde.

Der Bodyguard nickte Lüder freundlich zu, wiederholte den Gruß in Große Jägers Richtung und schloss hinter den beiden Beamten sorgfältig die Tür. Lüder sah den Mann erstaunt an, als der Sicherheitsmann die beiden Schlösser bediente und den Sperrriegel von innen vorlegte.

»Sie müssen keine Angst haben«, sagte der Oberkommissar und klappte seine Lederweste zur Seite, sodass das Schulterhalfter mit der Dienstwaffe sichtbar wurde. »Wie heißen Sie eigentlich?«

»Gregor Meyerlinck«, erwiderte der Leibwächter. »Ich habe es neulich schon dem anderen Herrn«, dabei wies er auf Lüder, »erklärt, dass Herr Dr. Laipple eine der gefährdetsten Persönlichkeiten Deutschlands ist. Aber das ist es nicht allein.« Er bat die Beamten, ihm zu folgen, und führte sie in die Küche. Dort saß die Hausdame, die eilfertig ihre Zigarette in einem Aschenbecher ausdrückte und den Inhalt des Gefäßes im Mülleimer entsorgte.

»Frau Gabriele Merckel«, stellte Meyerlinck die Frau vor und bot den beiden Polizisten Platz an.

Lüder sah sich um. Der Raum hatte die Größe einer Wohnung, wie sie oft genug einer Kleinfamilie zum Leben reichen musste. Weißes Echtholz mit blau abgesetzten Paneelen verliehen dem Raum einen friesisch anmutenden Charakter. Geschickt waren die Haushaltsgeräte verborgen, und nur anhand der Armaturen konnte man erahnen, dass sich dahinter modernste Technik verbarg. Der große Tisch in der Mitte des Raumes, der neben dem umgehbaren Küchenblock den zweiten Gliederungspunkt darstellte, erinnerte Lüder an frühere Zeiten, als das Gesinde in der Küche seinen Platz fand.

Meyerlinck öffnete eine Schublade und holte ein Stück Papier hervor. Er sah Große Jäger an, entschloss sich dann aber, es vor Lüder auf den Tisch zu legen. Die beiden Beamten hatten wahrgenommen, dass der Leibwächter das Papier mit spitzen Fingern am äußersten Zipfel angefasst hatte.

Der Oberkommissar beugte sich zu Lüder hinüber und las mit:

Das Kommando »Schulze-Delitzsch« hat alle habgierigen Volksfeinde zum Tode verurteilt, wie die Heuschrecken am ideellen und tatsächlichen Tod der Arbeiter schuld sind. Kinder müssen hungern, ihnen wird Bildung verwehrt, nur weil eine Handvoll Maßloser ausbeutet und für das Elend des Präkariats verantwortlich ist, in das sie die Menschen verbannen. So wie Moses die Heuschrecken vernichtet hat, werden wir euch zerquetschen.
Moses

»Woher haben Sie das?«, fragte Große Jäger. »Das ist ja ein grauenhaftes Deutsch.«

»Das hat jemand in unseren Briefkasten geworfen. Ich fand es, als wir hier eintrafen«, erklärte Meyerlinck.

»Das bedeutet, diese Drohung könnte schon im Postkasten gelegen haben, als Lew Gruenzweig hier als Gast einzog.«

Der Leibwächter nickte. »Drohungen dieser Art kommen häufig vor. Wir nehmen das nicht ernst. Auch diese nicht, wenn sie nicht in Verbindung mit dem Mord stehen würde.«

»Der Text ist ziemlich konfus«, sagte Lüder, nachdem er den Drohbrief ein zweites Mal gelesen hatte. »Allein die Kombination von ›Schulze-Delitzsch‹ und ›Moses‹ erscheint mir mehr als phantasievoll. Schulze-Delitzsch ist der Begründer des deutschen Genossenschaftswesens und galt als Linksliberaler. Das war zu seiner Zeit wohl mutig, trotzdem habe ich bisher nirgendwo gehört, dass man Schulze-Delitzsch als kommunistischen Revolutionär betrachtet hätte.« Er zeigte auf das Papier. »Hier scheint jemand auf völlig abseitigen Wegen zu wandeln. Trotzdem – vor dem Hintergrund des Mordes müssen wir es ernst nehmen.«

»Wir werden diesen Wisch im Labor analysieren lassen«, sagte Große Jäger und bat um eine Papiertüte, in die er den Drohbrief vorsichtig bugsierte.

Meyerlinck hüstelte. »Da wäre noch etwas. Das Gebäude ist mit modernster Technik ausgestattet. Sobald sich jemand dem Grundstück nähert, werden die Überwachungskameras aktiviert, und die Person wird aufgezeichnet.«

»Dann haben Sie Bilder vom Überbringer des Drohbriefs?«, fragten Lüder und Große Jäger gleichzeitig.

Meyerlinck nickte ernst und führte die beiden Beamten in ein kleines Büro, das mit Technik vollgestopft war. »Unsere Sicherheitszentrale«, erklärte Meyerlinck und startete einen Computer. »Ich habe schon bis zu der Stelle vorgespult.«

Man sah deutlich einen Mann mit längeren, über den Kragen des Parkas hinausgehenden Haaren, der sich dem Briefkasten näherte, noch einmal vorsichtig nach links und rechts sicherte und dann etwas in den Schlitz warf. Eilig verschwand der Mann in Richtung Kampener Ortszentrum.

Lüder schmunzelte. »Den kenne ich. Mit dem mussten wir uns

früher schon befassen. Ein übrig gebliebener Möchtegern-Revoluzzer, der 1968 noch in den Windeln lag. Er ist mehrfach in der Lehrerausbildung gescheitert und fristet heute ein ziemlich trübes Dasein als Empfänger staatlicher Sozialleistungen.«

»Ist er schon einmal straffällig geworden?«, wollte Große Jäger wissen.

Lüder wiegte den Kopf. »Ich glaube, über Strafbefehle und Auflagen ist er nicht hinausgekommen. Zumindest ist er uns nicht als Gewalttäter bekannt.« Er lachte, was zur Irritation bei den anderen beiden führte. »Es klingt vielleicht wie Hohn, aber der Mann heißt Wohlfahrt.«

»Wir kümmern uns darum«, versicherte Große Jäger. »Es scheint aber, als würde von dem Typen keine Gefahr ausgehen. Wenn Sie alle Bewegungen rund ums Haus aufzeichnen, müssten Sie doch auch Bilder von den Besuchern haben, die Lew Gruenzweig empfangen hat.«

Meyerlinck schüttelte den Kopf, bevor er sich über die Tastatur beugte, ein paar Kommandos eingab und auf den Bildschirm wies.

Man sah ein kurzes Aufblitzen, dann war deutlich ein Taxi zu erkennen. Schemenhaft erkannte man den Fahrgast, der sich bewegte, dann tauchte der Fahrer auf, öffnete die Fondtür, und Lew Gruenzweig stieg aus. Der Fahrer holte ein Bordcase aus dem Kofferraum und trug es bis zur Haustür. Dann stieg er in sein Taxi und fuhr ab.

»Gruenzweig muss seinen Mörder empfangen haben. Wenn wir davon ausgehen, dass es nicht der Nikolaus war, der durch den Schornstein gekommen ist, muss es Aufzeichnungen davon geben«, sagte Große Jäger.

Meyerlinck nickte zustimmend. »Das ist zutreffend. Aber aus verständlichen Gründen kann man das System deaktivieren. Herr Dr. Laipple und seine Gäste legen großen Wert auf die Einhaltung der Privatsphäre.«

»Dann gibt es auch keine Bilder von den Besuchen Katja von Mühls?«, fragte der Oberkommissar.

Meyerlinck schenkte Große Jäger einen langen Blick. »Davon weiß ich nichts«, erwiderte er ausweichend.

»Woher wusste Gruenzweig, wie man das Überwachungssystem deaktiviert?«, fragte Lüder.

»Ich nehme an, Herr Dr. Laipple hat es ihm erklärt.«

»Mich würde noch etwas anderes interessieren«, sagte Lüder. »Auf der anderen Seite der Hauptstraße gibt es traumhafte Anwesen. Ein kurzer Spaziergang durch Kampen lässt jeden Unbewanderten staunen, was für Häuser man bauen kann und wie schön es sich wohnen lässt, wenn man es finanzieren kann. Dr. Laipple gehört zu jener Minderheit in Deutschland, die sich solche Träume erfüllen kann. Dennoch hat er dieses Anwesen erworben und es sehr aufwendig umgebaut, aber in direkter Nachbarschaft zu den umliegenden Appartementanlagen.«

Meyerlinck schien einen Moment zu überlegen, bevor er antwortete.

»Herr Dr. Laipple war sofort von diesem Platz angetan. Er hat Zugang zu den Dünen, die normalerweise nicht betreten werden dürfen. Von hier ist es nur ein kurzer Fußweg zur Aussichtsplattform auf der Uwe-Düne, dem höchsten Punkt der Insel. Morgens, wenn noch keine Urlauber unterwegs sind, kann man von dort den Sonnenaufgang genießen. Und auch bei diesigem Wetter strahlt dieser Punkt eine besondere Atmosphäre aus. Vielleicht war es auch Sentimentalität. Dr. Laipple liebt das nahe Rote Kliff über alle Maßen. Er ist hingegen nicht auf die Nähe anderer sicher bedeutender Bewohner Kampens angewiesen. Und vielleicht ist es auch gut, dass nur Eingeweihte wissen, wer in diesem sich äußerlich nicht von den Nachbarhäusern unterscheidenden Haus wohnt. Soll ich Sie jetzt anmelden?« Es schien, als wäre dem Leibwächter an einer Beendigung des Gesprächs gelegen. Meyerlinck bat die Polizisten, in der Küche zu warten. Kurz darauf kehrte er zurück und geleitete Lüder und Große Jäger in den Raum, in dem Dr. Laipple Lüder bereits beim ersten Besuch empfangen hatte. Der Bankmanager war salopp mit einer hellen Gabardinehose, einem Hemd und einem weißen Strickpullover bekleidet. Selbst in der Freizeit wirkte es, als hätte ihm ein Stilberater zur Seite gestanden.

Dr. Laipple maß Große Jäger mit einem Blick, in den er deutlich alle Geringschätzung dieser Welt legte. Das veranlasste den Oberkommissar, auf den Manager zuzueilen und ihm die Hand entgegenzustrecken. Dr. Laipple war über diese Reaktion so erstaunt, dass er reflexartig den Händedruck erwiderte, dann aber verstohlen seine Hand an der Hosennaht abwischte. Lüder beließ es bei einem Kopfnicken.

»Darf ich?«, fragte Lüder und zeigte auf einen Stuhl, während der Oberkommissar schon ungefragt Platz genommen hatte.

»Sind Sie zu einem Ergebnis gekommen?«, fragte Dr. Laipple ohne jede weitere Einleitung.

»Wir ermitteln noch.«

Der Manager sog geräuschvoll die Luft ein. »Haben Sie eine Vorstellung davon, wo die Wirtschaft stehen würde, wenn sie nach den Methoden arbeiten würde, derer Sie sich bedienen?«

»Wir müssen leider häufig Irrwege gehen, weil wir belogen werden. Da ist es einfacher, wenn man in seinem Beruf aufseiten derer ist, die lügen, als bei denen, die belogen werden.«

Ein böses Funkeln tauchte in Dr. Laipples Augen auf. Er erwiderte Lüders Bemerkung aber nicht.

»Außerdem gibt es häufig periphere Schauplätze«, mischte sich Große Jäger ein. »So müssen wir uns zwischendurch um die Morddrohung gegen Sie kümmern.«

Lüder war kurz verärgert über diesen Beitrag. Er hätte die Drohung nicht erwähnt. Dr. Laipple sprang darauf an. »Können Sie das spezifizieren?«

Große Jäger berichtete von dem, was ihnen der Leibwächter gezeigt hatte.

»Das sind Lappalien«, winkte der Manager ab. »So etwas kommt oft vor.« Trotzdem wirkte er plötzlich eine Spur nervöser. Lüder bemerkte es an den gepflegt manikürten Fingern des Bankers, die der jetzt knetete. »Wir haben hinreichend Sicherungsmaßnahmen installiert, um solchen Dingen begegnen zu können.«

»Haben Sie Lew Gruenzweig erklärt, wie das Überwachungssystem ausgeschaltet wird?«, fragte Lüder. Und als Dr. Laipple ihn mit hochgezogener Augenbraue fragend ansah, ergänzte er: »Der Besucher Gruenzweigs, der Mörder, ist nicht erfasst worden.«

»Ich beschäftige mich nicht mit diesen technischen Fragen. Dafür habe ich meine Mitarbeiter. Ich könnte Ihnen nicht sagen, wie man das System bedient.«

»Woher hat Gruenzweig dann seine Informationen?«, fragte Lüder.

»Das kann ich nicht beantworten.«

»Kannte Katja von Mühl die Funktionsweise der Sicherungsanlage?«, fragte Lüder.

Jetzt schien Dr. Laipple überrascht. »Wie kommen Sie auf diesen Namen?«

»Wir sind die Polizei«, schob Große Jäger dazwischen. Dann zog der Oberkommissar mit dem rechten Zeigefinger das Augenlid ein Stück hinab. »Mag ja sein, dass man in Frankfurt glaubt, hier wohnen nur Doofe. Ist nicht so. Also? Kannte die Dame das System?«

»Frau von Mühl war nur als Gast hier. Es entspricht nicht den Gepflogenheiten, meine Besucher mit der Haustechnik vertraut zu machen.«

»Aber Lew Gruenzweig haben Sie das System erklärt?«, fragte Große Jäger.

Dr. Laipples Stimme war eine Spur lauter geworden. Man merkte ihm an, dass er ungehalten war. »Ich habe Ihnen schon erklärt, dass ich mit Lew nicht über die technischen Einrichtungen gesprochen habe. Können wir nun zum Wesentlichen kommen?«

»Wir sind mittendrin«, erwiderte Lüder vergnügt.

»Wie oft war Katja von Mühl hier zu Besuch?«, fügte Große Jäger nahtlos an.

Die Frage kam so zügig, dass Dr. Laipple spontan antwortete. »Ein paar Mal.« Dann nagte der Manager an seiner Unterlippe. Man sah ihm an, dass er sich kurzfristig überrumpelt fühlte.

»Wir wissen, dass es eine tiefe Meinungsverschiedenheit zwischen Ihnen und der Schauspielerin gegeben hat«, sagte Große Jäger.

»Das ist eine Interpretation, der ich nicht folgen würde. Außerdem sind das ganz persönliche Dinge, über die ich nicht sprechen werde. Es ist meine Intimsphäre.«

Lüder lächelte. »Das sehen manche Mitbürger anders. Sie werden die ganze Geschichte morgen in der Zeitung lesen. Das arme Mädchen sieht sich um Zusagen betrogen, die Sie ihr für die Zukunft gemacht haben.«

»Das ist nicht Ihr Ernst!« An der Stirn des Managers war deutlich erkennbar eine Zornesader hervorgetreten. »Woher wollen Sie solchen Unsinn wissen?«

»Ich sagte schon: Wir sind die Polizei«, mischte sich Große Jäger erneut ein.

Dr. Laipple winkte ärgerlich ab. »Wenn das wahr ist, was Sie dort behaupten, werden sich meine Anwälte der Sache annehmen. Sie schenken diesem Boulevardgeschwätz doch keinen Glauben?«

»Uns interessieren nur Fakten«, erwiderte Lüder und wurde kurz von Große Jäger abgelenkt, der mit dem Knöchel auf den kleinen Beistelltisch klopfte und dabei vor sich hinmurmelte: »Fakten – Fakten – Fakten.«

»Gab es einen Streit mit Frau von Mühl?«, hakte Lüder nach.

»Streit! Die Dame muss etwas missverstanden haben. Es ist kein Thema, das für die Presse geeignet ist.«

»Einzelheiten wollen Sie uns nicht wissen lassen?«

»Nein!« Die Antwort des Bankmanagers klang entschieden.

Große Jäger kniff die Lippen zu einem Spalt zusammen. Dann bewegte er bedächtig seinen Kopf. »Ich weiß nicht«, sagte er halblaut. »Sie sind eine öffentliche Person. Da werden sich die Leute der Sonntagszeitung das Maul zerreißen, wenn Intimes in der Zeitung zu lesen ist. Ich könnte mir vorstellen, dass die Redaktion keine Kosten und Mühen gescheut hat und den Artikel vor der Veröffentlichung noch einmal von Rosamunde Pilcher hat überarbeiten lassen.«

Dr. Laipple sah demonstrativ auf seine Armbanduhr. »Meine Zeit ist knapp bemessen. Können wir ernsthaft miteinander sprechen? Mir wäre sehr daran gelegen, wenn Sie sich kurz fassen würden.«

»Wir benötigen noch ergänzende Informationen zu Ihrem Gast, Lew Gruenzweig.«

Große Jäger hatte die Beine übereinandergeschlagen und überließ es Lüder, zu reden.

»Sprach Gruenzweig Deutsch?« Lüder überlegte, wie sich der Amerikaner allein bis zu Laipples Haus zurechtgefunden und in welcher Sprache er mit Hollergschwandtner verhandelt hatte.

»Nein! Lew hat sich vehement geweigert, die Sprache von Mördern anzuwenden.«

»Aber er hat sich nicht gescheut, Geschäfte mit Deutschland und den Deutschen zu machen.«

»Business ist nicht deutsch. Money auch nicht.«

»Pecunia non olet«, erwiderte Lüder.

Große Jäger lehnte sich zurück und verschränkte grinsend die

Arme vor der Brust. »Geld stinkt nicht«, murmelte er halblaut. Plötzlich schien ihm doch etwas einzufallen. »War das nicht eine Art Entschuldigung des römischen Kaisers Vespasian dafür, dass er eine Latrinensteuer erhob? Ist das Geld aus internationalem Business auch anrüchig?«

»Wir sollten ein gewisses Niveau wahren«, wandte sich Dr. Laipple an Lüder, ohne dabei eine Spur Aufgeregtheit zu zeigen.

Internationales Business – überlegte Lüder. Während Dr. Laipple mit *der* Bank und sein Partner Gruenzweig in der Weltliga spielen, gelten dem Genossenschaftsgedanken verbundene Einrichtungen als provinziell, auch wenn sie bei aller beschimpften Spießigkeit dank einer soliden und bodenständigen Geschäftspolitik nahezu unbeschadet durch die Weltfinanzkrise gekommen sind. Wäre es denkbar, dass ein im ersten Moment nicht ernst genommenes Kommando »Schulze-Delitzsch«, getrieben von politischen Randaktivisten, doch mit dem Ritualmord an Gruenzweig ein Zeichen setzen wollte? War Gruenzweig vielleicht nur ein Zufallsopfer und Lüders Gegenüber, Dr. Laipple, als Symbolfigur des deutschen Kapitalismus, eigentlich vorgesehen gewesen? Der Drohbrief! Vielleicht sollten wir ihm doch mehr Aufmerksamkeit schenken, schloss Lüder seine Überlegungen.

Die durch seine Gedanken entstandene Pause nutzte Große Jäger, um den Bankmanager zu fragen: »Wie kommt es, dass Gruenzweig ohne Personenschutz unterwegs war? Es handelt sich doch um eine ebenfalls gefährdete Person. Wenn der Mann Kriminellen in die Hände gefallen wäre, hätte das eine Erpressung gegeben, die in dieser Dimension noch nie vorgekommen ist.«

»Das kann ich nicht beantworten. Normalerweise hat sich Mr. Gruenzweig nie ohne Bodyguards bewegt. Er war immer abgeschirmt.«

»Wer wusste, dass sich Gruenzweig …«

»Mister! Mr. Gruenzweig!«, unterbrach der Bankmanager den Oberkommissar scharf.

»Wer wusste, dass er Gast bei Ihnen war?«

»Ich. Und wenige Eingeweihte meines Personals. Die sind aber alle vollkommen integer. Die Maschine, die Mr. Gruenzweig von Frankfurt nach Westerland gebracht hat, war von meinem Büro gebucht worden. Üblicherweise wird der Name des Fluggastes dabei nicht angegeben.«

Große Jäger hob den Zeigefinger und bewegte ihn hin und her. »Das trifft nicht vollends zu. Eine undichte Stelle muss es gegeben haben. Die Art der Tatausführung lässt nicht auf einen Zufallsmord schließen.«

Es schien, als würde Dr. Laipple blass werden. Das war auch dem Oberkommissar nicht entgangen.

»Und wenn der Mord nicht Lew Gruenzweig, sondern Ihnen galt und der Täter erst bei der Ausführung bemerkte, wem er gegenüberstand und dann aus der Situation beschloss, Gruenzweig umzubringen?«

Dr. Laipple schluckte, und die beiden Polizisten sahen, wie sich der Adamsapfel des Managers heftig bewegte. »Das sind unhaltbare Spekulationen«, wiegelte er ab.

Lüder wollte seinen Gedanken um das merkwürdige Kommando »Schulze-Deltizsch« weiterverfolgen.

»Seit der globalen Finanzkrise sind Finanzmanager nicht wohlgelitten«, sagte er. »Darin könnte doch ein Motiv für einen in seinem Zorn überzogen reagierenden Menschen liegen?«

»Neid und Hass begegnen Ihnen überall.« Dr. Laipple schien sich wieder gefasst zu haben. »Die ganze Welt hat das deutsche Bankwesen wegen seiner Stabilität bewundert.«

»Lew Gruenzweig war Amerikaner«, gab Lüder zu bedenken. »Seine Methode war es, gesunde Unternehmen auszuschlachten und Konstellationen zu entwickeln, dass sich die aufgekauften Betriebe selbst bezahlen mussten. Großbanken lassen milliardenschwere Spekulationsverluste durch ihre Kleinkunden oder den Steuerzahler ausgleichen. Denken Sie an die Milliarden für die IKB. Für das Geld hätte man viele Kindergärten und Bildungseinrichtungen finanzieren können.«

»Das ist populistisches Geschwätz«, tat es Dr. Laipple unwirsch ab. »Auf diesem Niveau sollten wir nicht miteinander sprechen. Auf den Zug der Gier, den man den Banken oft vorwirft, springen viele Kleinanleger und Spekulanten auf. *Das* ist die treibende Kraft.«

»Sie spielen aber bereitwillig mit und profitieren von diesem System. Nach dem großen Zusammenbruch sind Sie übervorsichtig geworden und erschweren dem Mittelstand die Kreditbedingungen für die Finanzierung von Innovationen.«

»Manchmal verzocken Sie sich auch. Haben Sie eigentlich eine Konzession als Spielkasino?«, warf Große Jäger ein.

»Mit vernunftbegabtem Handeln hat das nichts zu tun, was rund um den Globus getrieben wurde.«

Der Bankmanager streckte sich. »Ich glaube, Sie führen mit mir ein Gespräch, das sich von dem verwerflichen Mord in meinem Hause entfernt.«

»Um was ging es bei Ihrem Gespräch mit Lew Gruenzweig?«, wechselte Lüder die Fragestellung.

»Um nichts Konkretes.«

»Ein Gespräch unter Männern? Es ist für unsere Ermittlungen von Bedeutung, ob es um die Übernahme von Hundegger-Industries und dem Stahlwerk geht. Sie haben von dem Selbstmord eines Betriebsrats gehört, den die Polizei als wichtigen Zeugen in dieser Sache befragen wollte.« Lüder vermied es, von einem Verdächtigen zu sprechen.

Dr. Laipple nickte unmerklich, als wolle er zustimmen. Dann gab er sich einen Ruck. »Einer meiner Vorgänger hat im übertragenen Sinne gesagt, solche Geschäfte wären Peanuts. Dem kann ich mich nur anschließen. Sie unterliegen falschen Vorstellungen, wenn Sie davon ausgehen, dass ich mich mit solchen Fragen beschäftige. Meine Zeit und Kraft widme ich globalen Strategien. Da geht es um andere Werte.«

»Ach ja, aber der Überziehungsrahmen auf dem Girokonto eines kleinen Landesbeamten ist dann doch Chefsache?«

»Ich fürchte, ich verstehe Sie nicht.«

»Ich verdanke es doch Ihrer Intervention, dass die mir zugebilligte Überziehung meines laufenden Kontos plötzlich und ohne Ankündigung gestrichen wurde.«

»Sie überschätzen sich, wenn Sie sich für so bedeutsam erachten, dass ich mich mit Ihrem Girokonto auseinandersetze, geschweige denn Einfluss auf den Geschäftsverlauf zwischen Ihnen und irgendeinem Kreditinstitut nehme.« Der Bankmanager war aufgestanden. »Ich bitte Sie, zu gehen.«

»Das war ein Rausschmiss erster Klasse«, sagte Große Jäger, noch bevor sie das Grundstück verlassen hatten. Dann blieb der Oberkommissar zwei Schritte zurück, um sich eine Zigarette anzuzünden, während Lüder über den Asphalt ging. Sie hatten den BMW ein Stück von der Zufahrt zu Laipples Grundstück entfernt parken müssen, da alle näheren Parkmöglichkeiten besetzt gewesen waren.

Lüder war in Gedanken versunken, als er mehr im Unterbewusstsein das Aufheulen eines Motors vernahm. Erschrocken fuhr er zusammen und sah vom Ende der Sackgasse einen weißen Audi auf sich zukommen. Mit einem Blick registrierte er, dass nur der Fahrer im Wagen saß, von dem er nicht mehr als die Konturen hinter der reflektierenden Windschutzscheibe erkennen konnte. Lüder stoppte die Vorwärtsbewegung, ruderte mit den Armen, um das Gleichgewicht zu halten, und noch bevor er einen Schritt rückwärts machen konnte, fuhr das Fahrzeug an ihm vorbei. Lüder erschien die Geschwindigkeit hoch, obwohl man sich in solchen Situationen schnell verschätzen konnte und durch den Schreck im ersten Anschein das Tempo zu hoch ansetzte. Er glaubte den Sog des Autos gespürt zu haben.

»Ist der nicht ganz dicht?«, rief Große Jäger in seinem Rücken. »War das Blödheit, oder wollte der Sie aufs Korn nehmen?«

Lüder holte tief Luft. Er konnte nicht verhehlen, dass er sich erschrocken hatte. Der Oberkommissar hatte recht. Aber eine Antwort auf die Frage vermochte Lüder auch nicht zu geben.

»Haben Sie das Kennzeichen?«, fragte Große Jäger, der jetzt neben Lüder stand. Dann setzte er nach: »Alles okay?«

»Er ist vorbeigefahren«, sagte Lüder und bemühte sich, Gelassenheit in seine Stimme zu legen.

»Was ist mit dem Kennzeichen?«

Lüder winkte ab. »Wir haben keine Muße, uns mit solchen Dingen zu beschäftigen.« Er wollte sich keine Blöße geben. Wenn die Beamten bei der Einvernahme eines Zeugen auch immer nach dem Kennzeichen fragten – Lüder hatte sich so erschrocken, dass ihm die Nummer entgangen war.

»So einer muss zur Rechenschaft gezogen werden«, beharrte Große Jäger.

»Dann kümmere du dich darum.«

Der Oberkommissar steckte sein Handy wieder in die Tasche. »Wenn Sie es nicht wollen … Na bitte! Ich hätte so etwas nicht durchgehen lassen.«

Lüder unterdrückte ein Schmunzeln. Auch Große Jäger schien

das Kennzeichen des Audis nicht registriert zu haben. Er wartete, bis der Oberkommissar noch eine zweite Zigarette geraucht hatte, bevor sie sich in den BMW setzten.

Große Jäger betrachtete Lüder von der Seite, als wolle er prüfen, ob wirklich alles in Ordnung war. Dann sagte er: »So möchte ich nicht leben. Was nützen Macht und Geld, wenn man vom wirklichen Leben so abgeschottet wird wie der da drinnen? Was hat der von alldem?« Er kratzte sich die Bartstoppeln. »Mir würde schon das Monatseinkommen eines Kriminalrats reichen.«

»Das auf einem Konto liegt, auf das der Kriminalrat keinen Zugriff hat«, erwiderte Lüder mit einer Spur Sarkasmus in der Stimme.

»Könnten Sie ruhig schlafen, wenn Ihre Sicherheit stets von anderen Menschen abhängig wäre? Was verdient eigentlich ein Bodyguard? So viel, dass er immer loyal ist?«

»Wie hoch wird ein Polizist oder ein Feuerwehrmann besoldet, dafür, dass er Leben und Gesundheit für andere aufs Spiel setzt?«, antwortete Lüder mit einer Gegenfrage und erinnerte sich daran, dass Hollergschwandtner etwas von einem korrupten leitenden Polizeibeamten erzählt hatte.

Große Jäger räusperte sich. »Gibt es persönliche Motive, die Sie an der These zweifeln lassen, dass Hubert Fixemer der Täter ist? Wir konzentrieren unsere Ermittlungen nicht auf diese naheliegende Spur. Die Zeugenaussage vom Anleger in Rantum, das Segeltau, die Bestätigung durch Lothar Balzkowski und nicht zuletzt der Selbstmord weisen doch stark auf Fixemer als Täter hin.«

Lüder nickte ernst. »Das ist alles zutreffend. Aber noch ist die Beweisführung nicht stichhaltig genug.«

Große Jäger fuhr sich mit der Zunge über die Lippen. »Ein Staatsanwalt könnte geneigt sein, das Ermittlungsverfahren einzustellen, da der Täter nicht mehr zur Rechenschaft gezogen werden kann.«

»Ja«, bestätigte Lüder und dachte an Oberstaatsanwalt Brechmann, dem er eine solche Vorgehensweise durchaus zutrauen würde.

Deutlich war das Knurren eines Magens zu hören. »Das war ein Anruf der Polizeigewerkschaft«, meldete sich Große Jäger zu Wort. »Der Vorsitzende hat eben durchgegeben, dass alle Ermittlungen bis nach dem Mittagessen gestoppt sind.«

Lüder stimmte in das befreiende Lachen des Oberkommissars ein.

***

Nach dem Essen suchten sie erneut das Hotel auf, in dem Hundegger junior logierte. Dieselbe junge Dame vom Vormittag empfing sie und erkannte die beiden Beamten wieder.

»Herr Dr. Hundegger ist auf dem Golfplatz«, erklärte sie mit einem strahlenden Lächeln.

Die Anlage des Golf-Club Sylt befand sich zwischen Wenningstedt und Kampen.

»Das ist sicher ein Links Course«, vermutete Lüder.

»Was ist der Unterschied zu einem Rechts Course?«, fragte Große Jäger.

Lüder lachte. »Das hat nichts mit Richtungsanzeigen zu tun. Als Links Course bezeichnet man einen Küstenplatz, der in großen Teilen naturbelassen ist und auf dem der Spieler in besonderem Maße den Witterungsbedingungen wie beispielsweise dem Wind ausgesetzt ist.«

Große Jäger zeigte auf einen dunkelblauen Mercedes der S-Klasse mit dem Kennzeichen LB–GH. »Das könnte er sein. Ludwigsburg. Und das GH könnte für Gisbert Hundegger stehen.«

Beide betrachteten das großzügige reetgedeckte Clubhaus. Das Innere war fast familiär gemütlich eingerichtet. Bei aller Offenheit, die dem Architekten in herausragender Weise gelungen war, wirkte die Einrichtung anheimelnd. An der Rezeption erfuhren sie, dass Dr. Hundegger vermutlich auf der Driving Range sei. »Dr. Hundegger hat eine Stunde beim Head-Pro gebucht.« Die Dame erklärte den Polizisten den Weg.

Von Weitem war das Klacken der Golfabschläge zu hören, und als sie sich näherten, sahen sie ein gutes Dutzend Golfspieler, die auf den Abschlagplätzen standen und geduldig einen Ball nach dem anderen auf das Übungsgelände schlugen. Unter überwiegend älteren Männern, die mit erstaunlicher Gelassenheit ihrem Sport nachgingen, und beleibten Damen, die je nach Erfahrungsgrad vorbildlich mit Holz oder Eisen umgingen oder auch den Abschlag verzogen und die Bälle quer über das Areal verteilten, war Hundegger junior sofort zu erkennen. Er trug eine großflächig karierte Hose, einen weißen Wollpullover und hatte die Schirmmütze tief in die Stirn gezogen. Mit gekonntem Schwung holte er aus und traf mit dem Driver den Ball. Er verharrte in der für Uneingeweihte verkrampft wirkenden Position nach dem Abschlag und sah dem Ball nach, der mustergültig zunächst über die Grasnarbe flog, sich dann in einem flachen Bogen erhob, um nach mehr als zweihundert Metern wieder das Grün zu berühren.

Der Spieler nickte zufrieden, legte aus einem Korb den nächsten Ball auf das Tee, fixierte den Ball an, indem er den Schläger zweimal vor dem Ball pendeln ließ, und drehte dann den Oberkörper nach rechts, um zum nächsten Abschlag auszuholen. Mit einem satten »Plong« traf er den Ball, der dem ersten präzise folgte.

»Herr Dr. Hundegger?«, fragte Lüder.

Der Mann drehte sich zu den beiden Polizisten um und blinzelte sie an. Man sah ihm an, dass er über die Störung nicht erfreut war.

»Wir sind von der Polizei und würden Ihnen gern ein paar Fragen stellen.«

»Heute ist Samstag«, erwiderte Dr. Hundegger unwirsch mit unverkennbarem schwäbischem Dialekt.

Samstag!, dachte Lüder. Bei uns sagt man Sonnabend.

»Wir würden Sie gern zu einem wichtigen Fall befragen.«

Dr. Hundegger vergewisserte sich durch einen raschen Blick zu beiden Seiten, ob ein anderer Golfspieler etwas von dem Dialog mitbekommen hatte, aber die Abstände zwischen den einzelnen Golfern waren zu groß.

»Ich kann mir nicht vorstellen, in welchem Fall ich als Zeuge nützlich wäre.«

»Mord! Wir untersuchen einen Mordfall.«

Dr. Hundegger wirkte für einen Moment irritiert. »Mord«, formte er lautlos mit seinen Lippen und steckte kurz entschlossen den Schläger in sein Golfbag. »Kommen Sie«, sagte er und marschierte an den beiden Polizisten vorbei Richtung Clubhaus. Sie wurden jäh durch einen lauten Schrei unterbrochen.

»Fore!«

Instinktiv zog Dr. Hundegger den Kopf ein, auch Lüder schreckte zusammen, während Große Jäger sich in Richtung des Rufenden umsah.

»Das ist ein international bekannter Warnruf auf dem Golfplatz«, erklärte Dr. Hundegger. »Er bedeutet: ›Vorsicht. Da ist ein unkontrollierter Ball unterwegs.‹«

Ein älterer Golfer schwang seinen Schläger in einer Art Drohgebärde gegen eine füllige Frau, die erschrocken auf der Driving Range verharrte.

»Ich wollte doch nur meinen Ball wiederholen«, sagte sie in jammervollem Ton. »Ich habe ihn unglücklich getroffen. Da ist er doch nur fünf Meter weit geflogen.«

Sie schenkten dem Disput keine weitere Aufmerksamkeit und folgten Dr. Hundegger auf die Terrasse des Clubhauses. Strandkörbe und gemütliche Korbmöbel luden hier, am neunzehnten Loch, wie ambitionierte Golfer das Clubhaus gern nennen, zum Verweilen ein.

Der Unternehmer steuerte einen abseits gelegenen Tisch an und setzte sich.

»Mord, sagten Sie?«, fragte er ungläubig.

Lüder nickte. »Sie haben von der Ermordung Lew Gruenzweigs hier auf Sylt gehört?«

»Das ging durch alle Medien.«

»In diesem Zusammenhang interessieren uns Ihre Verbindungen zu dem Toten.«

Dr. Hundegger zwinkerte, dann besah er sich die tadellos maniküren schlanken Finger. »Welche meinen Sie? Ich habe keine Kontakte zu Gruenzweig.«

»Wir wissen um Ihre Aktivitäten, dass Sie Hundegger-Industries und auch das Stahlwerk in Dortmund verkaufen möchten.«

Der Unternehmer sah Lüder lange an. Es war das Ritual des Messens der Willenskraft. Lüder kostete es Anstrengungen, nicht die Lider zu bewegen. Schließlich senkte Dr. Hundegger den Blick.

»Da gibt es keine Zusammenhänge. Und mit Lew Gruenzweig habe ich zu keinem Zeitpunkt gesprochen.«

»Vielleicht nicht persönlich, aber Ihr Berater, Dr. Buurhove.«

Jetzt verriet der Unternehmer durch ein Zucken der Gesichtsmuskeln, dass er mehr als überrascht war.

»Woher haben Sie diese … äh … Information?«

Lüder unterdrückte ein Schmunzeln und sah kurz Große Jäger

an, bevor er dessen Lieblingszitat in solchen Situationen aussprach. »Wir sind die Polizei.«

Lüder ließ Hundegger einen Augenblick Zeit, das Gehörte zuzuordnen. Dann fuhr er fort: »Im Zusammenhang mit der Ermordung des Amerikaners sind wir auf den Betriebsratsvorsitzenden Ihrer Neumünsteraner Dependance gestoßen. Leider hat Hubert Fixemer Selbstmord begangen, bevor wir ihn befragen konnten. Ferner hält sich der Vorsitzende des Betriebsrats Ihres Stahlwerks ebenfalls auf Sylt auf. Beide haben mit Ihnen gesprochen. Und schließlich die Verbindung zu Dr. Buurhove, über dessen Wirkungskreis wir ausführlich informiert sind. Wir sollten uns nicht gegenseitig die Zeit stehlen. Um was geht es?«

»Das sind Zufälle, die Ihnen merkwürdig erscheinen mögen.«

»Ich zeige Ihnen unsere nächste Trumpfkarte«, sagte Lüder eine Spur schärfer. »Hundegger-Industries soll verkauft werden.«

Obwohl sie sich eine windgeschützte Ecke auf der Terrasse gesucht hatten, war es noch merklich kühl um diese Jahreszeit, und wenn die Sonne wieder einmal durch vorbeiziehende Wolkenfelder verdeckt war, spürte man die Kühle. Es lag aber sicher nicht nur an den Temperaturen, dass Dr. Hundegger zu frösteln schien. Es wirkte wie eine Schutzmaßnahme, als er die Hände um den Oberkörper schlang. Dankbar sah er die Bedienung an, die nach ihren Wünschen fragte und darauf hinwies, dass auch im Hause gedeckt sei.

Lüder orderte ein Kännchen Kaffee, der Unternehmer bestellte einen Campari mit frisch gepresstem Orangensaft, und Große Jäger hatte gar nicht erst in die Karte gesehen. »Einen Pharisäer.«

Dr. Gisbert Hundegger gab sich einen Ruck. »Ich habe von Fixemers Freitod gehört. Ich kannte den Mann. Es ist tragisch für seine Familie, dass er diesen Weg gewählt hat und sich vor der Verantwortung davonstiehlt.«

»Vor welcher Verantwortung?«, fragte Lüder.

»Der des Lebens. Ich fühle mit der Familie, die nichts dafür kann, dass der Mann und Vater in entscheidenden Augenblicken nicht stressfest war.«

»Das klingt sehr zynisch«, warf Lüder ein. »Schließlich hat Hubert Fixemer nicht nur für sich, sondern auch für die anderen Mitarbeiter gekämpft.«

Dr. Hundegger legte die Fingerspitzen wie zu einem Dach zusammen. »Es gibt Dinge, die uns aufgezwungen werden. Wir alle müssen in einer sich immer schneller drehenden Welt mit Veränderungen leben. Von jedem ist Flexibilität gefragt. Und wer damit nicht umgehen kann – schade um jedes Individuum.«

»Ist das nicht ein menschenverachtender Gedanke?«, fragte Lüder.

»Ist es Aufgabe der Polizei, ethische und moralische Grundsätze zu postulieren?«, entgegnete Dr. Hundegger mit einer Gegenfrage. »Der Unternehmer kann nicht die Verantwortung für die persönliche Lebensführung von anderen übernehmen, mögen sie sich auch sehr für das Unternehmen eingesetzt und verdient gemacht haben. Dafür gab es aber auch stets guten Lohn. Und ein Unternehmen kann weder heute noch in der Zukunft für die Verdienste aus der Vergangenheit einstehen. Dafür muss der Einzelne individuell sorgen. Außerdem gibt es die große Solidargemeinschaft des Staates. Der Unternehmer ist heute nicht mehr in der Lage, Daseinsvorsorge für seine Mitarbeiter zu betreiben. Dagegen spricht die Gesetzgebung des Staates. Der Fiskus ist so gierig, dass er alles restriktiv behandelt. Die Beamten sollten einmal darüber nachdenken, warum das Finanzamt nur in sehr begrenztem Maße zulässt, dass Mitarbeitern Firmenrabatte gewährt werden, und mehr als kleinlich vorschreibt, wer von den bei einem Automobilunternehmen Beschäftigten wie oft ein neues Auto zu Vorzugskonditionen erwerben darf. Selbst bei der Weihnachtsfeier schreibt der Fiskus vor, wie viel der Einzelne essen und trinken darf. Nein! Nicht der Unternehmer ist der Bösewicht, sondern die Politik. Nehmen Sie Beispiele wie Ökosteuer oder die Frage, mit welchem Anteil der Staat an den hohen Energiekosten beteiligt ist, sei es mit der hohen Mineralölsteuer oder der Lizenzgebühr beim örtlichen Stromnetz. Es ist billig, auf die Unternehmer zu schimpfen, während der Moloch Staat immer gieriger in die Taschen seiner Bürger greift. Und Sie, meine Herren, sind Repräsentanten dieses Staates – nicht ich.«

Die beiden Polizisten wechselten einen raschen Blick, den auch Dr. Hundegger mitbekam. Ein Lächeln huschte über sein Antlitz.

Es ist sehr einfach, dachte Lüder, immer nach der Verantwortung des anderen zu rufen, sei es der Staat oder der Unternehmer. Andererseits verlangen die Arbeitnehmer nicht mehr als einen gerechten Anteil an dem, was Kapital und Arbeit gemeinsam geschaffen haben. Aber wie definiert man Gerechtigkeit? Es hatte keinen Sinn, dieses Thema weiter mit Dr. Hundegger zu diskutieren, auch wenn es aus Lüders Sicht weniger um eine politische Diskussion, als um eine Aufhellung der Hintergründe ging, weshalb Hubert Fixemer allem Anschein nach zum Mörder geworden war. Welche Motive hatten den Familienvater zu dieser Tat getrieben? Es war naheliegend, dass es gerade jene Sorgen waren, die der Unternehmer in seiner eben vorgetragenen Argumentation dem Einzelnen zuweisen wollte.

»Was ist an dem Gerücht dran, dass Hundegger-Industries an die Chinesen verkauft werden soll?«, fragte Lüder stattdessen.

Dr. Hundegger entspannte sich sichtbar. Jetzt war er wieder in seinem Element. »Man kann heute nur noch in globalen Maßstäben denken. Nur mit einer gesunden Größe ist man auf dem Weltmarkt überlebensfähig. Und wer seine Augen davor verschließt, dass China, das immerhin jeden sechsten Bewohner der Erde stellt, die USA und Europa über kurz oder lang als dominante Macht ablösen wird, ist blind. Entweder füttert man die Schlange, oder man wird von ihr gefressen. Bändigen kann man sie nicht.«

»Was heißt das konkret?«

»Ich will und kann nicht über Dinge sprechen, über die noch nachgedacht wird. Wir reden nicht über einen Krämerladen, sondern über ein bedeutsames Firmenkonglomerat.«

»Und was sagt Ihr Vater dazu?«

»Der ist von althergebrachten Idealen geprägt. Er war zu seiner Zeit tüchtig und hat genau das Richtige getan. Doch heute hat sich die Welt gewandelt. Bei allem Respekt vor der Lebensleistung des alten Herrn – das Heute versteht er nicht mehr.«

»Was werden Sie tun, wenn Hundegger verkauft ist?«

»Sie formulieren hier Unausgegorenes. Wir sollten unser Gespräch auf Fakten reduzieren. Und das bedeutet, dass Hundegger-Industries hier und heute im Familienbesitz ist.«

»Wo ist Ihr Vater?«

»Der genießt seinen Lebensabend. Zu Recht. Hier auf Sylt liegt seine Yacht.«

»Er hat die Insel heute früh verlassen. Was will er in Hamburg?«

»Da müssen Sie ihn selbst fragen. Mit mir hat er sich nicht abgestimmt.«

»Haben Sie mit Fixemer und Balzkowski gesprochen? Beide sind Belegschaftsvertreter Ihrer Unternehmen.«

»Fixemer nicht mehr«, stellte Dr. Hundegger fest und kratzte sich dabei den Haaransatz. »Beide haben mich bedrängt. Sehen Sie.« Dabei breitete er seine Hände aus. »Ich arbeite hart. Über den Streit, ob die Woche achtunddreißig oder nur siebenunddreißig Arbeitsstunden umfassen soll, kann ich nur lachen. Sechzig – siebzig. Und mehr. Das ist meine Messlatte. Irgendwann muss man abschalten, sich Ruhe gönnen und zumindest für eine kurze Zeitspanne den Stress hinter sich lassen. Das mache ich hier auf Sylt, indem ich Sport treibe. Wie würden Sie reagieren, wenn Sie mitten im Urlaub zu einem Einsatz abkommandiert würden? Die Herren wollten partout von mir hören, dass ich die Gespräche über die sinnvolle Weiterentwicklung von Hundegger-Industries abbreche und ihnen versichere, dass alles beim Alten bleibt. Ich habe beiden genau das erklärt, was ich Ihnen vorhin erzählt habe. Stillstand ist Rückschritt. Wer nicht auf der Höhe des Marktes bleibt, hat verloren. Und wenn wir nicht die Kräfte konsolidieren, werden wir alles verlieren. Es ist doch sinnvoller, *mit* den Chinesen zusammenzuarbeiten, als sich von ihnen überrollen zu lassen. Ich erzähle Ihnen nicht Geheimnisvolles, wenn ich verrate, dass man im Reich der Mitte hemmungslos unsere Patente kopiert und uns damit um die Früchte teurer Entwicklungs- und Forschungsarbeit bringt. Und ein chinesischer Arbeiter ist preiswerter und somit konkurrenzfähiger. Das habe ich den Herren Fixemer und Balzkowski erklärt. Wenn sie ihre Kollegen dazu bringen, genauso wettbewerbsfähig zu produzieren wie die Chinesen, dann haben wir eine Chance, unverändert weiterzumachen.«

»Und wie haben die beiden reagiert?«

Dr. Hundegger lachte auf. »Pah! Fixemer war deprimiert. Und Balzkowski hat die ganze Litanei der Sprüche heruntergebetet, die Sie täglich aus dem Mund der Gewerkschaften vernehmen können. Aber keiner von denen ist bereit, unternehmerische Verantwortung zu übernehmen.« Der Mann sah an Lüder und Große Jäger vorbei und schien etwas im Hintergrund entdeckt zu haben. »Ich fürchte, ich muss das Gespräch jetzt beenden«, sagte er und stand auf. »Ich habe eine Verabredung.« Dann zeigte er auf den Tisch mit den Getränken. »Das übernehme ich selbstverständlich.«

Die Beamten waren auch aufgestanden. Lüder drehte sich um und sah einen Mann auf sie zukommen, der einen Trolley mit einem Golfbag hinter sich herzog. Lüder musterte den Besucher. Er war mit einer eleganten Tweedjacke gekleidet. Ein farblich darauf abgestimmtes Hemd mit dem Signet eines Edelschneiders passte ebenso hervorragend dazu wie der unifarbene Kaschmirpullover. Die Füße steckten in handgenähten Schuhen. Am meisten beeindruckte Lüder aber der Kopf. Der war rundum von einer gesunden Bräune, die mehr nach der sorgfältigen Arbeit eines Maskenbildners aussah als nach südlicher Sonne. Besonders markant war die maskulin wirkende Glatze, die von der Sonne verwöhnt war.

Der Mann schnippte mit den Fingern, nachdem er Dr. Hundegger per Handschlag begrüßte hatte. »Sind Sie nicht der Polizist, der ... äh ... wie war noch gleich der Name?«

»Das ist Dr. Dr. Cornelius Buurhove«, stellte Lüder den neuen Gast Große Jäger vor. »Wirtschaftsanwalt aus Düsseldorf, bevor er sich beim vergeblichen Einfädeln eines großen Deals an der Schlei verhoben hat.«

In Dr. Dr. Buurhoves Augen funkelte es zornig, während Dr. Hundegger interessiert seinen Blick zwischen Lüder und dem Düsseldorfer Unternehmensberater hin und her schweifen ließ.

»Sie werden doch nicht etwa Golf spielen?«, fragte Dr. Dr. Buurhove und musterte Große Jäger mit einem spöttischen Seitenblick. »Für die auf einem Golfplatz erforderliche Etikette sind Sie nicht korrekt gekleidet.«

»Wir gehen einem anderen Sport nach«, mischte sich der Oberkommissar ein. »Wir lochen keine Bälle, sondern arrogante Spitzbuben ein.«

»Sie hören von uns«, sagte Lüder schnell und entfernte sich von der Terrasse des Clubhauses, bevor Große Jäger Äußerungen von sich geben konnte, die zu einer Beschwerde hätten führen können.

»So ein widerliches Arschloch«, grunzte der Oberkommissar, als sie zum Auto zurückkehrten. Er ließ dabei offen, welchen der beiden Männer er meinte.

Sie fuhren noch einmal zum Appartementhaus am Brandenburger Platz, aber weder Hans-Martin Hollergschwandtner noch seine Freundin, bei der er Unterschlupf gefunden hatte, waren anwesend.

»Dann müssen wir notgedrungen wieder in die Sansibar«, sagte Große Jäger. »Da ist er üblicherweise anzutreffen.«

»Das hat Zeit«, beschloss Lüder und sah auf die Uhr. »Ich werde jetzt nach Kiel fahren und den Rest des Wochenendes meiner Familie widmen. Am Montag bin ich übrigens nicht im Dienst.«

»Kann man sich beim Landeskriminalamt einfach mitten in wichtigen Ermittlungen einen Urlaubstag nehmen?«, fragte Große Jäger.

»Es handelt sich um lange geplante und unaufschiebbare persönliche Dinge. Seit *Jahren* geplant«, ergänzte Lüder betont.

»Nun, gut, dann fahren wir wieder Eisenbahn«, stellte der Oberkommissar fest, als Lüder den BMW Richtung Autoverladung zum Festland rollen ließ.

FÜNF

Lüder hatte es genossen, am Sonntag ein wenig länger schlafen zu können als in der Woche, obwohl Sinje irgendwann im Schlafzimmer erschienen war und ihren Vater als Spielpartner begehrte.

»Wenn es nicht deine Tochter wäre«, hatte Margit gesagt, »könnte man eifersüchtig werden.«

»Die jungen Frauen stehen nun einmal auf mich. Und auf mir«, hatte er lachend hinzugefügt, nachdem Sinje ihm auf den Bauch gesprungen war.

Man ließ sich im Hause Lüders Zeit mit der Morgentoilette, insbesondere die beiden Großen Thorolf und Viveka leisteten erbitterten Widerstand gegen das gemeinsame Frühstück. Lüder hatte beim Bäcker – wie gewohnt – frische Brötchen besorgt und die dort ausliegende Sonntagszeitung mitgebracht. Er war fast ein wenig enttäuscht, dass die »Liebesaffäre zwischen dem Manager und der Schönen« zwar mit dieser Überschrift auf der ersten Seite erschienen war, aber die dicke Balkenüberschrift einem älteren Sozialhilfeempfänger galt, der nach Meinung der Zeitung vor Hunger seine Haustiere aufessen musste. Ein schlechtes Pressefoto zeigte einen knienden Mann, der einen Schäferhund freundschaftlich umarmte.

Lüder ärgerte sich, als er den Artikel las, in dem sich herausstellte, dass mitnichten der Hund das Opfer war, sondern ein älteres Schwein, das der Mann bisher in einem Schuppen und in seinem verwilderten Garten gehalten hatte. Nun hatte man ein Verfahren gegen den Mann eingeleitet, weil er das Tier schwarz zu Hause geschlachtet hatte und dabei gegen Verordnungen und Bestimmungen verstoßen hatte, die Brüssel sich ausgedacht hatte.

Dafür war der »Affäre« zwischen Dr. Laipple und der Schauspielerin Katja von Mühl im Innenteil eine Doppelseite gewidmet. Neben großformatigen Fotos, die den Bankmanager in einem schmucken Smoking, ein Glas Champagner balancierend, im Gespräch mit dem Finanzminister und anderen Größen zeigte, war Katja von Mühl, bekleidet mit einem waghalsigen Dekolleté, zu sehen, wie sie mit einem Taschentuch ein Auge abtupfte. Lüder musste beim Anblick des Bildes lachen. Wenn die Schauspielerin wirklich verweint gewesen wäre, hätte das Make-up nicht so tadellos ausgesehen. Es ging um die große Liebe, um das Versprechen einer gemeinsamen Zukunft, ja – man steigerte sich sogar bis zum Kinderwunsch. Auch Dr. Laipple war zu Wort gekommen. Nur wer den Artikel genau las, bemerkte, dass es sich um ein Kommuniqué seines Anwalts handelte. Das sei ein Publicity-Gag einer Schauspielerin, war zu lesen, die sich auf Kosten eines der Leistungsträger der deutschen Wirtschaft neue Aufmerksamkeit erstreiten wolle, um von der nachlassenden Publikumsgunst abzulenken. Der Bankmanager bestritt, jemals etwas mit der Dame zu tun gehabt zu haben, und wenn man sich wirklich auf einer Charity-Veranstaltung begegnet wäre, so könne sich Dr. Laipple nicht daran erinnern. Außerdem sei eine möglicherweise mit einem zweifelhaften Ruf ausgestattete Schauspielerin kein adäquater Umgang für eine Persönlichkeit wie Dr. Laipple. Der Artikel schloss mit der Vermutung, dass Katja von Mühl, von der manche annahmen, sie habe den Höhepunkt ihrer kurzen Karriere bereits überschritten, nun endgültig in den Club der Skandalnudeln aufgenommen sei.

»So hat sich die Frau das nicht vorgestellt«, sagte Lüder laut und zog damit die Aufmerksamkeit von Margit auf sich. Auf ihre Nachfrage fasste er den Artikel zu einem Kurzbericht zusammen.

»Katja ist nicht so«, verteidigte Viveka die Darstellerin der Daily Soap, und Thorolf merkte an, dass »diese Heuschrecke« die Tussi sicher gebumst habe. Diese Feststellung veranlasste Jonas, in ein heftiges Kichern zu verfallen und mehrfach »Der hat sie gebumst« zu murmeln, worin selbst Sinje einfiel und ebenfalls mit einem Kichern Jonas’ Feststellung wiederholte.

Nach einem befreienden Lachen und allgemeiner Heiterkeit der ganzen Familie war auch dieses Thema überstanden.

»Es ist schön, dass wir den Tag gemeinsam verbringen können«, sagte Margit, worauf Thorolf umgehend protestierte und etwas davon murmelte, dass er mit einem Freund zum Sport verabredet sei und man schließlich den morgigen Tag schon für »die Familie und so« reserviert habe.

»Wer kommt morgen alles?«, nahm Margit den Hinweis zum Anlass, Lüder zu fragen.

»Wir sechs«, zählte der auf. »Meine Eltern, deine Mutter und Ludwig.«

»Die sind nicht da«, warf Margit ein. »Das weißt du doch. Die sind auf Fuerteventura. Nie hörst du zu, wenn man dir etwas erzählt.«

Lüder fiel es wieder ein. Margits verwitwete Mutter und ihr neuer Lebensgefährte verbrachten einen Langzeiturlaub auf der kanarischen Insel. »Mein Bruder und Frau, Horst Schönberg, Kriminaldirektor Nathusius und Frau und …« Lüder zögerte ein wenig. »Große Jäger!«

»Ach – nö«, empörte sich Margit. »Der gehört nicht da rein.«

Als Lüder schallend lachte, trommelte sie mit Fäusten auf ihn ein und rief dabei, ebenfalls lachend: »Du Schuft.« Sie lag halb auf Lüder, der sich deshalb nicht sofort befreien konnte, als sein Diensthandy klingelte. Jonas war schneller.

»Hier ist die Geisterstimme vom LKA«, meldete er sich und lauschte dann einen Moment gebannt in den Hörer. »Ehrlich?«, kam es ungläubig über seine Lippen und nach einer kurzen Pause: »Überfall? Schon sehr viele Tote? Geil!«

Widerstrebend reichte er das Diensttelefon an Lüder weiter. »Große Jäger«, sagte er. »Da hat es einen Überfall auf Sylt gegeben. Die haben schon massenweise Leichen. Und das werden immer mehr.«

Lüder meldete sich. Tatsächlich war Große Jäger am Apparat. »Ich habe Jonas erzählt, dass die Wikinger die Insel überfallen haben. Die doofe Polizei hat versehentlich auf dem Friedhof nach den Tätern gesucht und schon über einhundertfünfzig Leichen gefunden.«

Während sich Jonas vor Lachen ausschüttete, wurde der Oberkommissar ernst. »Ich störe Ihre Sonntagsruhe nur ungern, aber hier ist wirklich der Teufel los. Wir sind unterwegs nach Sylt.«

»Wer ist ›wir‹?«

»Alle. Zunächst einmal rief mich heute Morgen Hauptkommissar Paulsen von der Dienststelle Westerland an. Vor Laipples Haus hat es wohl einen Auflauf gegeben, den die durchgeknallte Schauspielerin veranstaltet hat. Sie ist mit ihrem Agenten vor dem Anwesen aufgekreuzt und wollte Laipple zur Rechenschaft ziehen. Die örtliche Polizei hat den Spuk beendet und einen Platzverweis ausgesprochen. Der Bankmensch hat ankündigen lassen, gegen Katja von Mühl mit allen Rechtsmitteln vorzugehen.«

»Und deshalb eilst du nach Sylt?« Lüder war erstaunt.

»Das wäre kein Grund, aber es hat ein weiteres Mordopfer gegeben. Jetzt ist großer Aufruhr. Wir sind unterwegs, die Flensburger sind alarmiert, und man versucht, den Leiter der Bezirkskriminalinspektion, den Scheiß-Starke, zu erreichen. Ich dachte, wenn der kommt, sollten Sie auch informiert sein.«

»Ich kann vor Ort wenig ausrichten«, wandte Lüder ein. »Am Tatort sind die Spezialisten gefragt. Aber wer ist das Opfer?«

Große Jäger zögerte, bevor er den Namen nannte. »Dr. Friedemann Ambrosius Laipple.«

»Donnerwetter!« Lüder war mehr als überrascht. Deshalb dauerte es einen Moment, bevor er fragte: »Wie und wann?«

»Erschossen. Vor etwa einer halben Stunde. In den Dünen im Naturschutzgebiet Nord-Sylt. Die Gegend nennt sich Süderstrandtal und liegt an der Straße, die kurz vor List links abzweigt und zum Ellenbogen führt.«

»Ich komme umgehend«, entschied Lüder und begegnete Margits ebenso erstauntem wie bösem Blick.

Es half auch nicht, dass er ihr die Brisanz, die dem neuen Mord innewohnte, zu erklären versuchte.

»Du bist nicht *die* Polizei«, sagte sie und verließ wortlos den Raum. Er hörte, wie sie nach oben ging und sich im Schlafzimmer einschloss. Er wollte ihr nachgehen, entschied sich dann aber, sofort den Weg nach Sylt anzutreten. Er würde Margit von unterwegs anrufen.

Es war ein typischer Apriltag. Der Himmel war grau, in Küstennähe zog ein leichter Dunstschleier über die Marschwiesen, und auf dem Hindenburgdamm setzte ein leichter Nieselregen ein, der Lüder auf dem restlichen Teil der Fahrt begleitete. Es war jene Art von Niederschlag, gegen den jeder Scheibenwischer machtlos blieb – zu wenig, um die Schlieren von der Scheibe zu wischen, zu viel, um ohne zu fahren.

Nördlich von Kampen führte die Straße nahe am Wattenmeer entlang. Es war Ebbe, und das deprimierende Grau lag schwer über dem Meeresboden und schluckte den Horizont.

Die wenigen Autofahrer, die unterwegs waren, hatten alle Muße der Welt, und so war Lüder nicht erstaunt, dass er den Abzweig der

Straße zum Ellenbogen verpasst hatte. Schuld daran war vielleicht auch der weiße Audi, der auf Höhe der Vogelkoje mit überhöhter Geschwindigkeit auf seiner Spur entgegenkam und nach dem riskanten Überholmanöver knapp vor dem zweiten Fahrzeug vor Lüder wieder auf die Gegenfahrbahn einscherte. Er fuhr weiter Richtung List, wurde von einem Haus begrüßt, das am Ortseingang weithin sichtbar auf einem hohen Dünenberg thronte und, wenn auch in anderen Dimensionen, entfernte Erinnerungen an die Burgen entlang des Rheins weckte, die weiland auch so erbaut wurden, dass es ihren Herren einen weiten Blick in die Landschaft ermöglichte.

Lüder war erstaunt, dass trotz des widrigen Wetters viele offenbar unverdrossene Spaziergänger unterwegs waren und in Richtung Lister Hafen wanderten, wo nicht nur Deutschlands nördlichste, sondern auch berühmteste Fischbude stand. Sie war inzwischen einem »Schickimicki-Bau« gewichen, und der Name des Besitzers stand heute für eine besondere Art der maritimen Edel- und Schnellgastronomie. Wer etwas auf sich hielt, steuerte in den Edelpassagen der Metropolen die »Fischbude« an, lutschte demonstrativ an den Austern und hoffte, dabei von möglichst vielen Leuten gesehen zu werden.

Die Alte Tonnenhalle war mit ihren bunten Läden und Ständen von Textilien und Devotionalien bis zur Buchhandlung auch am Sonntag ein Anziehungspunkt für die Urlaubsgäste.

Lüder folgte der Straße mit rot geklinkerten älteren Einfamilienhäusern, die unendlich schien, dabei aber nur eine von zweien war, in der die Einheimischen lebten, die meist das Pensionsalter schon erreicht hatten. Er fuhr am längsten Reihenhaus Deutschlands vorbei, das nur durch die enge Zufahrt zum Friedhof unterbrochen wurde, und umrundete dann weiträumig das Naturschutzgebiet, in dem bis zum Abzug der Marine auch der Standortübungsplatz untergebracht gewesen war.

An der Mautstelle, die die freie Zufahrt zum nördlichsten Punkt Deutschlands, dem Ellenbogen, versperrte, herrschte gähnende Leere. Große Jäger hat recht, dachte Lüder. Der schlechte Zustand der Straße war wirklich eine Zumutung. Nach einer Kurve öffnete sich das Areal, und Lüder sah von Weitem die Einsatzfahrzeuge, die auf einem Dünenparkplatz standen.

An der Zufahrt bewachte ein uniformierter Kollege ein Absperr-band.

»Presse?«, fragte der Beamte und zog die Stirn kraus, als ein Was-sertropfen von seinem Mützenschirm auf seine Nasenspitze fiel.

»Ein Kollege. LKA.«

Der Beamte nickte, zeigte auf die Fahrzeugansammlung und sag-te: »Da drüben.« Dann gab er die Zufahrt frei.

Lüder parkte neben einem schwarzen Volvo-Kombi mit Kieler Kennzeichen. Er stieg aus, knöpfte seinen Blouson bis zum Kinn zu und stapfte durch den Sand die Düne hinauf. Nach der ersten Kuppe, nicht einmal hundert Meter vom Parkplatz entfernt, traf er auf das Ermittlungsteam. Paulsen war da. Und Große Jäger. Haupt-kommissar Klaus Jürgensen, der Leiter der Spurensicherung aus Flensburg, kam gerade aus dem weißen Zelt, das um den eigentli-chen Tatort aufgestellt worden war.

»Moin«, sagte der kleine Kriminaltechniker und ging auf Lüder zu. Er zupfte sich den Einmalhandschuh von der Hand, indem er an den Fingerspitzen zog, und drückte Lüder zur Begrüßung die Hand. »Das ging aber fix, dass das LKA schon da ist.«

»Moin, Klaus«, erwiderte Lüder den Händedruck. »Dank her-vorragender Zusammenarbeit mit den örtlichen Behörden sind wir schnell hier.«

Klaus Jürgensen lachte. »Zusammenarbeit mit den nordfriesischen Strandpiraten? Pah! Sieh dir das an.« Er ließ seinen ausgestreckten Arm im Halbkreis rotieren. »So eine wunderbare Landschaft. Und was machen die Wattläufer daraus? Erschießen ihre Gäste.«

Große Jäger war zu ihnen getreten. »Wenn ich mich erinnere, bist du als Spurensicherer beim Land angestellt und nicht als Vor-tragskünstler. Hast du auch etwas Bedeutsames in deinem Reper-toire?«

Jürgensen zeigte auf den Oberkommissar. »Das wundert mich gar nicht, dass sie den da in Westfalen hinausgeworfen haben. Glück für ihn, dass es hier nicht weitergeht, sonst hätte man ihn schon lan-ge Richtung Norden expediert.« Der kleine Hauptkommissar hob den Handrücken an die Nase und nieste. Dann wies er in Richtung Tatort.

»Tod durch Erschießen. Zwei Einschüsse. Einmal in die Brust, der zweite in den Kopf. Direkt ins Auge.«

»Ist diese Reihenfolge gesichert?«, fragte Christoph Johannes, der in die Runde getreten war und Lüder zunickte.

Jürgensen nickte nachdenklich. »So würde ich es vermuten. Der Täter muss ungefähr dort gestanden haben.« Dabei deutete er auf einen Punkt unweit ihres Standortes. »Da haben wir eine Patronenhülse gefunden. Kaliber 9 mm Makarow. Schussentfernung beim ersten Mal etwa zwei Meter. Das war aber nicht tödlich. Vermutlich nicht«, ergänzte Jürgensen etwas leiser. »Das wird aber die Obduktion zeigen. Um sicherzugehen, hat der Mörder ein zweites Mal abgedrückt. Er hat die Waffe nahe an den Kopf gehalten. Die zweite Patronenhülse findet sich dort. Ich gehe davon aus, dass es diese Reihenfolge war. Andersherum würde es keinen Sinn machen.«

»Dann ist das Opfer nach dem ersten Schuss in den Sand geplumpst wie das Männchen in der friesischen Bierwerbung«, kommentierte Große Jäger die Ausführungen des Kriminaltechnikers.

»Pst«, mahnte ihn Christoph Johannes und wandte sich an Lüder. »Die Identität des Toten steht fest. Dr. Friedemann Ambrosius Laipple. Das geht aus seinen Papieren hervor. Außerdem kennt man ihn aus den Medien. Raub scheint ausgeschlossen, da das Opfer noch sein Portemonnaie bei sich hatte. Es steckte in der Gesäßtasche, auf die er gefallen war. Am Fundort der Leiche im weichen Sand gab es keine Anzeichen dafür, dass das Opfer nach dem Sturz noch bewegt wurde. Ebenso haben wir die Autoschlüssel gefunden. Das Fahrzeug ist der metallicblaue BMW X5 mit Frankfurter Kennzeichen. Die Kollegen haben es schon überprüft. Das Fahrzeug ist auf die Bank zugelassen.«

»Immerhin hat es auf dem Kennzeichen den Firmennamen eines Husumer Autohauses. So bleibt wenigstens ein wenig Geld in der Region.«

Christoph Johannes sah Große Jäger an. Der Blick bedeutete, dass die Kommentare des Oberkommissars unerwünscht waren.

»Eine Makarow als Tatwaffe?«, dachte Lüder laut nach. »Die wurde ursprünglich bei der Roten Armee eingesetzt.«

»Können wir daraus auf einen möglichen Täter schließen?«, fragte Christoph Johannes.

Lüder schüttelte den Kopf. »Nach dem Zerfall des Warschauer Pakts und seiner Streitkräfte sind die Waffen massenweise über dunkle Kanäle in alle Welt geradezu verramscht worden. So ein Spielzeug gibt es für ein paar Euro an vielen schmutzigen Biertresen.«

»Das wäre zu schön gewesen«, mischte sich Große Jäger ein, »wenn neben den Chinesen auch noch die Russen in diesem Monopoly um das große Geld mitmischen würden.«

»Übernehmen Sie die Leitung der Ermittlungen? Sie sind vom LKA und Kriminalrat«, sagte Christoph Johannes zu Lüder.

Der schüttelte den Kopf. »Ich bin an den Ergebnissen interessiert, aber das hier liegt bei Ihnen in besten Händen.«

Christoph Johannes nickte versonnen. »Die Tatwaffe haben wir noch nicht gefunden. Zum Tatzeitpunkt können wir noch nichts sagen, oder?« Dabei sah er Klaus Jürgensen an.

Der Kriminaltechniker räusperte sich. »Ich bin kein Pathologe, aber ich schätze, er war noch keine Viertelstunde tot, als er entdeckt wurde.«

»Das war ein Jogger, der hierhergefahren ist, seinen Wagen auf dem Parkplatz abgestellt hat und unten am Strand seine Runde drehen wollte. Ein Urlauber. Er hat nichts gesehen. Ihm ist auch niemand begegnet. Das gilt auch für einen zweiten Zeugen, der mit seinem Hund unterwegs war. Wir haben Namen und Adressen der beiden.«

Lüder sah sich um. Im Osten, jenseits von Parkplatz und Straße, ragte eine gewaltige Sanddüne inmitten der sonst mit Dünengras bewachsenen Kette von Dünen empor. Wenn die Sonne darauf schien, musste der weiße Sand ein stimmungsvolles Bild abgeben. Selbst heute, im Nieselregen, leuchtete die Düne.

»Mehr können wir noch nicht sagen.«

Jürgensen räusperte sich. »Da wäre noch etwas. Im Haus des Opfers, wo der Amerikaner ermordet wurde, haben wir ganz besondere Fingerabdrücke gefunden.« Er legte eine kleine Pause ein und sah die Teilnehmer der Runde nacheinander an. Dann senkte er den Kopf. »Von einem Kind. Ich schätze, dass es noch nicht schulpflichtig ist.«

»Bitte?«, fragte Lüder ungläubig.

»In der Jugendkriminalität werden die Straftäter auch immer jünger«, murmelte Große Jäger.

»Erinnerst du dich an den weißen Audi, der mich neulich in Kampen fast überfahren hätte?«, wandte sich Lüder an den Oberkommissar und registrierte, wie Christoph Johannes erstaunt zunächst Große Jäger, dann Lüder musterte, weil er Große Jäger duzte.

Der nickte kaum merklich.

»Das war vor dem Haus unseres heutigen Opfers. Es ist ein merkwürdiger Zufall, dass mir der Audi heute wieder begegnet ist.« Lüder berichtete von dem waghalsigen Überholmanöver auf der Herfahrt.

»Daran ist allerdings verwunderlich, dass zwischen der Tat und dieser Aktion gut drei Stunden Zeitdifferenz liegen«, gab Christoph Johannes zu bedenken. »Es ist sehr unwahrscheinlich, dass es sich um den vermeintlichen Täter auf der Flucht handelt.«

»Und wenn der Täter noch einmal an den Tatort zurückgekehrt ist, weil er etwas vergessen hat?«, warf Große Jäger ein.

Christoph Johannes nickte. »Auszuschließen ist das nicht.«

»Wir haben noch eine Reihe gut verwertbarer Spuren gefunden«, sagte Jürgensen. »Dank des Nieselregens gab es hervorragende Abdrücke im Sand, die wir sicherstellen konnten. Von der Größe her muss es sich um einen Mann gehandelt haben.«

»Oder eine Frau, die auf großem Fuß lebt«, ergänzte Große Jäger. »Katja von Mühl scheint so eine zu sein. Schließlich hatte sie mächtig Stress mit dem Mordopfer.«

Hauptkommissar Paulsen nickte zur Bestätigung.

»Bei all seinem Geld scheint Laipple so geizig gewesen zu sein, dass er seiner Freundin an jedem Finger lediglich einen Zwiebelring gehängt hat. Wen wundert es, dass der Dame die Tränen gekommen sind?«

»Damit hat die Schauspielerin ein Alibi«, erwidert Lüder lachend. »Mit tränennassen Augen wird sie Laipple kaum erschossen haben.«

»Und wenn es ihr Dingsbums, ihr Butzi, war?«

»Du meinst Enzo von Burzlaff, ihren Manager. Das ist einer von vielen Verdächtigen. Da wartet viel Arbeit auf euch. Ich werde zunächst zu Laipples Haus fahren und mit den beiden Bediensteten sprechen.« Lüder nickte Christoph Johannes zu. »Übernehmen Sie?« Dann verabschiedete er sich.

***

Dr. Laipples Anwesen lag friedlich vor der Dünenkette. Mit den dichten Heckenrosenbüschen hätte es an Dornröschens Schloss erinnern können, wenn es verwunschener ausgesehen hätte. Lüder wunderte sich erneut, wie jemand, dem mit seinem Geld alle Traumhäuser Sylts offen stehen würden, sich ausgerechnet in diesen schmucken, aber doch an eine Appartementanlage erinnernden Komplex hatte verlieben können.

Er läutete und hörte das feine Surren, als das Objektiv der Überwachungskamera auf ihn gerichtet wurde.

»Ja, bitte?«, vernahm er die Stimme der Hausdame.

»Lüders, Polizei Kiel. Ich möchte gern mit Ihnen und Herrn Meyerlinck sprechen.«

»Der ist nicht da.«

»Würden Sie mich bitte ins Haus lassen?«

»Ich weiß nicht«, kam es zögerlich über die Gegensprechanlage.

»Erkennen Sie mich wieder?«

»Ja.«

»Schön. Dann öffnen Sie bitte. Es ist dringend.«

»Herr Dr. Laipple möchte nicht gestört werden.«

»Der ist nicht im Hause.«

Statt einer Antwort ertönte der Türsummer. Lüder legte die wenigen Schritte bis zum Seiteneingang zurück und wurde dort von Frau Merckel empfangen. Sie führte ihn in die geräumige Küche.

»Sie sind allein im Haus?«

Sicher hatte man der Frau eingeschärft, aus Sicherheitsgründen so etwas nicht zuzugeben.

»*Ich* bin die Polizei. Sie müssen keine Sorge haben. Wo ist der Leibwächter?«

Sie sah Lüder unsicher an. Es war ihr anzumerken, dass sie mit der Antwort kämpfte.

»Hat er zusammen mit Dr. Laipple das Haus verlassen?«

Zaghaft schüttelte Frau Merckel den Kopf. »Dr. Laipple hat einen Anruf erhalten. Daraufhin ist er mit dem Geländewagen weggefahren. Herr Meyerlinck wollte das nicht zulassen und hat darauf gedrungen, Dr. Laipple nicht ohne Personenschutz fahren zu lassen. Der bestand aber darauf und hat Herrn Meyerlinck in scharfem Ton zurechtgewiesen.«

»Ist der Leibwächter Ihrem Chef gefolgt?«

»Ja. Kurz darauf.«

»Mit welchem Auto?«

»In der Garage steht noch ein kleiner BMW, den wir für Versorgungsfahrten nutzen oder, falls jemand eine Besorgung zu erledigen hat.« Sie spitzte die Ohren. Auch Lüder hatte das ankommende Fahrzeug wahrgenommen. Dann war es eine Weile ruhig, bis eine Tür ins Schloss fiel und kurz darauf der Bodyguard erschien.

Meyerlinck machte einen abgekämpften Eindruck. Er nickte kurz Frau Merckel zu, sah Lüder an und gab ihm nach einigem Zögern die Hand.

»Ich spare mir die lange Vorrede«, begann Lüder. »Dr. Laipple hat das Haus allein verlassen. Ist das nicht ungewöhnlich? Schließlich haben Sie mir noch von einer gegen ihn gerichteten Drohung erzählt.«

»Er ist gegen meinen – unseren – ausdrücklichen Rat gefahren.«

»Sie sind ihm gefolgt?«

»Das ist meine Pflicht.« Meyerlinck zuckte mit den Schultern. »Leider habe ich ihn verloren. Ich war zunächst an der Uwe-Düne, bin von dort zum Kliff, weil ich weiß, dass er sich dort gern aufhält. Ich habe den Strand mit einem Fernglas abgesucht.«

Lüder musterte Meyerlinck. »Welches Fernglas?«

»Das liegt im Auto. Dann bin ich durchs Dorf, in der Hoffnung, Dr. Laipple dort irgendwo zu treffen. Auch an den weiteren Stellen, die er gelegentlich aufsucht, habe ich ihn nicht angetroffen.«

Lüder sah die beiden Angestellten an. Er musterte zunächst eindringlich die Hausdame, dann den Leibwächter. Frau Merckel hielt seinem Blick nur kurz stand, dann wich sie auf einen Punkt in Lüders Rücken aus. Meyerlinck hatte sich besser in der Gewalt, bis er mit den Wimpern schlug. Lüder wartete noch einen kurzen Moment. Dann sagte er: »Dr. Laipple ist tot. Erschossen.«

Frau Merckel wurde blass. Sie hielt die Hand vor den Mund und murmelte leise: »O Gott.«

In Meyerlincks Gesicht zuckte mehrfach ein Muskel unter dem linken Auge. Der Leibwächter presste die Lippen zu einem schmalen Strich zusammen.

Lüder schwieg und sah abwechselnd von einem zum anderen. Meyerlinck stierte jetzt stur auf die Fliesen vor seinen Fußspitzen. Frau Merckel fasste sich als Erste.

»Wann?«, fragte sie.

»Gegen halb elf.«

»Er ist eine halbe Stunde zuvor fort«, sagte die Hausdame mit belegter Stimme.

Lüder wunderte sich, dass keiner nach den näheren Umständen der Tat fragte. Häufig reagieren die Empfänger solcher Nachrichten mit Fragen nach dem Wann, Wie und Warum. Auf Letzteres konnte die Polizei fast nie eine Antwort geben, nicht in diesem Stadium.

»Wer hat den Anruf entgegengenommen, der Dr. Laipple aus dem Haus lockte?«

»Ich«, kam es tonlos über Frau Merckels Lippen.

»Kannten Sie den Anrufer?«

Sie bewegte vorsichtig den Kopf. »Nein, obwohl ich mir nicht sicher bin, ob ich die Stimme schon einmal gehört habe. Es war ein Mann.«

»Sprach er deutsch?«

Sie nickte. »Ja, aber mit Akzent. Ich weiß es nicht. Es war nicht Norddeutsch.«

»Bayerisch? Schwäbisch? Sächsisch?«

»Ich kann es nicht sagen.«

»Haben Sie etwas von dem Anruf mitbekommen?«, wandte sich Lüder an Meyerlinck.

»Nein«, antwortete der Leibwächter. »Ich war in meinem Zimmer. Ich habe zwar registriert, dass ein Gespräch von außerhalb kam, aber das war alles.«

Lüder sah auf die Uhr. »Sie haben aber große Ausdauer. Es sind jetzt mehrere Stunden vergangen, seitdem Dr. Laipple das Haus verlassen hat. Sie wollen wirklich so lange nach ihm gesucht haben?«

Meyerlinck holte tief Luft. »Das ist mein Beruf. Dafür werde ich bezahlt.«

Lüder spitzte die Lippen. »Ich dachte, es wäre Ihre Aufgabe, genau das zu verhindern, was jetzt eingetreten ist.«

Der Leibwächter starrte auf seine Fußspitzen und wich Lüders Blick aus. Er schwieg betreten.

»Hat Sie jemand bei Ihrer Suche gesehen?«

Meyerlinck schüttelte den Kopf. »Ich habe niemanden getroffen, zumindest kein bekanntes Gesicht. Es waren nur wenige Spaziergänger unterwegs.« Er zeigte auf den grauen Himmel, der sich am Viereck des Fensters abzeichnete. »Das verwundert auch nicht.«

»Ich möchte, dass Sie mir die genaue Wegstrecke notieren, die Sie zurückgelegt haben«, sagte Lüder. »Und die ungefähren Uhrzeiten, wann Sie wo waren.«

Meyerlinck nickte.

Dann sah Lüder Frau Merckel an. »Wir benötigen noch Ihre Aussage. Die Kollegen werden Ihnen eine Reihe von gesprochenen Texten in verschiedenen Dialekten vorspielen. Vielleicht erkennen Sie den wieder, in dem der Anrufer sprach. Ich habe noch einen Punkt. Wie bewandert war Dr. Laipple mit der Technik des Hauses, insbesondere mit den Sicherungsanlagen?«

Meyerlinck blies die Wangen auf. Ein leises »Puhh« entfuhr ihm. »Er konnte die Anlage ein- und ausschalten. Alles andere hat er dem Personal überlassen.«

»Hat jemand von Ihnen die Alarmanlage ausgeschaltet, bevor Lew Gruenzweig hier eintraf?«

Die beiden Angestellten sahen sich an und schüttelten den Kopf.

»Hat Dr. Laipple Lew Gruenzweig instruiert?«

»Das glaube ich kaum«, erwiderte Frau Merckel schnell. »Mit solchen Dingen hat er sich nicht beschäftigt.« Sie wechselte einen schnellen Blick mit Meyerlinck. »Wir beide waren nicht beteiligt. Ich vermute aber, dass die Putzfrau …«

»Imke Feddersen«, warf Lüder ein.

»Genau die. Vielleicht hat die vergessen, die Anlage scharf zu schalten. Dabei ist es sonst nicht ihre Art gewesen. Sie war in dieser Hinsicht immer sehr zuverlässig.«

Meyerlinck nickte bestätigend.

Dann verließ Lüder das Haus. Vom Auto aus rief er Paulsen an und bat den Hauptkommissar, die Aussagen der beiden Angestellten zu protokollieren, Frau Merckel die Sprachmuster der Dialekte vorzuspielen und das Alibi Meyerlincks zu überprüfen, sobald dieser die Aufstellung vorgelegt hatte.

»Hier gibt es auch Neuigkeiten«, sagte der Leiter der Sylter Kripo. »Wir haben die mutmaßliche Tatwaffe.«

»Wo haben Sie die gefunden?«

»Im Urwald.«

»Hätte mir unser Kollege Große Jäger so geantwortet, wäre ich nicht überrascht gewesen«, sagte Lüder.

Er hörte, wie Paulsen am anderen Ende der Leitung herzhaft lachte. »Den gibt es wirklich, obwohl selbst viele Einheimische nicht von seiner Existenz wissen. Er liegt in List und ist ein kleines, rundum bebautes Areal, in dem man die Natur ohne Eingriff von Menschenhand sich entwickeln lässt. Wenn Sie List erreichen, fahren Sie am Hafen und an der alten Tonnenhalle vorbei. Das ist das touristische Zentrum, das kennt jeder. Folgen Sie der Straße bis zur Kurverwaltung. Dann zweite rechts. Achtung. Es ist weder ausgeschildert noch leicht zu finden. In dieser Nebenstraße gibt es eine Kneipe. Direkt daneben führt ein schmaler Durchlass zum Fundort.«

»Ich bin unterwegs«, sagte Lüder und erreichte nach kurzer Zeit den Teil Lists, in den sich selten Touristen verirren. Vor den rot geklinkerten Doppelhäusern, die in endloser Reihe die Straßen säumten, standen überwiegend ältere Bewohner des Ortes, die den Tag mit Müßiggang bestritten oder zu einem Schwätzchen mit den Nachbarn nutzten. Paulsen hatte recht. Ohne die Beschreibung des einheimischen Polizisten wäre Lüder vorbeigefahren.

Hinter dem Durchlass öffnete sich ein kleiner Platz, der von tiefen Pfützen überzogen war. Ein paar Fahrzeuge waren dort abgestellt, als Erstes der VW LT der Flensburger Kriminaltechniker. Lüder parkte den BMW daneben und folgte einem schmalen Pfad, der ins Innere des »Urwalds« führte. An die Wand eines verkommenen Gebäudes hatte jemand »Fuck you« und »Robert + Sabrina« gesprayt. Ein paar Meter weiter in dem zugewucherten Areal sah Lüder einen Mitarbeiter Klaus Jürgensens.

»Hallo«, grüßte er den Kriminaltechniker.

Der junge Beamte sah auf. »Moin. Zwei Kinder haben im Gebüsch hinter dieser Bank die Waffe gefunden.« Er wies auf eine Makarow-Pistole, deren Konturen sich in einer Papiertüte abzeichneten, die auf der Bank lag. »Die Spurenlage ist nicht sehr ergiebig. Trotz des matschigen Bodens gibt es keine verwertbaren Fußabdrücke. Zeugen übrigens auch nicht. Ich habe an der Waffe gerochen. Damit wurde eindeutig vor Kurzem geschossen. Es gab auch Fingerabdrücke. Mehr kann ich nicht sagen.«

»Das Magazin?«, fragte Lüder.

»Nicht ganz voll«, erwiderte der Kriminaltechniker. »Es fehlen aber mehr als zwei Patronen. Genau vier.«

»Der Täter hat zwei Schuss auf Dr. Laipple abgegeben. Wo sind die beiden anderen?«

Der Beamte der Spurensicherung zuckte mit den Schultern. »Hier habe ich keine gefunden. Und am Tatort waren auch nur zwei. Aber die Frage müssen andere beantworten. Ich weiß es nicht.«

Lüder sah sich um. »Es sieht nicht so aus, als würden viele Menschen durch diese Botanik schlendern.«

»Ich bin hier auch fremd«, wich der Beamte aus. »Aber Sie mögen recht haben.«

»Wir haben Glück gehabt, dass die Waffe so schnell gefunden wurde. Da dieser sogenannte Urwald schwer zu finden ist, dürfte es kaum ein Fremder gewesen sein, der sich an dieser Stelle der Tatwaffe entledigt hat«, dachte Lüder laut nach. »Oder jemand, dem List vertraut ist, der schon oft hier Urlaub gemacht und dabei auch abseits ausgetretener Touristenpfade das Terrain erkundet hat.«

»Möglich«, antwortete der Kriminaltechniker einsilbig und ließ sich nicht von seiner Arbeit ablenken.

Mittlerweile war es später Nachmittag geworden. Lüder fuhr nach Westerland zu dem Gebäude, in dem die Polizeidienststellen untergebracht waren. Er musste über die in Nordfriesland übliche zweisprachige Ausschilderung lächeln, die an Orts- und Bahnhofsschildern anzutreffen war und auch vor dem Amtsgebäude der Polizei nicht haltmachte. In Hochdeutsch und Friesisch stand dort »Polizei – Politsai«. Noch schwieriger war die schon in der hochdeutschen Amtssprache komplizierte Übersetzung der »Kriminalpolizeiaußenstelle«: »Kriminaalpolitsai – Bütenkantoor«.

Auf der Dienststelle empfingen ihn Hauptkommissar Paulsen und Große Jäger. Ungefragt schenkte ihm der einheimische Polizist herrlich duftenden Kaffee ein.

»Wir haben noch etwas in Dr. Laipples Auto entdeckt«, sagte Paulsen, nachdem er Lüder Zeit gelassen hatte, das schwarze Gebräu zu genießen. »Dort lag eine Collegemappe aus schwarzem Leder.«

»Mit welchem Inhalt?«

Große Jäger grinste über das gesamte unsauber rasierte Gesicht. »Ich hätte wetten mögen, dass dies Ihre erste Frage ist.«

Auch Paulsen schmunzelte. »Nichts«, sagte er. »Die Tasche lag auf dem Beifahrersitz des BMW. Sie war geöffnet, aber komplett leer.«

»Soll ich jetzt Ihren Gedanken fortsetzen?«, fragte Große Jäger und sah Lüder an.

Der nickte versonnen.

»In der Tasche befanden sich wichtige Dokumente, an denen es dem Täter gelegen war. Aus welchem Grund auch immer fährt Laipple mit diesen Unterlagen zum vereinbarten Treffpunkt auf dem Dünenparkplatz. Dort erwartet ihn sein Mörder. Bums. Laipple tot – Dokumente weg.« Große Jäger hatte zum Unterstreichen seiner Ausführungen in die Hände geklatscht.

»Was mögen das für brisante Dokumente gewesen sein, wenn Dr. Laipple dafür hat sterben müssen? Und warum nimmt er die Unterlagen aufgrund eines Anrufs mit zu diesem geheimnisvollen Treffen, das er ohne Leibwächter wahrnimmt?«, überlegte Lüder laut.

»Ich gehe davon aus, dass es einen Zusammenhang zwischen dem Mord an Gruenzweig und dem zweiten gibt«, sagte Große Jäger.

Lüder schüttelte nachdenklich den Kopf. »Die Mordmethode war eine andere. Gruenzweigs Tod hat den Charakter einer rituellen Hinrichtung. ›Seht her. Das geschieht mit solchen Leuten wie dem hier‹, wollte der Mörder damit signalisieren. Aber Dr. Laipple wurde erschossen.«

»Mit zwei Geschossen«, ergänzte Große Jäger.

»Das ist es«, erwiderte Lüder. »Ein Profikiller setzt einmal an und gibt den zweiten Schuss ab, um ganz sicherzugehen. Bei Laipple war nur ein Schuss tödlich. Was ist, wenn der Mörder zunächst auf sein Opfer gezielt hat, der Banker aber nicht tödlich getroffen war und der Täter den zweiten finalen Schuss abgab?«

»Auch dazu gehört ein gehöriges Maß an Kaltblütigkeit«, sagte Große Jäger. »Jemand, der auf einen Menschen zielt und ihn in der Panik verfehlt, hat selten den Nerv, noch einmal abzudrücken. Der Mörder war folglich mit der festen Absicht, Dr. Laipple zu ermorden, zum Treffpunkt gefahren. Es war vorsätzlicher Mord und nicht die tödliche Auseinandersetzung um den Inhalt der Dokumentenmappe.«

Lüder stimmte Große Jäger zu. »Das sind Mutmaßungen. Aber so könnte es gewesen sein.«

Der Oberkommissar lehnte sich zurück. »Da bin ich aber zufrieden. Damit wären wir fast durch. Jetzt fehlen nur noch Motiv und Täter.«

Lüder lachte. »Für diesen kleinen Rest ist meine Anwesenheit nicht mehr erforderlich.« Er stand auf. »Darum fahre ich jetzt zurück nach Kiel. Die Verhaftung kannst du allein vornehmen.«

»Klar doch«, entgegnete Große Jäger. »Gleich morgen früh. Ich werde noch ein wenig Kräfte tanken und bleibe heute auf Sylt.«

Lüder verabschiedete sich und fuhr zum Bahnhof Westerland. Er checkte an der automatischen Anlage ein, reihte sich hinter einem mit vier jüngeren Leuten besetzten Kombi in die Spur und wartete auf das Signal zur Verladung auf den Shuttle.

Inzwischen hatte die Dämmerung eingesetzt. Es regnete unentwegt, der Himmel war tiefgrau, und überall waren die Lichter angegangen. Wie gewohnt verlief die Entladung in Niebüll zügig. Lüder war dem Kombi gefolgt, der auch nur ein Glied in einer endlosen Kette von Fahrzeugen war, die sich den schmalen Weg bis zum Kreisverkehr entlangschlängelte, den Kreisel umrundete und der Zufahrtsstraße zur B 5 folgte. Lüder bog scharf rechts ab und fuhr nach Niebüll hinein. Schade, dachte er, dass vielen Leuten Niebüll als Verladestation für den Autoreisezug nach Sylt ein Begriff ist, aber nur wenige die Gelegenheit nutzen, die urgemütliche kleine Stadt mit dem besonderen Flair zu besuchen. Allein der Bummel durch die Hauptstraße mit den kleinen Geschäften bot ein völlig anderes Bild als der Gang durch die Fußgängerzonen der Metropolen mit ihren austauschbaren Läden der großen Ketten. Überhaupt schien ihm hier alles ein wenig ruhiger, beschaulicher.

Sein Weg führte ihn quer durch die Stadt bis fast an den Stadtrand. Auf der linken Straßenseite fand er sein Ziel, ein halbes Dutzend kleiner Mehrfamilienhäuser, im typischen Klinkerstil der Region erbaut.

Der Zugang zum Haus war unverschlossen, wie es früher in den kleinen Städten üblich war. Lüder läutete an der Wohnungstür. Kurz darauf wurde ihm geöffnet.

»Was wollen Sie noch?«, fragte Herr Feddersen, der Ehemann der Putzfrau, die den toten Lew Gruenzweig entdeckt hatte.

»Ich habe noch ein paar Fragen an Ihre Frau.«

»Muss das sein?«

»Ja. Und zwar jetzt und hier.«

Der Mann gab die Tür frei. »Zweite links«, sagte er und folgte Lüder in das Wohnzimmer.

Imke Feddersen hatte es sich in einer Ecke des Sofas bequem gemacht, ein paar Kissen ins Kreuz gerückt und sah auf, als Lüder eintrat.

»Hallo«, sagte sie mit müder Stimme.

»Darf ich?« Ohne die Antwort abzuwarten, hatte Lüder auf einem Sessel Platz genommen. Herr Feddersen setzte sich ans Fußende des Sofas, griff zu den Füßen seiner Frau und begann, diese sanft zu massieren.

»Es geht um die Alarmanlage im Hause Dr. Laipples«, sagte Lüder. »Als Sie kamen, war die Anlage ausgeschaltet.«

Unsicher sah Imke Feddersen Lüder an, dann warf sie ihrem Mann einen hilfesuchenden Blick zu.

»Ja – nein. Ich weiß es nicht.«

»Es wäre Ihnen doch aufgefallen, wäre die Anlage ausgeschaltet gewesen«, sagte Lüder.

»Schon, aber …«

»Das macht man doch automatisch«, warf ihr Mann ein.

»Frau Feddersen. Es geht um Mord. Wenn jemand gewaltsam ins Haus eingedrungen wäre, hätte die Anlage Alarm ausgelöst. Deshalb müssen wir bei der Tätersuche davon ausgehen, dass das Opfer seinen Mörder selbst eingelassen hat.«

Sie schluchzte. »Seinen Mörder …«, stammelte sie geistesabwesend. »Wie schrecklich das klingt.«

Lüder ließ ihr einen Moment Zeit.

Imke Feddersen richtete sich ein wenig in ihrem Kissenberg auf. »Die Anlage war aus«, sagte sie.

»Sie waren am Vortag ebenfalls im Haus.«

Sie nickte.

»Sind Sie Lew Gruenzweig noch begegnet?«

Jetzt schüttelte sie den Kopf.

»Ich glaube, Sie haben beim Verlassen des Hauses vergessen, das Überwachungssystem zu aktivieren.«

»Wie kommen Sie darauf?«, schimpfte der Ehemann. »Imke ist

zuverlässig. Sie hätte diese Vertrauensstellung nie erhalten, wenn sie schlampen würde.«

»Das will ich nicht in Abrede stellen. Ich habe auch keinen Zweifel an der Sorgfalt Ihrer Frau. Nur dieses eine Mal war sie abgelenkt. Von Ihrer Tochter, die sie mit zur Arbeit genommen hatte.«

»Das ist unerhört«, ereiferte sich Herr Feddersen. »Das würde Imke nie tun. Nicht wahr?« Er sah seine Frau an, dann wanderte sein Blick zurück zu Lüder.

»Doch«, beharrte Lüder. »Wir wissen definitiv, dass Ihre Tochter mit im Haus war. Deshalb hat Ihre Frau vergessen, die Alarmanlage anzuschalten. So konnte Lew Gruenzweig später in das Anwesen. Und der hat sich nicht um das Überwachungssystem gekümmert. Es war ja aus. Und deshalb haben wir keine Meldung erhalten. Und da Sie«, dabei musterte er die in sich zusammengesunkene Imke Feddersen, »ein Kind dabeihatten, haben Sie auch die Kameraaufzeichnungen ausgeschaltet. Das war ein unglücklicher Umstand.«

»Das ist alles nicht wahr, dass ...«

Der Ehemann wurde durch eine Handbewegung Imke Feddersens unterbrochen.

»Lass. Unsere Lütte war krank. Sie quengelte und wollte nicht in den Kindergarten. Und da Besuch erwartet wurde, musste ich doch rüber nach Sylt. Ich tu das sonst nicht. Ehrlich. Nur dies eine Mal. Krieg ich jetzt Ärger?«

»Nicht mit der Polizei«, beruhigte Lüder sie. Dann brachte er dem Ehepaar Feddersen schonend bei, dass auch Dr. Laipple ermordet wurde. Es tat ihm leid, dass er erschütterte Menschen zurückließ. Viele Polizeibeamte hatten schon erfahren müssen, wie schwer es ist, die Nachricht vom Tod eines Menschen zu übermitteln.

Vom Auto aus rief Lüder Große Jäger an und erklärte ihm das »Geheimnis« der kindlichen Fingerabdrücke. Dann fuhr er Richtung Bundesstraße, reihte sich in die Schlange ein und folgte der gut ausgebauten Straße Richtung Süden. Es war erstaunlich, wie viele Autos an diesem regnerischen Sonntagabend unterwegs waren. Diese äußerste Nordwestecke Deutschlands ist nur dünn besiedelt. Und es handelte sich nicht nur um die Syltrückkehrer, obwohl diese Insel immer Saison zu haben schien.

Die gut ausgebaute Straße mit den breiten Randstreifen erinnerte Lüder an schwedische Fernstraßen. Seit Langem forderten die Nordfriesen, die derzeit bei Heide endende Autobahn bis zur dänischen Grenze weiterzuführen. Und weil man ihnen in ganz Nordfriesland keinen einzigen Autobahnkilometer zubilligte, erklärten sie kurzerhand jeden Straßenkilometer zur Autobahn und fuhren entsprechend.

Lüder war nicht überrascht, als er bei regennasser Straße und schlechter Sicht trotz der überhöhten einhundertdreißig Stundenkilometer überholt wurde. Er fuhr am Stollberg mit dem Aussichtsturm vorbei, der mit achtundfünfzig Metern höchsten Erhebung der Region, passierte Bredstedt und steuerte Husum an. Unterwegs stellte er erstaunt fest, dass man in Nordfriesland offenbar alle Mittel für die Infrastruktur in Kreisverkehre investiert hatte. Ständig stoppte solch ein Rondell den Verkehrsfluss. Die Umgehung Husums führte ihn am Messegelände vorbei. Wie stolz waren die Einheimischen, dass dort die größte Windenergiemesse der Welt beheimatet war.

Lüder hatte sich entschlossen, nicht den Weg über Schleswig zu nehmen, sondern quer durch das Land Richtung Kropp zu fahren. Er bremste ab und war ein wenig verärgert, weil das Fahrzeug hinter ihm, das schon eine Weile zu dicht auffuhr, auch den Blinker setzte und von der Umgehungsstraße abfuhr. Der Wagen bog hinter Lüder auf die Landesstraße und behielt den zu geringen Abstand bei.

Lüder beschleunigte. Er war sich bewusst, dass er für die Straßen- und Sichtverhältnisse zu schnell war. Er hielt sich für einen sicheren Fahrer. Aber das nahm die Mehrheit der Autofahrer ebenfalls für sich in Anspruch, dachte er. Neben dem Fahrtraining der Polizei hatte er im vergangenen Jahr im Personenschutz eine zusätzliche Spezialausbildung am Lenkrad genossen. Doch alle Fahrtechnik hob nicht die Gefahren der nassen Straße und der Dunkelheit auf. Er hatte Verantwortung für die Familie, aber auch für andere Verkehrsteilnehmer, die unvermittelt vor ihm auftauchen könnten.

Er nahm ein wenig Gas weg. Fast wäre das Auto hinter ihm aufgefahren, so bedrohlich nahe kamen die Scheinwerfer. Im Unterschied zur Bundesstraße herrschte hier kaum Verkehr. Lüder blendete das Fernlicht auf und konnte eine längere Gerade erkennen. Er trat das Gaspedal durch, und der BMW reagierte augenblicklich. Für einen Moment schien es, als würden die Räder durchdrehen, dann aber zog ihn die entfesselte Kraft des Motors nach vorn. Der Abstand zum anderen Fahrzeug wurde größer. Lüder amtete auf. Doch der Fahrer gab nicht nach. Es war nur ein kurzer Moment gewesen, dann wuchsen die Scheinwerfer im Rückspiegel wieder an.

Du bist zu alt, sagte sich Lüder, um dir mit einem pubertären Jungfahrer ein widersinniges Verfolgungsrennen zu liefern. Er entspannte langsam den Gasfuß und ließ den BMW ein wenig langsamer werden. Die Tachonadel zeigte immer noch einhundertzwanzig Stundenkilometer an.

Ostenfeld hieß der Ort, der wie ausgestorben wirkte. Die Straßenbeleuchtung schien nur eine Alibifunktion zu haben. Richtige Helligkeit verbreitete sie nicht. Die Lichter hinter den Fenstern der Häuser wirkten friedlich. Lüder konnte ihnen nur aus den Augenwinkeln Beachtung schenken. Er erschrak, als er registrierte, dass er immer noch mit über achtzig Stundenkilometern durch die Dorfstraße jagte. Das war unverantwortlich.

Das Fahrzeug hinter ihm hatte jetzt ein wenig mehr Zwischenraum gelassen. Vielleicht kannte der Fahrer die Strecke besser als Lüder, wusste, wo man schnell fahren konnte und wo Gefahren lauerten wie in dieser Ortsdurchfahrt. Die Straße machte eine leichte Linkskurve, und es kostete Lüder viel Aufmerksamkeit, dem Straßenverlauf bei dieser Geschwindigkeit zu folgen. Durch solch einen Blödsinn geschehen die Unfälle, die hinterher niemand versteht und die in der Presse mit »verantwortungsloser Raserei« überschrieben werden, schalt er sich selbst. Er bremste leicht ab, verringerte das Tempo und fuhr mit einer immer noch überhöhten, aber nicht mehr waghalsigen Geschwindigkeit weiter. Das Auto hinter ihm schien an seiner Stoßstange zu kleben, wenn auch mit ein wenig mehr Abstand. Zumindest hätte es bei einer Kontrollmessung für eine erhebliche Strafe gereicht.

Wäre Große Jäger mit im Wagen, dachte Lüder, würden wir jetzt das Fahrzeug hinter uns stoppen, die Personalien aufnehmen, und der Fahrer würde die verdiente Anzeige erhalten.

Der nördliche Landesteil Schleswig-Holsteins gehört mit zu den dünn besiedelten Gebieten Deutschlands. Die kleinen Orte liegen weit auseinander, und nur sehr vereinzelt trifft man an der Straße auf einzeln stehende Häuser. In der Dunkelheit vermochte Lüder zwei oder drei Gehöfte auszumachen, die auf den merkwürdigen Namen »Ostenfeldfeld« hörten. Einen Moment später passierte Lüder die Einmündung einer kleinen Nebenstraße und schrak unwillkürlich zusammen, als die Lichter in seinem Rückspiegel anwuchsen. Das Auto näherte sich schnell, der Fahrer musste stark beschleunigt haben. Im letzten Moment scherte der Wagen aus und tauchte neben Lüder auf. Instinktiv warf Lüder einen Blick zur Seite, konnte aber nur schemenhaft wahrnehmen, dass auch der Beifahrerplatz belegt war. Dann forderte die Straße wieder seine volle Aufmerksamkeit. Lüder bremste ein wenig ab, um dem anderen die Möglichkeit des Überholens zu geben. Dann zuckte Lüder zusammen, als er einen weißen Audi erkannte. Es konnte kein Zufall sein, dass ihn das Fahrzeug verfolgte. Vor dem Haus Dr. Laipples wäre er fast von einem Audi überfahren worden, und auch bei der Fahrt zum Tatort in den Dünen war ihm ein solches Fahrzeug entgegengekommen.

Urplötzlich stieg Lüders Adrenalinspiegel an, obwohl die Raserei ihn ohnehin schon in einen erhöhten Spannungszustand versetzt hatte. Er trat die Bremse durch, und schnell baute sich ein größerer Abstand zwischen ihm und dem Audi auf.

Ohne alle Alternativen abzuwägen, beschloss er, seinerseits den Wagen zu verfolgen und zu stellen. Er drückte automatisch auf die Telefontaste auf seinem Lenkrad und war froh, dass er Große Jägers Handynummer eingespeichert hatte. Er würde den Oberkommissar anrufen, seine Position durchgeben und ihn bitten, dass er dafür sorgte, dass Lüder Verstärkung entgegenfuhr. Gottlob gab es nicht viele Ausweich- und damit Fluchtmöglichkeiten auf dieser Strecke. Und da der Audi ein Hamburger Kennzeichen hatte, konnte Lüder davon ausgehen, dass der Fahrer auch nicht mit der Gegend vertraut war. Die ganzen Überlegungen spielten sich in Bruchteilen von Sekunden ab. Während Lüder seine Geschwindigkeit reduziert hatte, war der Audi gleich schnell geblieben und hatte ein wenig Abstand gewonnen.

Lüder wollte wieder beschleunigen, um den Wagen nicht zu verlieren, als er sah, wie die Rücklichter des Audis zu tanzen begannen. Sie pendelten nach links und rechts. Nur ein wenig. Der Wagen war ins Schlingern gekommen. Dann flammten die drei Rücklichter auf.

Instinktiv trat Lüder das Bremspedal durch. Es schien, als würde der BMW ihm nicht mehr gehorchen wollen. Mit ausgestreckten Armen stemmte er sich vom Lenkrad fort, umklammerte es. Er wurde in den Gurt gepresst, und der BMW rutschte förmlich über den nassen Asphalt. Nicht ausbrechen – bitte nicht ausbrechen, schoss es Lüder durch den Kopf. Wie dankbar war er in diesem Moment für die Errungenschaften der Technik.

Während das alles von ihm instinktiv wahrgenommen wurde, sah er, wie der Audi sich aufzubäumen schien, nach rechts herumgerissen wurde, wie ein Flugzeug abhob und dann durch die Luft flog. Das alles spielte sich innerhalb eines Herzschlags ab. Lüder kam es wie im Zeitraffer vor. Der Wagen war unendlich lange in der Luft, bis er wie von Geisterhand in der Bewegung innehielt. Es war wie bei einem Gewitter. Man sah den Blitz. Dann kam wieder diese unwirklich lange erscheinende Pause, bis der »Donner« Lüders Ohr erreichte. Es war ein kurzer trockener Knall, vermischt mit dem schrillen und hässlichen Knirschen sich verbiegenden Blechs und splitternden Holzes.

Lüder hielt an, riss die Tür auf. Ohne dass es ihm bewusst geworden war, hatte er die Warnblinkanlage angeschaltet. Der niederprasselnde Regen durchnässte ihn im Nu und vermischte sich mit dem Schweiß auf seiner Stirn. Er sah die sanft gebogene Rechtskurve, die der Audifahrer nicht hatte meistern können. Ein eiskalter Schauder jagte Lüder über den Rücken. Bis zu dieser Stelle war er der Verfolgte gewesen, hatte die Straße erkunden und den Weg suchen müssen.

Lüder rutschte in den zugewucherten Graben. Er spürte nicht das Brackwasser, in das er eintauchte. Auf der anderen Grabenseite rutschte er ab, fasste in das feuchte Gras und zog sich daran hoch. In der Dunkelheit blieb er an irgendetwas hängen. Seine Hose riss auf, aber er drang vorwärts. Der Audi war mit der rechten Frontseite gegen einen Baum geprallt. Die Wucht des Aufpralls hatte diesen Teil des Autos in sich zusammengeschoben. Alles war ein undurchdringlicher Haufen in sich verkeilten Blechs.

In der regendunklen Nacht war kaum etwas zu erkennen. Mit dem Display seines Handys versuchte Lüder, Einzelheiten auszumachen. Es bedurfte viel Phantasie, um inmitten der Trümmer zu erkennen, dass ein Mensch auf dem Beifahrersitz gehockt hatte. Es waren mehr die Kleidungsfetzen, die Zeugnis davon lieferten.

Das Dach war eingedrückt und hatte sich auf die vordere Sitzreihe des Audis niedergedrückt. Lüder meinte, hinter dem Lenkrad den Fahrer erkennen zu können.

»Hallo«, rief er und erhielt keine Antwort. Er hielt die Luft an. Nichts war zu hören, nur das Schaben eines sich noch drehenden Rades, als es gegen Blech schleifte.

Er versuchte, an der Tür zu zerren, aber es gelang ihm nicht, diese auch nur einen Millimeter zu bewegen. Er stemmte seinen Fuß gegen die verbeulte Karosserie und zog mit beiden Händen am Griff. Nichts bewegte sich. Hilflosigkeit erfasste Lüder. Er konnte nichts ausrichten.

Mit fahrigen Bewegungen griff er zum Handy und wählte die Einhundertzwölf. Dann gab er dem Mann in der Rettungsleitstelle den Standort des Unfalls durch und beantworte die Fragen des erfahrenen Helfers nach Art und Schwere des Unfalls, beteiligter Personen und Ähnlichem.

Noch einmal versuchte er, an den Fahrer heranzukommen. Es gab trotz aller Anstrengungen keine Möglichkeit. Vorsichtig brach Lüder das zersplitterte Glas der Frontscheibe heraus und versuchte, sich zwischen Motorhaube und eingedrücktem Dach hindurchzuzwängen. Aber der Platz war zu gering. Mutlos ließ er von seinem Vorhaben ab und wartete auf das Eintreffen der Rettungsdienste.

SECHS

Die kunstvoll in die Luft geblasenen Ringe wurden vom Wind auseinandergerissen, kaum dass sie zwischen Große Jägers Lippen herausgetreten waren. Der Oberkommissar stand unter dem Vordach, das ihn aber nur unzureichend vor dem Sylter Regen schützte. Er hatte die zweite Zigarette fast zu Ende geraucht und dachte voller Wehmut an Polizeidirektor Grothe, den in seinen Augen »toleranten« ehemaligen Chef der Husumer Direktion. Dort hatte ihn niemand zum Rauchen vor die Tür geschickt.

Er drückte die Zigarettenkippe aus und versenkte den Stummel im mit Sand gefüllten Gefäß, das man an dieser Stelle für ihn und seine mitrauchenden Kollegen platziert hatte. Dann kehrte er in die Westerländer Dienststelle zurück.

Seine Laune war eher durchwachsen. Hauptkommissar Paulsen hatte am Vorabend, nachdem Lüder sich auf den Weg nach Kiel gemacht hatte, erklärt, er müsse sich um seine Familie kümmern, und hatte Große Jäger sich selbst überlassen.

Mit dem Instinkt des erfahrenen »Um-die-Häuser-Ziehers« hatte sich Große Jäger aufgemacht, das Westerländer Terrain zu erkunden. Es hatte vier Bier gekostet, um im dritten Lokal auf Gesprächspartner zu stoßen, die ihm ein wenig Unterhaltung für den Feierabend boten. Dabei war es Große Jäger nicht unwillkommen gewesen, dass es sich um zwei Frauen handelte. Die beiden mochten zwischen vierzig und fünfzig gewesen sein, keine aufpolierten Schönheiten, aber von durchaus angenehmer Erscheinung. Sie hatten sich über einen bunten Strauß verschiedener Themen unterhalten, und er hatte erfahren, dass die Rotblonde eine verheiratete Angestellte aus Bochum war, die ihre dunkelhaarige Freundin aus derselben Stadt ein paar Tage auf die Insel begleitete. Jutta, mit attraktiven weiblichen Rundungen ausgestattet, war Bibliothekarin.

»Du bist eben doch nur ein Jäger, und kein großer«, hatte der Oberkommissar nach Mitternacht mit sich selbst gehadert, als sich die beiden Frauen verabschiedet und ihm noch einen schönen Abend gewünscht hatten.

Er hatte seinen Durst mit zwei weiteren Bieren gestillt und war sich im Laufe der Nacht erneut gram, weil seine Nieren ihm mehrfach signalisierten, dass sie noch hervorragend arbeiten würden, was aber zulasten eines durchgängigen Schlafs ging.

»Es gibt ein paar Neuigkeiten«, sagte Paulsen, als sich Große Jäger am Schreibtisch des Hauptkommissars niederließ, und schob ihm einen gefüllten Kaffeebecher zu. Während Große Jäger beidhändig das Trinkgefäß umschloss und schlürfend einen Schluck nahm, fuhr Paulsen fort: »Wir haben in der Zwischenzeit die Merckel und den Meyerlinck befragt. Beide gaben an, nichts von der Mappe gewusst zu haben, die wir am Tatort in den Lister Dünen gefunden haben. Schon gar nicht vom Inhalt.«

»Kannten die beiden denn die Mappe?«

»Ja. Sie haben eindeutig bestätigt, dass sie Dr. Laipple gehörte. Er pflegte darin Papiere zu transportieren, an denen er aktuell arbeitete. Doch weder die Hausdame noch der Leibwächter waren jemals in fachliche Dinge aus dem Bankalltag eingebunden gewesen.«

»Hmh«, knurrte Große Jäger.

»Klaus Jürgensen hat sich gemeldet.«

»Was soll man von einem Flensburger schon erwarten? In der Gegend kann man die Nacht nur nutzen, um zu arbeiten.«

»Die Makarow scheint die Tatwaffe zu sein. Endgültigen Aufschluss wird erst die ballistische Untersuchung der Kieler Kriminaltechnik geben. Dafür hat Jürgensen die Fingerabdrücke sicherstellen können.«

»Und?«

»Unbekannt. Sie sind nicht in unserer daktyloskopischen Datei enthalten.«

»Das wäre zu schön gewesen, wenn uns der Name des Täters auf einem Silbertablett präsentiert worden wäre. Vielleicht hat *mein Lülü* doch recht.«

»Wer?«, fragte Paulsen.

»Lülü. Lüder Lüders. Ich darf mich glücklich schätzen, ihn *mein* Lülü zu nennen.« Der Oberkommissar bohrte nachdenklich mit dem Finger im Schussloch seiner Lederweste, unterließ es aber, Paulsen über dessen Herkunft aufzuklären. »Der hat vermutet, dass es vielleicht ein Laie war, der Laipple erschossen hat.« Nachdem der Sylter Hauptkommissar fragend eine Augenbraue in die Höhe gezogen hatte, fuhr Große Jäger fort: »Ein Profi nähert sich seinem Opfer so, dass der erste Schuss tödlich ist. Dann folgt zur Sicherheit der Fangschuss. Es klingt ekelhaft – ich weiß, aber genauso ist die Vorgehensweise bei einer Exekution. Nach dem Kugelhagel eines Erschießungskommandos vollendet der ausführende Offizier die Tat. In diesem Fall hat der Mörder beim ersten Mal vermutlich nur unzureichend getroffen und mit dem zweiten Schuss das Opfer final erwischt.«

Paulsen nickte nachdenklich. »Diese Überlegungen könnten der Wahrheit nahekommen. Doch im Augenblick sind das nur Vermutungen.« Er reckte sich und ließ dabei ein »Uuahh« hören. Dann klopfte er mit der Spitze seines Zeigefingers auf einen Aktendeckel, der vor ihm lag. »Wir haben Frau Merckel verschiedene Dialekte vorgespielt. Sie konnte sich für keinen entscheiden. Zumindest hat der Anrufer, der Dr. Laipple in die Dünen gelockt hat, keinen der ausgeprägten Dialekte gesprochen, deren typische Vertreter das Bayerische oder das Sächsische sind.« Paulsen wurde durch sein Telefon abgelenkt. Er hörte eine Weile zu und sagte: »Ich komme.« Dann stand er auf. »Tut mir leid. Aber wir haben eine besondere Situation.«

»Was denn?« fragte Große Jäger neugierig.

»In Tinnum bedroht jemand unsere Einsatzkräfte.«

»Ich komme mit«, entschied Große Jäger und folgte Paulsen.

Sie fuhren nur wenige Minuten bis in die ruhige Seitenstraße mit den für Sylt so typischen Reetdachhäusern. Ein blau-silberner Streifenwagen parkte vor dem Grundstück. Hinter dem Fahrzeug hatten sich zwei uniformierte Beamte und ein Zivilist verschanzt.

Der Oberkommissar mit den zwei silbernen Sternen auf der Schulter wies auf den Zivilisten. »Das ist Herr Finkeisen, der Gerichtsvollzieher. Er wollte den Räumungsbeschluss überbringen. Da hat der Inhaber der Pension ein Gewehr ergriffen und gedroht, auf jeden zu schießen, der sich seinem Haus nähern würde.«

»Wie heißt der Mann?«, fragte Große Jäger.

»Gödeke Matthiessen, vierundsechzig«, erklärte der Gerichtsvollzieher.

»Uns ist er nicht als gewalttätig bekannt«, ergänzte der Streifenführer.

»Lassen Sie mich mal«, sagte Große Jäger und richtete sich auf, sodass er über das Einsatzfahrzeug zum Haus sehen konnte.

Das Backsteingebäude sah wie ein größeres Einfamilienhaus aus. Im Vorgarten stand ein beleuchtetes Schild. »Pension Matthiessen«, las der Oberkommissar laut vor. Dann formte er die Hände zu einem Trichter und rief: »Herr Matthiessen. Lassen Sie uns miteinander schnacken. Alles andere ist Schiet.«

Im Haus rührte sich nichts.

»Wir können die Lage nur schwer einschätzen«, sagte der Uniformierte.

»Hat sich der Mann mit seiner Waffe gezeigt? Oder geschossen?«

»Nein.«

»Wo wollen Sie hin?«, fragte Paulsen, als Große Jäger langsam auf das Haus zuging. Alles blieb ruhig. Vom Hausbesitzer war nichts zu sehen. Der Oberkommissar erreichte die nur angelehnte Haustür. Vorsichtig schob er sie mit der Fußspitze auf. Für einen Moment überlegte er, ob er seine Waffe ziehen sollte, entschied sich dann aber dagegen.

Es roch ein wenig muffig. Vom Flur führte eine Treppe ins Obergeschoss. Vermutlich befanden sich dort die Räume der Gäste. Eine dunkle Tür mit der Aufschrift »Privat« war verschlossen, eine Doppeltür mit Riffelglas im Hintergrund hingegen halb geöffnet.

»Herr Matthiessen?«, rief Große Jäger und ging langsam auf die Tür zu. »Frühstücksraum«, stand auf einem Blatt Papier, das mit Klebestreifen auf dem Türglas befestigt war. »Hallo? Ich bin von der Polizei. Lassen Sie uns reden.«

Nichts war zu hören. Kein Laut.

Der abgestoßene Teppich schluckte jeden Laut. Große Jäger sah zur Anrichte, auf der ein Ständer aus Plexiglas Prospekte Sylter Attraktionen enthielt. Daneben stand eine Schale mit gemischten Bonbons. Auf einem Platzdeckchen waren Gläser abgestellt. Am Schwarzen Brett im Hintergrund erklärte ein Hinweis, dass Kaltgetränke im Kühlschrank in der Küche bereitstanden. Dort fand sich auch eine Strichliste. Alles wirkte ausgesprochen familiär. Gödeke Matthiessen schien seinen Gästen zu vertrauen. Und die wussten es anscheinend zu schätzen. Denn mit Komfort konnte diese kleine Pension offenbar nicht aufwarten.

Große Jäger klopfte gegen das Riffelglas. »Ich bin allein und komme jetzt rein«, sagte er und drückte vorsichtig die Tür auf, bis er in den Raum blicken konnte. Zunächst sah er einen langen Tisch an der Wand, daneben einen Vitrinenschrank aus hellem Holz, der mit Gläsern und Geschirr bestückt war. Im Raum standen fünf Vierertische, auf denen rot karierte Decken lagen. An einem der hinteren Tische saß ein weißhaariger Mann und blickte Große Jäger entgegen. Vor ihm lag ein Gewehr auf dem Tisch.

»Matthiessen?«, fragte der Oberkommissar.

Der Mann antwortete nicht, machte aber auch keine Anstalten, zur Waffe zu greifen. Langsam ging Große Jäger auf ihn zu, angelte sich einen Stuhl, zog ihn mit der Fußspitze zurück und ließ sich nieder.

»Schöner Scheiß«, sagte er nach einer Weile. »Manchmal beißen die, ohne dass du weißt, warum.«

Matthiessen sah ihn stumm an.

Große Jäger ergriff das Gewehr am Lauf und legte es auf den Tisch in seinem Rücken. »Solche Dinger sind keine Argumente.« Er angelte in seiner Hosentasche nach der zerknitterten Zigarettenpackung und hielt sie dem Pensionswirt hin. »Du auch?«

Matthiessen schüttelte fast unmerklich den Kopf.

Nachdem Große Jäger die Zigarette in Brand gesetzt und die ersten Züge genommen hatte, zeigte der Mann auf einen Stapel mit drei Aschenbechern auf der Anrichte.

Große Jäger riskierte, Matthiessen und das Gewehr für einen Moment unbeaufsichtigt zu lassen, aber der Mann rührte sich nicht von seinem Platz.

»Pech gehabt?«, versuchte es Große Jäger erneut.

Matthiessen hob nur ein wenig die Hand.

»Erzählst du mir das beim Bier?«

Zum ersten Mal zeigte sich ein leichtes Erstaunen im Gesicht des Mannes. »Sie sind von der Polizei?«

Große Jäger nickte. »Stimmt. Auch wenn die meisten Kollegen anders aussehen.« Er reichte seine Hand über den Tisch. »Ich bin der Erich.«

Matthiessens Händedruck war nur schwach. »Gödeke«, sagte er leise.

In Große Jägers Rücken waren Geräusche zu hören. Mehrere

Männer waren ins Haus eingedrungen. Man hörte geflüsterte Verständigungen, dann flog die Glastür ganz auf.

»Hände hoch. Ich will die Hände sehen«, rief jemand, und Große Jäger erkannte die Stimme des uniformierten Beamten wieder, der ihnen vor dem Haus die Lage erklärt hatte.

»Gemach«, sagte Große Jäger beruhigend. »Wir haben alles unter Kontrolle, Kollege. Nichts ist los. Mein Freund Gödeke und ich plaudern nur ein wenig.«

Der zweite Beamte des Streifenwagens hatte das Gewehr sichergestellt, während der erste immer noch seine Dienstwaffe im Anschlag hielt. Hauptkommissar Paulsen stand im Hintergrund und sicherte lehrbuchhaft mit gezückter Waffe.

»Das ist nicht erforderlich«, sagte Große Jäger, als der Streifenführer Matthiessen Handfesseln anlegen wollte. »Gödeke und ich wollten gerade zur Dienststelle und uns ein wenig unterhalten.«

Der Pensionswirt nickte stumm. Er stemmte sich an der Tischplatte ab, erhob sich und folgte den Beamten zum Streifenwagen.

***

Es war der zwanzigste April. Ein paar Verbohrte hatten angekündigt, am Abend am Alten Markt in Kiels Innenstadt eine »große und nationale Geburtstagsfeier« starten zu wollen. Lüder hatte es in der Zeitung gelesen. Er maß dieser Ankündigung keine große Bedeutung bei. Vielleicht würde ein zusätzlicher Streifenwagen in einer Nebenstraße parken, ein Kollege vom Polizeilichen Staatsschutz sich unauffällig unter die Passanten mischen und darauf achten, dass sich keine gewaltbereiten Aktivisten aufmachten, um durch Einsatz von Gewalt »die Fronten« zu klären.

Heute hatte Lüder frei. Dieser Tag war lange geplant, und selbst durch die in großer Aufmachung in den Medien ausgewalzten jüngsten Ereignisse auf Sylt ließ er sich nicht davon abbringen, diesen Tag zu begehen.

Die Zeremonie war würdig gewesen. Lüder hatte es sich so vorgestellt, und auch die anwesenden Gäste schienen dem Ereignis angemessen gestimmt.

Sein Vater, im etwas altmodischen dunklen Anzug, strahlte und hatte Lüder mehrfach in den Arm genommen. »Ich freue mich mit dir, mein Kleiner«, hatte der alte Lüders gesagt und dabei zu seinem einen Kopf größeren Sohn aufgesehen, während seine Frau sich bei Margit untergehakt hatte. In ihrem bunt geblümten Kleid und der über den Arm gehängten altmodischen Handtasche erinnerte Lüders Mutter ein wenig an ein Mitglied des englischen Königshauses. Der gestrige Friseurbesuch und ihre rundlich-gemütliche Figur trugen das Ihre dazu bei. Das galt auch für Frau Mönckhagen. Margit hatte darauf bestanden, die Nachbarin einzuladen. »Dann müssen wir es niemand anderem in der Straße erzählen«, hatte sie den Vorschlag lachend begründet.

Frau Mönckhagen ging mit kurzen Trippelschritten neben Lüders Freund Horst Schönberg her, der in Begleitung einer drallen Blonden erschienen war, die Lüder nicht kannte und die Horst großzügig als seine »Lebenspartnerin« vorstellte. Hätte das Ereignis eine Woche früher stattgefunden, wäre die »Lebenspartnerin« vermutlich eine schlanke Rothaarige gewesen. Horst war und blieb ein liebenswürdiger Lebenskünstler.

Leider fehlten Margits Mutter und deren Lebensgefährte, die einen Langzeiturlaub auf einer spanischen Atlantikinsel absolvierten. Verwundert war Lüder auch über das Fernbleiben von Jochen Nathusius und dessen Frau, die er eingeladen hatte. Der Kriminaldirektor war, ohne sich gemeldet zu haben, nicht gekommen. Diese Verhaltensweise kannte Lüder nicht von Nathusius. Sie irritierte ihn.

Margit hatte sich von Lüders Mutter befreien können und an seine Seite gedrängt. Sie hauchte ihm einen Kuss auf die Wange und zwängte ihren Arm durch seine Armbeuge. Dann hielt sie ihn fest und drückte ihn heftig.

»Man muss nur beharrlich genug sein«, raunte sie ihm zu und lächelte dabei glücklich.

Er spitzte die Lippen. »Ich weiß nicht, was du meinst«, erwiderte er mit spöttischem Unterton. Dann nahm er sie in den Arm. »Ohne dich, mein Schatz, würden wir hier nicht stehen. Habe ich dir schon gesagt, dass ich dich liebe?«

Sie schüttelte energisch den Kopf, dass ihre Haare heftig hin und her flogen. Dabei lachte sie herzlich. »Nein. Das hast du mir noch *nie* gesagt.«

Er drückte sie noch einmal an sich. »Du bist die bezauberndste

Schwindlerin, die ich kenne. Dich möchte ich ins Kreuzverhör nehmen.«

»Wie wär's heute Abend, wenn wir allein sind?« Sie ließ erneut ihr herzliches Lachen hören und wurde durch Jonas abgelenkt. Es hatte Überwindung gekostet, bis Jonas in die graue Hose und das altersgerechte Sakko geschlüpft war. Aber nach dem weißen Hemd war Jonas lautstark in den Streik getreten und hatte sich im Unterschied zu Lüder geweigert, eine Krawatte anzulegen.

Während des Zeremoniells war er so aufgeregt gewesen, dass er sich fortwährend Schokolade in den Mund geschoben hatte. Thorolf hatte ihm daraufhin ein wenig zu heftig auf den Rücken geklopft und zugeraunt, er solle das unterlassen. Dabei war Jonas die aufgeweichte Schokolade aus dem übervollen Mund gefallen, und ein großer brauner Fleck zierte das weiße Hemd. Selbst die ruhige Viveka hatte sich eingemischt, als Jonas in die andächtige Stille der Veranstaltung hinein Thorolf einen »blöden Trottel« schalt.

Der Jüngsten, Sinje, war der Trubel ein wenig unheimlich geworden, und sie hatte Zuflucht auf dem Arm ihres Vaters gesucht. Und als der durch die Prozedur abgelenkt war, fand Sinje auf Opas Schoß den zweitbesten Platz.

»Muss das bei uns immer so lebhaft zugehen?«, hatte Margit leise gefragt.

»Es wäre schade, wenn es anders wäre«, hatte Lüder geantwortet. »So sind wir eben.«

Nun stand die kleine Gruppe ein wenig unentschlossen auf der Straße.

»Geht's jetzt zum Essen?«, fragte Jonas. »Gibt's da auch Schnitzel und Pommes? Oder nur so 'n Erwachsenenscheiß.«

»Jonas. Das sagt man nicht«, belehrte ihn Margit. Vater Lüders fuhr seinem Enkel durch die verwuschelten Haare. »Das hast du vom Opa. Der mag auch keinen Schickimickikram.«

»Wo sind die bestellten Taxen?«, wandte sich Lüder an Horst Schönberg.

»Taxen?«, fragte der ahnungslos zurück.

»Du hattest gesagt, du wolltest das organisieren.«

»Ich?« Horst zog die linke Augenbraue fragend in die Höhe. »Ach ja. Richtig. Ich habe es Kätzchen gesagt.«

Bevor Lüder fragen konnte, flötete die Blondine in Horsts Richtung. »Was hast du mir gesagt, Herzilein?«

»Du solltest doch die Taxen bestellen.«

Nachdem die Blonde sich unwissend stellte, organisierte Margit den Transport, und wenig später fuhren sie vor dem Kieler Yachtclub vor, in dem Lüder Tische für das festliche Menü bestellt hatte.

»Warum ist dein Chef nicht gekommen?«, sagte Margit verwundert, als Jochen Nathusius auch dort nicht anwesend war.

»Ich weiß es nicht«, antwortete Lüder ratlos.

***

»Das ist nicht dein Ernst?«, hatte Paulsen gefragt und Große Jäger ratlos angesehen.

»Doch. Ich halte meine Zusagen.«

Kurz darauf war ein ebenso irritiert aussehender Mitarbeiter des Sylter Hauptkommissars zurückgekehrt und hatte das Sixpack Bier auf den Tisch zwischen dem Oberkommissar und Gödeke Matthiessen gestellt. Große Jäger öffnete zwei Flaschen, schob eine dem Pensionswirt hin und sagte: »Prost.«

Sie nahmen einen Schluck. Das Bier war lauwarm und schmeckte nicht sonderlich. Obwohl Große Jäger den Gerstensaft gewohnt war, kostete es ihn doch Überwindung, zu dieser Stunde und im Dienst Alkohol zu trinken.

»Warum hattet ihr heute Morgen Stress?«, fragte er, nachdem er die Flasche abgesetzt hatte.

»Tut mir leid«, sagte Matthiessen und wischte sich mit dem Ärmel den Schaum vom Mund. »Soll nicht wieder vorkommen.«

»Das will ich schwer hoffen. Wäre eine blöde Angewohnheit, den Gerichtsvollzieher jede Woche mit einem Gewehr zu bedrohen.«

»Werde ich dafür bestraft?« Matthiessen sah Große Jäger fragend an.

»Da kommst du nicht drum rum. Ich habe aber trotz allen Schiets noch eine gute Nachricht für dich.«

»Und? Die wäre?«

»Dafür kriegst du keine Punkte in Flensburg.«

Zum ersten Mal zeigte sich der Hauch eines entspannten Lächelns auf Matthiessens Gesicht. »Dabei ist mir gar nicht zum Grinsen«, sagte er. »Vielleicht hast du es vorhin gesehen. Wir sind eine kleine Familienpension und machen das schon seit über dreißig Jahren. Vor zwei Jahren ist meine Frau dann weg. Einfach so.«

»'n anderer Kerl?«, fragte Große Jäger.

Matthiessen schüttelte den Kopf. »Bist du mall? In unserem Alter? Nee. Sie hatte die Nase voll. Viel Arbeit, und es blieb nicht viel übrig. Jeder, der nach hier kommt, glaubt, wie schön das ist, wenn du hier wohnen tust. Keiner kennt aber die Rückseite, wo Menschen wie wir leben. Auch das ist Sylt. Du weißt doch … Der Teufel macht immer auf den größten Haufen. Na ja. Zuerst war es die Heizung, dann anderer Kleinkram. Vor zwei Jahren dann das Dach. So sind wir zur Bank und haben eine Hypothek aufgenommen.«

»Und damit gab es Ärger?«

Matthiessen nickte. »Ja. Wie gesagt – meine Frau weg und dann dieses verdammte Schietwetter im letzten Jahr. Bis Mai war ja ganz gut, aber dann … Ein Gammel, kann ich dir sagen.«

»Da bleibt nichts für die Hypothekentilgung übrig«, vermutete Große Jäger.

»Stimmt. Erst kamen die Mahnungen, dann haben die mit Zwangsversteigerung gedroht.«

»Deshalb war der Gerichtsvollzieher heute da?«

»So fix geht das nicht. Pannemann wollte eine andere Rechnung einziehen. Von einem Lieferanten. Nee.« Matthiessen schüttelte heftig den Kopf und trank einen Schluck aus der Flasche. »Die haben die Hypothek verkauft an so einen anderen Laden. Wie heißt der noch gleich? Irgendwas mit ›Real‹. Wie der spanische Fußballclub.«

»Und die wollten sofort den gesamten Betrag?«, riet Große Jäger.

»Ja, weil ich damals noch 'nen Wisch unterschrieben habe. ›Unterwerfung unter die sofortige Zwangsvollstreckung‹ hieß das wohl. Bis vor Kurzem hatte ich keine Ahnung, was das bedeutet. Damit können die dir sofort den Strick drehen.« Matthiessen machte mit der linken Hand die Geste des Halsdurchschneidens.

»Bei welcher Bank bist du Kunde?«

»Na, die da, von der sie gestern den Boss umgelegt haben. Und das hier auf Sylt. Gibt wohl doch noch Gerechtigkeit.«

»Mord ist Mord«, sagte Große Jäger in scharfem Ton.

»Schon«, räumte Matthiessen kleinlaut ein. »Aber da hat ihm sein ganzes Geld auch nichts genutzt.«

»Ein bisschen schon«, widersprach Große Jäger. »Dr. Laipple bekommt einen größeren und komfortableren Sarg. Da liegst du einfach weicher und hast auch mehr Platz. Man weiß nicht, wie lange man es in der Kiste aushalten muss, bis der Jüngste Tag kommt. Da ist es vielleicht ganz angenehm, wenn du nicht Touristenklasse liegen musst.«

»Selbst als Leiche haben die das besser als wir«, stimmte Matthiessen ein.

Große Jäger prostete dem Mann zu und trank einen winzigen Schluck aus seiner Flasche. »Sag mal«, fragte er dann beiläufig. »Hast du etwas mit dem Mord an diesem Typen zu tun?«

»Ich?« Matthiessen sah ihn mit großen Augen an. »Wie kommst du darauf? Nur weil ich ein Gewehr habe?«

»Ist das eigentlich angemeldet?«

Der Pensionswirt winkte ab. »Natürlich nicht. Das Dingens habe ich mal von einem Onkel geerbt. Das ist schon ewig nicht benutzt worden. Ich habe gar keine Munition.«

»Hast du etwas von dem anderen Mord gehört?«

»An dem Dingsbums, dem Amerikaner? Nur das, was in der Zeitung stand. Und was die so reden.« Sein ausgestreckter Arm fuhr einen Halbkreis ab und sollte die Leute andeuten, die die Gerüchteküche anheizten. Plötzlich schien er sich zu besinnen. »Warte mal. Was haben wir heute? Montag? Letzte Woche, Dienstag oder Mittwoch, da war ich mir einen ballern.«

»Wo?«

»In Westerland.« Matthiessen nannte den Namen der Kneipe und sah Große Jäger erstaunt an, als der die Augenbrauen hochzog. »Kennst du die?«

Der Oberkommissar nickte. Es war das Lokal, in dem er gestern Abend die beiden Frauen getroffen hatte.

»Da saß so ein anderer Typ. Der hatte kräftig einen getankt. Und geflucht hat er. Ich dachte schon, das ist so ein Altkommunist. Mensch, war der sauer auf die Geldsäcke. ›Die vernichten Arbeitsplätze‹, hat er geflucht.«

»Wie hieß der Mann?«

Matthiessen zuckte die Schultern. »Keine Ahnung. Hat gefaselt, dass er Betriebsrat ist.«

»Hat er gesagt, woher er kam?«

»Nö. Nur, dass er bei so einem Laden ist, der jetzt dichtgemacht werden soll.«

»Kannst du den Mann beschreiben?«

Matthiessen überlegte. »Puhh«, sagte er schließlich. »Der sah aus wie alle.«

»Groß? Klein? Brille? Glatze?«

»Tut mir leid. Das habe ich mir nicht gemerkt. Außerdem hatte ich ja auch schon …« Er deutete mit der Hand an, dass er gebechert hatte.

Große Jäger schob die noch nicht angebrochenen Flaschen zu Matthiessen hinüber. »Da wirst du diskutieren müssen«, sagte er. »Ich glaube nicht, dass dir die Kollegen das mit in die Zelle geben.«

»In die Zelle?« Matthiessen war jetzt doch verunsichert. »Ihr wollt mich einbuchten?«

»Nur vorübergehend, bis alles notiert ist.« Große Jäger stand auf und gab ihm die Hand. »Und mach nicht wieder so einen Scheiß, Gödeke. Verstanden?«

»Da kannst du dich drauf verlassen.«

Wenig später saß Große Jäger dem Leiter der Westerländer Kripo gegenüber. »Das sind merkwürdige Verhörmethoden, die ihr in Husum anwendet«, staunte der Hauptkommissar und wedelte mit einem Aktendeckel. »Uns liegt jetzt das Ergebnis der DNA-Analyse von Lew Gruenzweig vor. Wir haben eine Vorstellung, mit wem der Amerikaner intim war, bevor er ermordet wurde.« Er schob Große Jäger das Papier über den Schreibtisch.

Der warf einen Blick darauf und pfiff erstaunt durch die Zähne. »Potz Blitz. Das ist wirklich eine Überraschung. Der Sache werde ich sofort nachgehen.«

»Soll ich mitkommen?«, fragte Paulsen.

»Das ist so pikant, da gehe ich lieber allein und habe ein wenig mehr Bewegungsfreiheit.«

Der Sylter Hauptkommissar nickte nur.

Sicher hätte man das kurze Stück vom Polizeigebäude bis zum Brandenburger Platz auch zu Fuß zurücklegen können. »Ich bin nicht bei der Infanterie«, begründete Große Jäger seine Bitte, dass ihn ein Polizeifahrzeug zum Appartementhaus am Westerländer Nordstrand bringen sollte. Er musste mehrfach an der Tür zum Gebäude klingeln, bis sich eine unwirsche Frauenstimme meldete.

»Jaaa?«

»Polizei. Ich möchte gern mit Ihnen reden. Mit Ihnen beiden. Nun erklären Sie mir nicht, der Hollerhansi wäre nicht zu Hause. Sein Auto steht hier vor der Tür.«

»Holler – wer?«

»Hollerhansi! Hans-Martin Hollergschwandtner.«

Statt einer Antwort ertönte der Summer. Vor der Tür des Appartements musste Große Jäger erneut eine Weile warten, bis Sabine Johbst öffnete. Sie schien gerade dem Bett entstiegen zu sein. Ihre Haare standen wirr vom Kopf ab, es tat ihrem natürlichen Reiz keinen Abbruch, dass sie ungeschminkt war. Sie trug ein zu langes T-Shirt, das über den Po hinweg bis zu den Oberschenkeln reichte. Ob es hingegen besonders attraktiv war, dass sie ihre Oberweite nicht durch einen Büstenhalter bändigte, musste jeder für sich entscheiden, beschloss Große Jäger, der sich nicht scheute, die junge Frau vom Scheitel bis zur nackten Sohle ausgiebig zu mustern.

Hollergschwandtner sah ebenso verschlafen aus. Er hatte sich eine helle Stoffhose übergestreift und trug ein Sweatshirt, das lose über dem Gürtel hing. Er hatte sich in eine Ecke der Sitzgruppe gefläzt und machte keine Anstalten, den Oberkommissar zu begrüßen. Große Jäger nahm in einem einzeln stehenden Sessel Platz.

»Es geht um den Mord an Lew Gruenzweig.«

Das Paar wechselte einen raschen Blick und sah wieder Große Jäger an.

»Wer von Ihnen beiden hat am Mordtag in Dr. Laipples Ferienhaus angerufen?«

»Wo?«, fragte Sabine Johbst.

»Wollen Sie kurz ins Bad, um die Ohren zu spülen? Wir sollten uns solche Mätzchen sparen«, knurrte der Oberkommissar.

»Ich nicht«, beeilte sich Hollergschwandtner zu versichern, und bevor Sabine Johbst antworten konnte, hob Große Jäger die Hand.

»Machen wir es kurz. Es ist unumstößlich nachgewiesen, dass dort angerufen wurde. Mit einem Handy.«

Frau Johbst wollte aufspringen. »Sie können selbst sehen, mit wem ich telefoniert habe. Ich hole mein Gerät.«

»Da haben wir andere Möglichkeiten«, erklärte Große Jäger. »Außerdem sprechen wir nicht über Ihr Telefon.«

»Etwas über meins?« Hollergschwandtner tat erstaunt und sah seine Freundin an: »Habe ich dich unterschätzt, nur weil du blond bist? Hast du mein Telefon benutzt?«

Sabine Johbst richtete sich in ihrem Sessel auf. Vermutlich registrierte sie nicht, dass dabei das T-Shirt hochrutschte und Große Jäger einen Blick auf das durchsichtige Höschen freigab.

»Sag mal, spinnst du? Was soll ich mit deinem blöden Telefon?«

»Das würden wir auch gern wissen«, mischte sich Große Jäger ein.

»Kennen Sie Katja von Mühl?« Nacheinander sah der Oberkommissar die beiden an. Sie nickten. »Auch ihr Hermelincape?«

Sabine Johbst zuckte unbeteiligt mit den Schultern, während Hollergschwandtner ein leises »Ja« hervorpresste.

»Sie haben uns noch nicht verraten, womit Sie Ihren Lebensunterhalt bestreiten, Herr Hollergschwandtner. Irgendwo muss das Geld doch herkommen, mit dem Sie Ihren teuren Wagen finanzieren.«

»Das würde ich auch gern wissen.« Sabine Johbst hatte sich zu Hollergschwandtner umgedreht.

»Was soll das jetzt?«, fragte der in deutlich aggressiverer Tonlage.

Große Jäger legte bedeutungsvoll die Fingerspitzen zu einem Dach gegeneinander.

»Das Hermelincape ist viel wert. Was ist, wenn Ihnen zu Ohren gekommen ist, dass Katja von Mühl ihr Cape im Hause Dr. Laipples vergessen hat? Wollten Sie es holen?«

»Ich? Das glauben Sie doch selbst nicht.«

»Man hätte es verkaufen können.« Große Jäger musterte ausführlich Sabine Johbst. »Oder verschenken. Ihre aparte Freundin hätte sich darüber sicher gefreut. Sozusagen als kleines Dankeschön für das Asyl, das sie Ihnen gewährt.«

»Nun werden Sie nicht persönlich«, schimpfte Hollergschwandtner.

»Mord ist immer persönlich«, entgegnete Große Jäger ungerührt. »Welches Verhältnis haben Sie zu Katja von Mühl?«

»Na los, sag's uns«, schimpfte Sabine Johbst dazwischen.

»Nun beruhige dich doch, mein Putzi«, säuselte Hollergschwandt-ner in Richtung der aufgebrachten Frau.

»Ich bin nicht dein Putzi!«

Große Jäger konnte ein Schmunzeln nicht unterdrücken. »Was ist nun mit dem Hermelincape?«

Hollergschwandtner hob abwehrend beide Hände. »Ich habe da-mit nichts zu tun, Herr Kommissar.«

»Oberkommissar, bitte!«

»Und Katja kenne ich auch nur vom Partymachen. Wie wir alle.« Er sah fast flehentlich Sabine Johbst an.

Die fuhr sich mit der Hand durchs Haar. »Stimmt.«

Ein Aufblitzen war in Hollergschwandtners Augen zu erken-nen. »Das ist doch Humbug, die Sache mit dem Cape. Man kennt sich hier auf Sylt. So ein Ding können Sie nicht verschenken. Und verkaufen? Nonsens. An wen denn? So ein Mantel fällt auf. Man wüsste sofort, woher es stammt und wer es beschafft hat. Glauben Sie, dass ich die Polizei für so dumm halten würde?«

»Immerhin scheint es, als hätten Sie sich mit der Frage befasst.«

»Ganz bestimmt nicht. Ehrlich.«

»Aber Sie waren schon einmal in Dr. Laipples Haus?«

Hollergschwandtner zögerte. Fragend sah er Sabine Johbst an. Große Jäger spürte, dass es dem Mann sichtlich unangenehm war, nicht allein vernommen zu werden.

»Wir haben Methoden, das nachzuweisen.«

Hollergschwandtner atmete tief durch, kratzte sich den Stirnan-satz und sagte leise: »Schön. Ich war schon einmal da.«

»Wann hast du da Party gemacht?« Sabine Johbsts Stimme keif-te nahezu.

»Bei Dr. Laipple gab es keine Partys«, sagte Große Jäger.

»Dann hast du Miststück dich dort mit dieser bescheuerten Mühl getroffen und herumgehurt«, schimpfte die Frau.

»Ich … ich …«, stammelte Hollergschwandtner unbeholfen.

»Das glaube ich nicht«, warf Große Jäger ein. »Ihr Freund war aus geschäftlichen Gründen dort.«

Sabine Johbst warf ihren Kopf in den Nacken. »Hah! Geschäft-lich. Was du wohl so machst. Wart mal!« Es schien, als wollte sie sich auf ihn stürzen. »Ich habe es immer nicht glauben wollen, für böse Verleumdungen gehalten. Erzähl mir nicht, du bist Katja von Mühls Zuhälter.«

Hollergschwandtner stöhnte gequält auf. »Bist du nicht ganz dicht? Zuerst glaubt er da«, dabei zeigte er auf den Oberkommissar, »ich will diese Scheiß-Hermelinjacke klauen. Und nun unterstellst du, ich wäre ein Zuhälter. Sind denn plötzlich alle bescheuert?«

Große Jäger lächelte in Sabine Johbsts Richtung. »Ich bin mir ziemlich sicher, dass das eine falsche Verdächtigung ist. Es gab DNA-Spuren beim Mordopfer. Lew Gruenzweig hatte vor seinem Tod Intimverkehr. Die Rechtsmedizin hat – sagen wir einmal – modifizierte Speisereste in Gruenzweigs Intimbereich gefunden.«

Die Frau verzog das Gesicht. »Das ist eine merkwürdige Definition.«

»Ich möchte nicht missverstanden werden«, schob Große Jäger nach. »Einer der fähigsten Mitarbeiter unserer Dienststelle und sicher der beste und zuverlässigste Kollege hat sich auch für einen solchen Lebensentwurf entschieden. Ich bewundere ihn und seinen Lebenspartner für die Harmonie in ihrer Beziehung.«

Erst jetzt wurde Sabine Johbst bewusst, was Große Jäger da umschrieben hatte. Sie sprang aus ihrem Sessel hoch und stürzte sich auf Hollergschwandtner, bevor er oder der Oberkommissar reagieren konnten. »Du elendiges Schwein, du verdammte Sau. Und dann bist du nach Hause gekommen mit deinem dreckigen Ding und hast mit mir …« Sie würgte, ließ von dem Mann ab und sank in den Sessel zurück. Dann begann sie zu weinen und murmelte unentwegt dabei: »Du Schwein, du elendiges Schwein.«

»Hätten Sie uns gleich gesagt, dass Sie als Callboy von Männern angefordert werden und damit Ihren Lebensunterhalt verdienen, wäre vieles einfacher gewesen«, sagte Große Jäger. »Wir haben festgestellt, dass Sie am Tag nach dem Mord wieder einmal zweitausend Euro in bar auf Ihr Konto eingezahlt haben. Das war der Liebeslohn, den Sie von Gruenzweig erhalten haben.«

Sabine Johbst schluchzte. Plötzlich fuhr sie hoch, griff einen Stapel Untersetzer vom Tisch und schleuderte ihn wütend durch den Raum. Große Jäger konnte gerade noch ausweichen, bevor die Dinger irgendwo hinter ihm an die Wand oder gegen die Einrichtung flogen. Er stemmte sich in die Höhe und drohte mit dem Zeigefinger.

»Den Rest sollten Sie unter sich ausmachen. Doch wenn das schlimmer wird, ist die Polizei wieder bei Ihnen. Aber eine andere. Und die kommt nicht allein.«

Noch während er auf dem Flur auf den Fahrstuhl wartete, hörte er das laute Geschrei der jungen Frau.

***

Das Essen war hervorragend und dem Anlass angemessen gewesen. Vater Lüders hatte ausnahmsweise nicht gemurrt, weil es nicht die von ihm so geschätzte Holsteiner Hausmannskost gab. Selbst Horst Schönberg, der anerkannte Gourmet, war voll des Lobes. Und für Jonas hatte die Küche eine besondere »Spezialität« des Hauses bereitgehalten: Schnitzel mit Pommes, dazu reichlich Ketchup und Mayo.

Sie waren beim Espresso angekommen, Horst Schönberg hielt das Glas mit dem edlen Kirschbrand prüfend gegen das Licht, bevor er es leicht schmatzend austrank und anerkennend die Stirn krauszog.

Margit beugte sich zu Lüder hinüber. »Nun ruf schon an. Ich merke die ganze Zeit, dass dich etwas bedrückt. Warum ist Jochen Nathusius nicht erschienen?«

Lüder tupfte sich vorsichtig die Lippen mit der Serviette ab und stand auf. »Bis gleich«, raunte er Margit zu und hauchte ihr einen Kuss auf den Hinterkopf.

Er fand ein ruhiges Plätzchen im Foyer und stellte fest, dass ihn das Landeskriminalamt siebenmal zu erreichen versucht hatte. Zwei weitere Anrufe stammten von Große Jäger.

Trotzdem versuchte er zunächst, Kriminaldirektor Nathusius auf dessen Handy zu erreichen. Es meldete sich lediglich die Mailbox. Dann wählte er den Direktanschluss im Amt an und war nicht überrascht, dass sich Edith Beyer meldete.

»Herr Lüders. Gut, dass Sie anrufen. Sie glauben nicht, was hier los ist.«

»Ich habe heute einen lange geplanten Urlaubstag für unaufschiebbare private Dinge genommen«, sagte er.

»Ich weiß, Herr Lüders. Aber hier ist der Teufel los. Ich fürchte, Sie müssen unbedingt reinkommen.«

»Miss Beyerpenny, warum so aufgeregt? So kenne ich Sie gar nicht.«

»Ich würde ja lieber ›James‹ zu Ihnen sagen, aber selbst die Leitung hat schon nach Ihnen gefragt.«

»Die lange Leitung?«

»Entschuldigung, Herr Lüders, aber mir steht wirklich nicht der Sinn nach Heiterem. Sie sollen sich umgehend mit dem Leiter des LKA in Verbindung setzen.«

»Und Herr Nathusius?«

»Bitte. Ich kann nichts sagen.« Beim letzten Satz hatte Edith Beyer die Stimme gesenkt, als würde sie ihm etwas sehr Vertrauliches berichten.

»Schön«, seufzte Lüder. »Ich komme umgehend.«

Als er an den Tisch zur kleinen Gesellschaft zurückkehrte, wurde er mit vielen fragenden Blicken empfangen.

»Setz dich, mein Kleiner«, sagte Vater Lüders.

»Hast du neuen Champagner bestellt?«, rief ihm Horst Schönberg entgegen. »Hoffentlich genug, damit wir noch ein paar Heuschrecken ertränken können.«

Nur Margit hatte ihm angesehen, dass er seine ungezwungene Heiterkeit verloren hatte.

»Nein!«, sagte sie mit Entschiedenheit in der Stimme, die alle anderen aufhorchen ließ.

»Es tut mir sehr leid«, versuchte Lüder einen schwachen Erklärungsversuch, »aber es ist extrem wichtig.«

Jonas strahlte und schob seinen Stuhl zurück. »Geil. Eine neue Leiche? Darf ich mit?«

Sein Sohn war genauso enttäuscht wie der Rest der Gesellschaft, als Lüder sich auf den Weg zum Landeskriminalamt machte.

Er suchte direkt das Büro des Kriminaldirektors auf und musste sich unterwegs der Frotzelei eines Kollegen erwehren, der auf Lüders ungewöhnliches Outfit mit dem dunklen Anzug, dem weißen Hemd und der dezenten Krawatte anspielte.

»Wurde der Kleinkredit genehmigt?«, hatte der Kollege gefragt und in Lüder sofort die Erinnerung an die gegen ihn verhängte Kontensperre geweckt.

Die Tür zu Nathusius' Büro war geschlossen. Lüder klopfte pro forma an und stürmte in den Raum des Leiters des Polizeilichen Staatsschutzes.

Ein Mann schreckte hoch und sah ihn überrascht an. Lüder war genauso erstaunt. Was suchte der Fremde am Schreibtisch des Kriminaldirektors? Sein Alter war schlecht einzuschätzen. Lüder vermutete, die gepflegte Erscheinung mochte um die vierzig sein. Ein dunkler Blazer, das blütenweiße Hemd und die Clubkrawatte passten hervorragend zum gebräunten Teint des Mannes. Die dunkelblonden längeren Haare lagen elegant über den Ohren. Lüder wurde aus dunkelbraunen Augen eingehend taxiert. Dann erhob sich der Mann und streckte Lüder eine manikürte Hand entgegen.

»Ich nehme an, Herr Lüders. Mein Name ist Starke.«

Lüder erwiderte den Händedruck, der im Gegensatz zur äußeren Erscheinung des Mannes zu lasch war.

»Ich suche Herrn Nathusius«, sagte Lüder und ignorierte die Geste, die auf den Besucherstuhl wies.

»Nehmen Sie bitte Platz.«

Nachdem Lüder sich gesetzt hatte, stützte Starke die Ellenbogen auf die Schreibtischplatte und legte die Fingerspitzen gegeneinander.

»Es wird Sie überraschen, mich an diesem Platz zu finden. Mein Name ist Dr. Starke. Ich bin ebenfalls wie Herr Nathusius Kriminaldirektor und leite seit heute diese Abteilung.«

»Wie bitte? Aber wo ist Herr Nathusius?«

Dr. Starke lächelte. Auf Lüder wirkte es gekünstelt.

»Zunächst einmal: Ich bin jetzt zuständig. Mehr gibt es im Moment nicht zu erklären.«

Lüder starrte den Fremden am Schreibtisch seines Vorgesetzten an. Was war geschehen? Wo war Jochen Nathusius abgeblieben?

Dr. Starke. Das konnte nur der Leiter der Flensburger Bezirkskriminalinspektion sein, Frauke Dobermanns ehemaliger Chef, von dem gemunkelt wurde, dass er wesentlichen Anteil an der überraschenden Strafversetzung der Hauptkommissarin nach Hannover hatte. Und selbst wenn man Große Jägers mit offenem Herzen vorgetragene Einschätzungen mit Vorsicht betrachtete, fragte sich Lüder, warum der Husumer immer vom »Scheiß-Starke« sprach.

»Ich muss Ihnen die Brisanz der aktuellen Fälle nicht erläutern«, sagte Dr. Starke. »Wir stehen unter gewaltigem Druck der Medien, der Öffentlichkeit und natürlich auch der Führung des Landes. Die ganze Welt blickt nach Schleswig-Holstein. Eine englische Zeitung hat heute getitelt: *Take care before visiting the killer-country.* Uns bleibt keine Zeit für Experimente. Wir sind gefordert, kurzfristig Erfolge zu präsentieren.«

»In komplexen Fällen gibt es keine Wunschergebnisse, sondern nur mühselige Ermittlungsarbeit.«

Dr. Starke lehnte sich zurück. »Die Landespolizei Schleswig-Holstein gilt zu Recht als eine der besten Deutschlands. Wir haben eine schlagkräftige Sonderkommission, deren Leitung ich ab sofort übernommen habe. Deshalb sollten wir Ihren Sonderweg beenden. Ich bin mir sicher, Ihre Fähigkeiten können wir an anderer Stelle besser einsetzen.«

»Das wäre nicht klug«, begehrte Lüder auf. »Es gibt Ansätze, die eine Sonderkommission nicht in dem Maße verfolgen kann, wie es ein wesentlich beweglicherer Einzelgänger vermag.«

»Herr Lüders. Ihr Einsatz geht auf meine Anforderung zurück. Nehmen Sie es bitte als Zeichen meiner Teamfähigkeit hin, dass ich meinen eigenen Vorschlag korrigiere, wenn ich Ihren Einsatz hiermit beende.«

Lüder schlug ein Bein über das andere. »Dennoch kann ich mich nicht Ihrem Vorschlag anschließen, Herr Starke.«

»Es ist kein *Vorschlag*, sondern eine *Anordnung*.«

»Ich bin …«

Mit einer Handbewegung gebot Dr. Starke Lüder, zu schweigen. »Ich wollte es Ihnen ersparen, deutlicher zu werden. Ich weiß nicht, weshalb Sie ausgerechnet in einer besonders kritischen Situation dem Dienst fernbleiben. Ich hätte Ihnen mehr Verantwortung zugetraut.« Er griff in die Schreibtischschublade und legte Lüder die Titelseite einer Boulevardzeitung vor.

»Unkontrollierbarer Kriminalrat jagt Journalist in den Tod«, las Lüder in dicken Lettern. Darunter stand: »Politische Polizei verfolgt unerschrockenen Aufklärer – Wer hat hier etwas zu verbergen? Zusammenhang mit den Morden an Dr. Laipple und Lew Gruenzweig«.

»Können Sie die Bedeutung einer solchen Pressekampagne ermessen?«, fragte Dr. Starke.

Lüder starrte auf die Schlagzeile. »Ist damit der Unfall von gestern Abend gemeint?«

»Wissen Sie, wer die beiden Insassen des Audis waren?«

Lüder schüttelte den Kopf. »Die Rettungskräfte waren mit anderen Dingen beschäftigt.«

»Und Sie hielten es nicht für nötig, sich heute nach dem Sachstand zu erkundigen?« Dr. Starke war es gelungen, jede Menge Missbilligung in seine Frage zu legen. Er schlug mit der flachen Hand auf die Zeitung. »Matthias Sommer, der bekannte Wirtschaftsjournalist des Hamburger Magazins. Er ist übrigens heute Nacht im Rendsburger Klinikum seinen Verletzungen erlegen. Sein Beifahrer Joachim Göttsche, der noch an der Unfallstelle verstarb, war führender Funktionär der Schutzgemeinschaft der Kapitalanleger. Und diese beiden Männer haben Sie mit Ihrem Auto so gehetzt, dass es zu diesem tödlichen Unfall kam.«

»Sie kennen die Interpretationen mancher Presseorgane. Ich vermute, der Artikel stammt aus der Feder von Leif Stefan Dittert.«

»Was soll das für eine Bedeutung haben?«

»Der führt seit Langem einen Grabenkrieg gegen uns.«

»Sie machen sich lächerlich, Herr Lüders. Das sind doch absurde Hirngespinste, dass Sie von der Presse verfolgt werden. Hat Herr Nathusius Ihnen das abgenommen? Ich habe nur Positives über meinen Vorgänger gehört und kann es mir nicht vorstellen.«

»Tatsache ist, dass mich der weiße Audi vor dem Wohnhaus von Dr. Laipple fast überfahren hätte und mir das Fahrzeug auch in der Nähe des Tatorts in den Lister Dünen begegnet ist. Gestern war der Wagen lange Zeit hinter mir und ist mehr als riskant aufgefahren.«

Dr. Starke schüttelte den Kopf. »Wem wollen Sie eine solche Geschichte auftischen? Wollen Sie nicht nur diese Zeitung, sondern auch den Journalisten Sommer als konspirativ bezeichnen? Alle sind darauf aus, Ihnen persönlich Schaden zuzufügen?«

Leider hatte der Kriminaldirektor recht. Niemand würde Lüder abnehmen, wie sich der Unfall wirklich ereignet hatte.

»Die Medien greifen diese These doch auf und werden behaupten, Sommer und Göttsche hätten etwas Verfängliches herausgefunden, was den Behörden nicht behagt. Und dafür haben Sie die beiden in den Tod gehetzt.«

»Ich bin nicht bereit, weiter mit Ihnen auf diesem Niveau zu sprechen«, sagte Lüder und wollte aufstehen.

»Bleiben Sie bitte sitzen.« Dr. Starke war um eine Nuance lauter geworden. »Das ist noch nicht alles. Sie haben sich gestern am Tatort auf Sylt aus der Verantwortung gestohlen. Das war ungeheuerlich.«

»Ich habe was?«

»Sie hätten die Leitung der Ermittlung übernehmen müssen. Stattdessen haben Sie damit Hauptkommissar Johannes aus Husum betraut.«

»Das war die einzig richtige Entscheidung. Einen besseren Beamten hätten wir nicht finden können.«

»Offenbar fehlt Ihnen Führungspraxis und Menschenkenntnis. Vielleicht ist das entschuldbar, da Sie nie Verantwortung getragen haben. Hauptkommissar Johannes ist nur kommissarischer Leiter der Husumer Kripo und durchaus nicht so unumstritten, wie Sie behaupten. Ich kann Ihnen versichern, dass die dortige Kripo nicht auf allen Posten optimal besetzt ist.«

»Denken Sie da an bestimmte Kollegen?«

»Ich werde mit Ihnen keine Namen diskutieren. Tatsache ist aber, dass zumindest ein Sozialfall in Husum durchgeschleppt wird. Ich verstehe nicht, wie dieser Mann sich bis heute halten konnte, geschweige denn Oberkommissar wurde. Aber das ist nicht unser Thema.« Dr. Starke lächelte Lüder an. »Haben Sie schon einmal in Erwägung gezogen, sich um die Position des Leiters der Husumer Kripo zu bewerben? Sie könnten in der eher harmlosen und abgeschiedenen Provinz Führungserfahrung sammeln.«

»Ich sehe meine Zukunft in dieser Abteilung«, sagte Lüder mit Entschiedenheit.

»Nicht in *meiner* Abteilung.«

»Doch!« Lüder hatte so bestimmt gesprochen, dass Dr. Starke fast ein wenig zusammenzuckte.

»Habe ich Sie richtig verstanden?«

»Ja! Und ich werde weiter in den Mordfällen Gruenzweig und Laipple ermitteln, und zwar so, wie ich es für richtig erachte.«

Dr. Starke hatte es die Sprache verschlagen. Er rang sichtbar nach Worten.

Lüder lehnte sich zurück, verschränkte die Arme vor der Brust, grinste den Kriminaldirektor an und sagte: »Sagt Ihnen der Name Hans-Martin Hollergschwandtner etwas? Es handelt sich um einen Tatverdächtigen auf Sylt, der sich mit schönen und unbeschwerten Tagen auf Sylt brüstet, die er auskosten kann, weil er unter dem wohlwollenden Schutz eines leitenden Polizeibeamten steht, dem er dafür mit dem Zugang zur bunten Welt der Sylter Schickeria und mit Frauen dienlich war.«

Dr. Starke lief rot an. Er schnappte nach Luft. »Sie ... Sie ... Das ist strafbar. Sie wollen mich mit unhaltbaren Anwürfen erpressen.«

»So? Das ging ja erstaunlich schnell, dass ich jemanden gefunden habe, dem der Schuh passt. Sie sind doch Jurist, Herr Starke. Wann hat Sie jemand erpressen wollen? Aber der Trottel Hollergschwandtner wird im ersten Verhör singen. Ich muss ihn nur mit dem Mordvorwurf konfrontieren.« Lüder lächelte den Kriminaldirektor an. »Und während meines Jahres im Personenschutz hatte ich ausreichend Gelegenheit, unseren Landesvater kennenzulernen. Er ist wirklich so volkstümlich und jovial, wie er sich in den Medien gibt. Man kann mit ihm über alles reden. Über *alles*. Und wenn sich manche auch lustig darüber machen, dass er sich keine Einweihung einer neuen Kindergartentoilette entgehen lässt, wenn nur ein Pressefotograf in der Nähe ist, so kann ich Ihnen versichern, dass er sich nicht nur für die Geschichten hinterm Deich, sondern auch für die hinter den Kulissen interessiert.«

»Das ist ungeheuerlich«, stammelte Dr. Starke. Er drohte Lüder mit dem ausgestreckten Zeigefinger. »Und für Sie, Herr Lüders, bin ich immer noch Herr *Doktor* Starke.«

»Schön, Herr *Doktor* Starke. Nehmen Sie bitte zur Kenntnis, dass ich für Sie Herr *Doktor* Lüders bin.«

»Sie sind was?«, hauchte der Kriminaldirektor.

Lüder verbeugte sich leicht. »Gestatten. Dr. jur. Lüder Lüders. Seit heute.« Er stand auf. »Ich werde mich dann wieder den Ermittlungen in den Mordfällen Lew Gruenzweig und Dr. Laipple zuwenden. Auf gedeihliche Zusammenarbeit, Herr Kriminaldirektor Dr. Starke.«

Wie gut, dass der neue Abteilungsleiter sein Grinsen nicht sehen konnte, als er den Raum verließ. Vor der Tür atmete Lüder tief durch. Es war ein gewagtes Unterfangen gewesen, Dr. Starke Bestechlichkeit vorzuwerfen. Lüders Verdacht war sehr vage. Er gestand sich ein, mit einem hohen Einsatz gespielt und dabei unverantwortlich auch die Existenz seiner Familie riskiert zu haben. Aber er hatte gewonnen. Sonst hätte der »Scheiß-Starke«, wie er mit einem Anflug eines Lächelns dachte, ihn sofort suspendiert. Es ist eine Ungeheuerlichkeit, einen Vorgesetzten der Bestechlichkeit zu bezichtigen. Sicher hatte Lüder sich auch strafbar gemacht, wenn er Dr. Starke damit unter Druck setzte und das Vergehen für sich behielt. Er war aber entschlossen, sein »Wissen« für sich zu behalten und es auch künftig immer dann einzusetzen, wenn es ihm erforderlich schien.

Doch was war mit Jochen Nathusius geschehen? Lüder war ratlos. Der Kriminaldirektor hatte immer hinter seinen Mitarbeitern gestanden. Außerdem zweifelte niemand daran, dass dieser brillante Analytiker die beste Besetzung für den Abteilungsleiterposten war. Lüder verdankte Nathusius fiel. Es war nicht nur die menschliche Art seines Vorgesetzten gewesen. Der Kriminaldirektor hatte ihm immer volles Vertrauen geschenkt und Lüders bisweilen unkonventionelle Arbeitsweise gedeckt. Und neben Margit war Nathusius derjenige, der Lüder gedrängt hatte, nach einem über zehnjährigen Anlauf endlich seine Doktorarbeit fertigzustellen. Der »Dr. jur.« war nicht zuletzt ein Verdienst des Kriminaldirektors. Aber nicht nur deshalb hatte Lüder Jochen Nathusius an diesem so bedeutenden Tag vermisst.

***

Große Jäger war überrascht gewesen, als er in Paulsens Büro zurückkehrte und dort Christoph Johannes antraf.

»Traust du dich nicht allein, der Husumer Unterwelt entgegenzutreten?«, fragte er.

»Die gibt es doch nicht, wenn du nicht präsent bist«, erwiderte Christoph Johannes. Dann wurde er ernst. »Dr. Starke ist nicht mehr in Flensburg.«

Im ersten Augenblick schien es, als würde Große Jäger explodieren. Dann schnappte er nach Luft. »Heißt das, der Scheiß-Starke ist Nachfolger vom Chef geworden?«

Christoph Johannes musste schallend lachen. »Komm wieder

runter, Wilderich. Es sieht so aus, als wären wir Dr. Starke für immer los.«

Große Jäger sah Christoph Johannes ungläubig an. »Du willst doch nicht sagen, dass er endlich in Kiel ist.«

»Doch. Er ist Abteilungsleiter des Polizeilichen Staatsschutzes.«

Große Jäger faltete die Hände wie zum Gebet. »Davon verstehen die Nordlichter nichts, weil sie dem falschen Glauben angehören. Das hat mein Benedikt aus Rom auch schon gesagt. Aber der liebe Gott ist gerecht und gütig.« Dann stutzte er. »Ach du gütiger Himmel. *Das* hat mein Lülü nicht verdient.« Dann wurde er ernst. »Das könnte heißen …« Er sah Christoph Johannes an und ließ den Satz unvollendet.

Der nickte. »Es ist nicht das erste Mal, dass wir beide den gleichen Gedanken haben. Wer arbeitet freiwillig unter Dr. Starke? So wachsen die Chancen, dass sich Lüder Lüders um die Position des Leiters der Husumer Kripo bemüht.«

Große Jäger schüttelte den Kopf. »Das geht nicht. Das bist du schon.« Er mochte aber nicht an seine eigene Aussage glauben, der auch alle Überzeugungskraft fehlte. »Aber deshalb bist du nicht in Westerland.«

»Unsere Sylter Kollegen haben den Urheber der Drohung gegen Dr. Laipple gefunden. Es handelt sich um Ferdinand Wohlfahrt …«

»Wie Lülü vermutet hat«, unterbrach Große Jäger.

Christoph Johannes nickte. »Der Mann haust auf einem Campingplatz im Süden Westerlands und ist dort schon einige Male negativ aufgefallen. Die Drohung steht aber offensichtlich in keinem Zusammenhang mit den beiden Morden. Wohlfahrt erwarten jetzt eine Anzeige und möglicherweise die Kosten des Polizeieinsatzes. Dann liegen ein paar weitere Untersuchungsergebnisse vor. Wenn du sie lesen möchtest … Sie sind im System abgespeichert.«

»Wenn du schon dabei bist, kannst du mir es auch in Kurzform sagen«, maulte Große Jäger.

»Die Rechtsmedizin hat im Blut des Selbstmörders Fixemer sowohl Alkohol als auch Benzodiazepin gefunden.«

»Flumitrapez?«

»Flunitrazepam«, korrigierte Christoph Johannes. »Das ist das Schlafmittel, das auch als Tranquilizer Verwendung findet. Mit dem

gleichen Wirkstoff war das erste Mordopfer Gruenzweig vollge-
pumpt.«

»Das bestätigt unsere These, dass Fixemer der Mörder ist und sich
anschließend selbst gerichtet hat. Dass er dieses Mittel einnahm, hat
uns auch sein Hausarzt in Neumünster bestätigt.«

»Die Sonderkommission verfolgt diese Spur sehr intensiv«, bestätigte Christoph Johannes. »Man hat noch Fixemers Frau befragt.
Sie sagt, sie hätte die Arznei in die Reisetasche gepackt, die ihr Mann
mit nach Sylt genommen hatte. Es gibt aber noch eine Neuigkeit
von der Kriminaltechnik.«

»Nun mach es nicht so spannend«, sagte Große Jäger unwirsch.

Er zeigte auf das Telefon. »Da musst du schon Frau Dr. Braun in
Kiel anrufen.«

Große Jäger schlug die Hände theatralisch vor das Gesicht. »Das
kannst du mir nicht antun. Wenn die Frau zu erklären beginnt …
Da muss man sich zwischendurch zweimal rasieren.« Er fuhr sich
mit der Hand über die blau schimmernden Bartstoppeln auf seiner
Wange.

»Damit hast du keine Probleme. Es geht um das Segeltau, das Fixemer am Rantumer Hafen vom Schiff des Nordstrander Bootes
abgeschnitten hat. Fixemer war zu der Zeit mit Balzkowski in dessen Wagen unterwegs.«

»Ah«, fiel ihm Große Jäger ins Wort. »Das hat Lülü angeordnet.
Balzkowski hatte ausgesagt, dass Fixemer das Seil angeblich gefunden hatte und für seinen Sohn mitnehmen wollte. Sie haben das Seil
in Balzkowskis Wagen mitgenommen und später in Fixemers Auto
umgeladen.«

»Und auf Anordnung von Lüder Lüders hat die Spurensicherung auch Fixemers Wagen untersucht. Dort fanden sich keine Mi-
krofasern vom Segeltau. Die Techniker sind aber der Meinung, dass
es relativ unwahrscheinlich sei, wenn das Seil im Kofferraum Er-
schütterungen während der Fahrt ausgesetzt ist, dass sich nicht kleine nachweisbare Fasern lösen und im Filz der Kofferraummatte
verhaken. Man könnte folglich davon ausgehen, dass das Seil nicht
in Fixemers Kofferraum gelegen hat. Zumindest nicht lose. Wenn
er es aber zuvor in eine Plastiktüte gesteckt hat, dann …«

Christoph Johannes vollendete den Satz nicht.

»Gibt's sonst noch was?«

»Ja.«

»Nun mach es nicht so spannend.«

»Deine Nachbarn sind sauer auf dich. Nun bist du schon so eine Art Polizeichef in Husum, und wenn sie dich einmal brauchen, versagst du jämmerlich.«

»Du gütiger Himmel«, jammerte Große Jäger. »Sag nicht, dass es immer noch um diesen BMW geht, der gegenüber auf dem Parkstreifen abgestellt wird und dessen Halter lieber das Verwarnungsgeld zahlt, statt sich einen anderen Parkplatz zu suchen.« Er zeigte mit dem Finger auf Christoph Johannes.

»Bist du mit dem Volvo da?«

Als der nickte, fuhr er fort. »Dann muss ich nicht Bahn fahren und mich mit Mehlwurms Beklopptenklavier herumärgern.«

»Mit was?«

»Mit dem Fahrkartenautomaten im Bahnhof.«

SIEBEN

In der Familie war wieder der Alltag eingekehrt, obwohl Margit immer noch mit Lüder grollte.

»Es ist dein Tag«, hatte sie ihm vorgeworfen. »Da kannst du nicht einfach verschwinden. Ich kam mir ziemlich blöd vor, als ich mit deinen Gästen dasaß. Wie gut, dass das alles liebe und umgängliche Menschen sind. Du solltest dir von deinem Vater eine Scheibe abschneiden. Der hat sich hinreißend um mich und die Kinder gekümmert.«

Auch Lüders Bericht über das geheimnisvolle Verschwinden von Nathusius hatte Margit nur bedingt beruhigen können. Lüder war bemüht gewesen, das morgendliche Ritual in der Familie betont routinemäßig ablaufen zu lassen. Daran, dass die drei Großen mit der gewohnten Leidensmiene den Schulweg antraten, hatte er erkannt, dass der Vortag vergessen war. Und Margit – sie hatte ja recht – war nicht nachtragend.

Auf dem großen Gelände des Polizeizentrums Eichhof in Kiel, auf dem auch das Landeskriminalamt untergebracht war, hatte er ein paar bekannte Gesichter gesehen und Morgengrüße ausgetauscht. Jetzt saß er in seinem Büro, als die Tür mit gewohntem Schwung aufgerissen wurde und Friedjof mit den täglichen Post- und Umlaufmappen erschien.

»Oh – oh. Aua –aua«, stöhnte Friedjof und hielt sich die freie Hand an den Kopf. Er ließ sich auf einen Besucherstuhl vor Lüders Schreibtisch fallen, warf die mitgebrachten Unterlagen auf den Schreibtisch, streckte alle viere von sich und massierte mit der anderen Hand seinen Bauch. »Ist mir schlecht. Und das tut so furchtbar weh.«

»Was ist mit dir, Friedhof?«, fragte Lüder, dem das verdächtige Zucken um Friedjofs Mundwinkel nicht entgangen war.

»Kannst du mir nicht schnell helfen?«, fragte der Bürobote.

»Ich könnte Dr. Diether von der Pathologie anrufen und ihm noch für heute einen Neuzugang ankündigen.«

»Mir ist so übel, und alles tut weh«, jammerte Friedjof.

»Was kann ich dafür?«

»Ich habe gehört, du bist Arzt«, stammelte Friedjof.

»Wie kommst du darauf?«

»Hat Edith aus dem Sekretariat gesagt. Er ist jetzt Dr. Lüders. Und da habe ich gedacht, wenn du Doktor bist, kannst du mir helfen.«

Lüder lachte. »Ich verstehe nur etwas von Veterinärmedizin. Und da werden Patienten mit deinen Symptomen erschossen. Was gibt's sonst Neues?«

Friedjof zeigte mit dem Daumen über die Schulter. »Das ist vielleicht ein Muffkopp, der da für den Kriminaldirektor gekommen ist. Mannomann. Wenn der bleibt, lasse ich mich in die Kantine zum Kartoffelschälen versetzen.«

»Sei unbesorgt, Friedjof. Das ist nur eine Frage der Zeit, bis der Neue als Scheibe für die Schießanlage abkommandiert wird. Oder er wird Innenminister.«

»Echt?«, sagte Friedjof und stand auf. »Ich muss weiter. Und – noch was. Glückwunsch und so.« Er streckte Lüder den Daumen entgegen und setzte seine Runde fort.

Lüder wandte sich seinem Computer zu und las den vorläufigen Bericht der Kriminaltechnik, den Frau Dr. Braun ihm zugesandt hatte. Die Untersuchungen am weißen Audi würden noch andauern. Man prüfte akribisch, ob technische Mängel vorgelegen hatten, die unter Umständen dafür verantwortlich waren, dass das Fahrzeug aus der Kurve getragen wurde. Die Beamten des Polizeibezirksreviers hatten die Unfallstelle untersucht. Es gab keine Anzeichen für eine Verschmutzung der Fahrbahn, weder durch Öl noch landwirtschaftliche Fahrzeuge. Dafür hatte man ermittelt, dass Matthias Sommer, der Fahrer, zum Zeitpunkt des Unfalls ohne Freisprecheinrichtung mit seinem Handy telefoniert hatte. Für Lüder stand ohnehin fest, dass der Journalist zu schnell gefahren war und dass das in Verbindung mit der regennassen Straße die Ursache für das verhängnisvolle Unglück war. Leider sind unsere Friedhöfe voll von »sicheren Fahrern«, die ohne jede Berücksichtigung der Physik allen Gefahren trotzen, dachte Lüder.

Von alldem stand nichts in der Zeitung. Stattdessen mutmaßte Leif Stefan Dittert, dass der Wirtschaftsjournalist etwas herausgefunden hatte, was den Behörden nicht behagte. Natürlich hatte LSD vermieden, diese Behauptung direkt zu formulieren. Jeder halbwegs intelligente Leser musste die Absicht des Reporters erkennen. Ob die aber die Mehrheit der Leserschaft stellten, wagte Lüder nicht zu beantworten.

Im Holsteinischen Courier, der regionalen Zeitung für den Raum Neumünster, fand er die Überschrift »Mitarbeiter auf dem Klo belauscht«. Der Journalist stellte die Frage, ob jetzt alle deutschen Arbeitnehmer belauscht würden. Wie sicher sind unsere Arbeitsplätze noch? Nicht einmal mehr das Örtchen ist ein diskreter Ort. Jetzt hatte es nach Lidl und der Telekom auch Noskemeier in Neumünster erwischt. Die Geschäftsführung stand für eine Stellungnahme nicht zur Verfügung, hieß es weiter, hatte aber verlauten lassen, dass sie eine solche Vorgehensweise nicht dulden könne. Der Artikel schloss mit der Bemerkung, dass Staatsanwaltschaft und Polizei ermitteln würden. Man habe bereits eine erste Spur.

Lüder war enttäuscht. Er hatte Leif Stefan Dittert Informationen zugespielt und gehofft, der windige Zeitungsmann würde sie einschließlich der Hinweise auf den Düsseldorfer Wirtschaftsanwalt Dr. Dr. Buurhove nutzen, um diesen und seine zwielichtigen Methoden im Boulevardblatt anzuprangern. Aber Dittert, der Bluthund, hatte sich auf andere Themen gestürzt.

Lüder suchte das Büro von Helge Thiel auf.

»Was ist bei Ihnen los?«, wurde er vom Hauptkommissar begrüßt. »Da kursieren die tollsten Gerüchte. Wo ist Nathusius geblieben?«

»Alle Vermutungen dieser Welt taugen nichts. Gerade wir bei der Polizei wissen, dass man sich nur auf Fakten stützen sollte«, wich Lüder aus. Er hätte zu gern selbst gewusst, was sich hinter den Kulissen abgespielt hatte. Aber er traf auf eine Wand des Schweigens.

»Ich wollte hören, wie weit die Ermittlungen in der Abhörsache Noskemeier sind«, fragte Lüder.

»Günter Hartwig, der Geschäftsführer, und Knudsen, der Betriebsrat, haben jeweils Strafanzeige erstattet. Wir verfolgen im Augenblick eine Spur, die auf Willi Kwiatkowski zuläuft. Der Privatdetektiv aus Mülheim an der Ruhr scheint die Abhöranlage und die Minikameras installiert zu haben.«

»Kwiatkowski ist nur ein kleines Licht«, sagte Lüder. »Früher war er als Handlanger für Dr. Dr. Buurhove unterwegs. Der Mann hat damals für eine internationale Wirtschaftskanzlei gearbeitet und ist aus dem Geschäft geboxt worden.« Lüder verschwieg, dass es eine nicht ganz legitime Aktion von ihm war, die Buurhoves Karriere beendet hatte. »Heute ist er als Unternehmensberater tätig. Ich glaube, er soll die Interessen von Dr. Gisbert Hundegger wahrnehmen. Wir haben immer noch keine konkreten Anhaltspunkte, was Hundegger möchte. Bisher sind es nur Vermutungen, dass er sein ganzes Imperium an die Chinesen verkaufen will.«

»Wir bleiben am Ball«, versprach Helge Thiel.

Wenn wir nur wüssten, welche Dokumente Dr. Laipple von seinem Mörder entwendet wurden, dachte Lüder auf dem Rückweg in sein Dienstzimmer. Ich weiß immer noch zu wenig von den Beteiligten, setzte er seine Überlegungen fort. Welche Geheimnisse umgeben Vater und Sohn Hundegger, die beiden Opfer Gruenzweig und Laipple, Dr. Dr. Buurhove? Warum nahm sich Hubert Fixemer das Leben? Lüder begann seine Informationen zusammenzufügen.

Es war eine ganze Weile später, und der Notizblock vor ihm hatte sich schon mit einer Reihe von Stichworten gefüllt, als Große Jäger anrief.

Der Oberkommissar berichtete von den jüngsten Ereignissen auf der Insel.

»Bei mir hat es geklingelt, als Gödeke Matthiessen von der Begegnung mit einem Fremden sprach. Die zwei haben sich ordentlich etwas hineingeschüttet. Kollege Paulsen hat einen Mitarbeiter in die Kneipe geschickt. Der Wirt konnte die Passage bestätigen. Matthiessen ist ihm bekannt, aber den zweiten Zechkumpan konnte er nicht beschreiben. Und als Matthiessen erwähnte, dass der andere behauptete, Betriebsrat eines Unternehmens zu sein, das geschlossen werden soll, dachte ich an Hubert Fixemer.«

»Das könnte zutreffen«, überlegte Lüder laut. »Obwohl Balzkowski behauptet hat, er hätte mit Fixemer getrunken.«

»Es passen noch mehr Dinge. Bei Fixemer wurde eine erhebliche Alkoholkonzentration im Blut gemessen.«

»Aber erst am Folgetag, als er Selbstmord beging.«

»Restalkohol«, erklärte Große Jäger. »Da kenne ich mich aus. Außerdem ist der Tranquilizer identisch. Die Spuren fanden sich sowohl in Fixemers wie in Gruenzweigs Blut.«

Große Jäger legte eine Pause ein, und da Lüder schwieg, fuhr er fort: »Hinzu kommt die zeitliche Übereinstimmung. Am Abend, als Matthiessen und seine neue Bekanntschaft kräftig getrunken haben, wurde Gruenzweig ermordet.«

»Moment«, fuhr Lüder dazwischen. »Das ist doch ein Entlastungsargument.«

»Stimmt«, erwiderte Große Jäger. »Also muss Lothar Balzkowski, der andere Betriebsrat, Matthiessens Zechkumpan gewesen sein. Das hat er uns auch im Gespräch auf Sylt bestätigt, als wir ihn uns vorgenommen hatten. Er hat uns sogar die Kneipenquittung gezeigt. Mit seiner Einlassung, er hätte mit Fixemer getrunken, wollte er diesem ein Alibi verschaffen.«

»Also doch Fixemer«, sagte Lüder halblaut.

»Der ja auch am Morgen nach dem Mord panikartig abgereist und nach Neumünster zurückgekehrt ist.«

»Da müssen wir noch nachbohren.«

»Habe ich mir gedacht«, sagte Große Jäger. »Deshalb habe ich mich mit Lothar Balzkowski in Verbindung gesetzt. Der fährt heute von Sylt zurück nach Gelsenkirchen. Er wird in Husum Station machen und uns in der Direktion aufsuchen.«

»Da wäre ich gern dabei«, sagte Lüder.

»Sie haben ein schnelles Auto. Wir warten mit dem Verhör, bis Sie da sind.«

Es ist ein Phänomen, dass eine Strecke, die man ein zweites oder drittes Mal fährt, nicht mehr so weit erscheint wie beim ersten Mal. Lüder war über die Autobahn zweiter Klasse, wie er die Verbindung zwischen Kiel und Rendsburg nannte, auf der es keinen Randstreifen gab, über die Kanalhochbrücke bis Schleswig/Schuby gefahren und hatte dann die Bundesstraße Richtung Husum genutzt. Diese Querverbindung ließ sich relativ schnell bewältigen, es sei denn, man hatte einen Lkw oder landwirtschaftlichen Verkehr vor sich.

Er stellte seinen BMW hinter dem Gebäude der Husumer Polizeidirektion in der Poggenburgstraße ab und traf im Büro Christoph Johannes und Große Jäger. Der dritte Schreibtisch war immer noch leer.

»Da wohnt Mommsen«, erklärte Große Jäger. »Das Kind. Der

ist schon im zweiten Jahr auf der Polizeihochschule in Münster. Der soll Karriere machen. Aber im Herbst kommt er wieder.« Er schniefte durch die Nase. »Ist dann wohl so 'ne Art Polizeigeneral. Und das hier in Husum.«

Große Jäger angelte nach einer zerknautschten Zigarettenpackung und zündete sich einen Glimmstängel an. Er bemerkte Lüders erstaunten Blick. »Ich weiß. Das ist in öffentlichen Gebäuden verboten. Nur nicht in Husum. Die Nordfriesen sind eben liberal und tolerant. Ich hätte den sehen mögen, der dem Chef untersagt hätte, in seinem Büro Zigarre zu rauchen. Apropos Chef … Vielen Dank auch.«

Lüder war eben so ratlos wie Christoph Johannes, mit dem er einen Blick wechselte.

Große Jäger nutzte seine Zigarette als Zeigestock und wies auf Lüder. »Dafür, dass Sie uns den Scheiß-Starke vom Hals gehalten haben. Sind Sie ihm schon begegnet?«

»Am Rande«, erklärte Lüder. »Wir haben uns nur kurz guten Tag gesagt und einer konstruktiven und angenehmen Zusammenarbeit versichert.«

»Das geht doch nicht mit dem Arsch.«

»Wilderich!«, wurde Große Jäger von seinem Kollegen zurechtgewiesen.

»Ich weiß«, erwiderte der Oberkommissar gelassen. »Ich soll zum Scheiß-Starke nicht sagen, dass er ein Arschloch ist.« Er nahm einen tiefen Zug aus seiner Zigarette. »Hätte man auf uns in Nordfriesland gehört, wäre der ganze Mist mit der Finanzkrise nicht passiert. Kennen Sie das wunderbar restaurierte Gebäude des Husumer Brauhauses am Ende der Neustadt?«

Lüder nickte. Das Haus war wirklich ein Schmuckstück.

»Das war früher die Direktion der Westbank«, erklärte Große Jäger. »Die wurde mit der Vereinsbank in Hamburg zur Vereins- und Westbank verschmolzen. Nach diesem gut funktionierenden Institut haben die unersättlichen Bayern gegriffen und die letzten Aktionäre durch eine Zwangsabfindung herausgedrängt, bis die HypoVereinsbank aus München selbst von der UniCredit aus Mailand okkupiert wurde. Dazwischen gab es eine Reihe von Skandalen. Inzwischen geht es nicht nur den Italienern schlecht, sondern auch der Abkömmling Hypo Real Estate ist ziemlich kaputt. Mit der damaligen Publikation des neuen Namens HypoVereinsbank wurde auch der Slogan ›Leben Sie. Wir kümmern uns um die Details‹ veröffentlicht. Da hat keiner geahnt, dass es ein Leben auf Pump wird. So sieht praktische Gigantomanie aus. Als die Westbank noch in Husum residierte, war sie frei von Problemen. Und wäre es vermutlich auch geblieben«, fügte er etwas leiser an.

»Das ist eine nostalgische Betrachtungsweise«, sagte Christoph Johannes, doch Große Jäger winkte ab.

»Ich bin sicher kein Wirtschafsexperte, aber diesen überbordenden Wahnsinn verstehe ich nicht.«

Christoph Johannes wollte zu einer Erwiderung ansetzen, als der Besuch angekündigt wurde. Kurz darauf erschien Lothar Balzkowski. Der Erste Hauptkommissar bot ihm Platz an, Große Jäger bestellte im Geschäftszimmer Kaffee, und dann begann der Mann aus dem Ruhrgebiet ohne Aufforderung zu sprechen.

»Moment«, bremste ihn Große Jäger. »Zunächst müssen wir ein paar Formalien abklären. Sie heißen Lothar Balzkowski. Alter?«

»Sechsundvierzig.«

»Wohnhaft?«

»Gelsenkirchen, Brinkmannsweg.«

»Ist das in Schalke?«

Balzkowski lachte auf. »Warum denkt ganz Deutschland immer an Schalke, wenn der Name Gelsenkirchen fällt? Nein. Das ist im Norden der Stadt. In Hassel. Schalke und das Stadtzentrum sind für uns ferne Welten. Wir orientieren uns nach Buer-Mitte hin. Das kennt niemand. Dabei ist es dort urgemütlich. Aber das sind die typischen Vorurteile, wenn man über den Pott spricht.«

»Sie arbeiten in Dortmund?«

»Ich bin freigestellter Betriebsrat der Vereinigten Dortmunder Hütte AG, die zum Hundegger-Imperium gehört.«

»Wie kommt man damit zurecht, in Gelsenkirchen zu wohnen und in Dortmund zu arbeiten?«

»Was wollen Sie damit … Ach so.« Balzkowski lachte. »Mein Herz schlägt gleichzeitig für die Borussia und für Schalke 04. Ich bin ein echtes Kind des Ruhrgebiets und kann mich gleichzeitig für Dortmund und Schalke, zusätzlich aber auch für die vermeintlich graue Maus VfL Bochum begeistern. Ruhrgebiet und Fußball – das gehört zusammen. Das ist unser Leben. Und alle drei Vereine verkörpern den Fußball im Ruhrgebiet. Wissen Sie, Ruhrgebiet – das ist keine Gebietsangabe, das ist die Definition eines Lebensgefühls.«

»Und da trifft es Sie hart, wenn irgendwer aus dem Süden im Ruhrgebiet etwas plattmachen will«, schwenkte Große Jäger auf das eigentliche Thema um.

»Das ist immer die gleiche Schweinerei. Da sitzen irgendwelche Leute und wollen Kasse machen. Das interessiert die einen feuchten Dreck, wer das alles aufgebaut hat. Seit Jahrzehnten malochen die Arbeiter. Mein Vater hat schon am Hochofen gestanden. Und nun soll alles plötzlich vorbei sein? Aus? Ende? Da kommt doch der heilige Zorn hoch.«

»Haben Sie mit Hundegger junior gesprochen?«

»Das ist doch eine ganz linke Bazille. Haben Sie eine Ahnung, was da läuft? Die machen doch da unten in Schwaben eine ganz heiße Nummer. Hundegger-Industries – das ist ein krummes Ding. Die stellen computergesteuerte Werkzeug- und Präzisionsdrehmaschinen her, die unter anderem in der Waffenproduktion heiß begehrt sind.«

»Dann ist es nicht verwunderlich, wenn die Chinesen so heiß auf das Unternehmen und dessen Know-how sind. Das würde auch erklären, dass …« Lüder brach mitten im Satz ab. Er wollte in Gegenwart von Balzkowski nicht den Namen Dr. Dr. Buurhove erwähnen.

»Ich habe mich da mal schlaugemacht«, fuhr Balzkowski fort. »Der alte Konsul möchte den Konzern gern behalten. Leider hat er alles seinem unfähigen Sohn übergeben.«

»Das zeugte aber nicht von Weitblick«, warf Christoph Johannes ein.

»Er konnte nicht anders. Jedenfalls möchte Dr. Gisbert Hundegger jetzt Kasse machen. Gegen den Widerstand des Seniors. Der ist noch ein alter Unternehmer von echtem Schrot und Korn. Der Konsul empfindet Verantwortung für das Wohl seiner Belegschaft und hat auch in schwierigen Zeiten eine hohe soziale Kompetenz bewiesen.«

»Warum ist er entmachtet worden? Zumindest klingt es so.«

»Darf ich noch einen Kaffee?«, lenkte Balzkowski ab.

Während Große Jäger Nachschub bestellte, wiederholte Christoph Johannes seine Frage.

»Das ist schon ein Weilchen her. Da war etwas aus dem Ruder gelaufen, und es gab ein paar Probleme.«

»Welcher Art waren diese?«

Balzkowski sah Christoph Johannes an und zuckte die Schultern. »Keine Ahnung. Man munkelt, dass es Versäumnisse in der Weiterentwicklung gab. Der Laden war nicht innovativ genug. Jedenfalls hat die gute Verbindung zum damaligen Direktor der Stuttgarter Zweigniederlassung der Bank dazu beigetragen, dass Hundegger gerettet wurde.«

»Wissen Sie, wer das war?«

»Sicher. Dr. Laipple, den man jetzt auf Sylt umgebracht hat. Da gibt es alte Seilschaften rund um Stuttgart. Der Laipple stammt aus Calw. Die hängen doch alle irgendwie zusammen. Da weiß jeder vom anderen, welchen Dreck der am Stecken hat. Laipple war schon immer ein Cleverle. Der hat das Potenzial, das in der Hundegger-Fabrik steckte, erkannt und die Bank als Investor eingebracht. Die sind bis heute an Hundegger-Industries beteiligt und haben es auch ermöglicht, dass der alte Hundegger sich ein Imperium zusammenkaufen konnte. Darunter unser Stahlwerk und auch Noskemeier aus Neumünster. Ich vermute, dass die Bank im Rahmen der Finanzkrise auch neues Geld braucht und deshalb aufseiten des jungen Hundegger ist, der alles verkloppen will. Die wollen Kasse machen. Da kommen die Chinesen gerade recht. Überlegen Sie einmal. Wenn jetzt viele Banken Unmengen von Geld verlieren, dann muss es doch irgendwo geblieben sein. Geld löst sich nicht in Luft auf. Man spricht immer nur von Verlusten, aber irgendwo ist es doch geblieben.«

»Solche Leute wie Gruenzweig?«

»Sie müssen schon selbst zu einer Meinung kommen.«

Lüder betrachtete Christoph Johannes nachdenklich. Der Leiter der Husumer Kripo bewies ein außergewöhnliches Geschick, Balzkowski Informationen zu entlocken, die plötzlich vieles klarer aussehen ließen. Insbesondere schien es jetzt eine Verbindung zwischen den Beteiligten zu geben, auch wenn die unterschiedlichen Tatausführungen der Morde an Gruenzweig und Dr. Laipple auf zwei Täter deuteten. Warum wurde der Bankmanager ermordet? Enthielten die entwendeten Papiere so brisante Informationen?

»Es gibt einen signifikanten Unterschied zwischen Vater und

Sohn Hundegger einerseits und Dr. Laipple andererseits«, mischte sich Lüder ein. »Die Hundeggers sind Unternehmer. Dr. Laipple war Manager.«

Balzkowski beugte sich vor. Die Schläfenadern traten deutlich hervor. Der Volksmund nannte sie Zornesadern.

»Ich halte nichts von Managern. Wir erinnern uns an Daimler. Da wurden im Größenwahn Milliarden verpulvert, als die Chrysler kauften und jedes Jahr Unmengen in den maroden Laden buttern mussten. Haben Sie schon vergessen, dass Daimler Eigentümer der Fokker Flugzeugwerke war, als die pleitegingen? Was war mit BMW und Rolls-Royce? Jeder Familienvater überlegt beim Kauf eines neuen Autos, wie hoch der Wiederverkaufswert ist. Aber die Manager, die kaufen – wie die Allianz – für Milliarden mal eben eine Bank, die über hundert Jahre gut und allein gewirtschaftet hat – und versilbern sie nach einiger Zeit wieder für die Hälfte. Macht nichts? Doch! Wenn die das Geld nicht verbrannt hätten, könnte mir die Versicherung bequem einen wesentlich höheren Gewinnanteil für meine Lebensversicherung auszahlen. So funktioniert Misswirtschaft. Nein, mein Lieber. Kein Unternehmer würde so handeln. Die verantworten ihr eigenes Geld, nicht das der anderen. Und wenn die Mäuse weg sind – verzockt. Pech gehabt. Das wäre eine lohnende Aufgabe für die Polizei: Jagen Sie die Vermögensmörder.«

»Ich gebe nichts auf solches Geschwätz. Die deutschen Banken sind hervorragend durch die Krise gekommen. Das zeugt vom hohen Standard des heimischen Kreditwesens und der verantwortungsvollen Führung durch dessen Management. Das sollte anerkannt werden, statt zur populären Hetze gegen die wirtschaftlichen Leistungsträger beizutragen«, sagte Lüder. Er war selbst nicht von seiner Antwort überzeugt, wollte Balzkowski damit aber provozieren, weil er der Überzeugung war, dass sie mit dem Betriebsrat eine munter sprudelnde Quelle angezapft hatten.

»Wer bezahlt das alles? Der kleine Mann, der Steuerzahler. Deshalb muss dem Einhalt geboten werden.« Balzkowski war in seiner Erregung laut geworden. »Vor lauter Gier blendet es die Leute so, dass sie die Gefahren gar nicht mehr erkennen. Erinnern Sie sich an den sogenannten Neuen Markt? Da glaubte jeder selbst ernannte Börsenguru, dass er sich mit den Aktien der Newcomer reich spekulieren könne. Es gehörte nur logischer Menschenverstand dazu, zu erkennen, dass die Blase irgendwann platzt. Wenn irgendjemand Geld verdient, muss es logischerweise ein anderer bezahlen. Geld fällt nicht vom Himmel. Und wenn die Dummen nichts mehr haben, bum. Alles vorbei. So funktionieren Spekulationen.«

Große Jäger lehnte sich in seinem Bürostuhl zurück, dass die Federn ächzten. »Ich verstehe nicht, weshalb das Stahlwerk in Dortmund so interessant sein soll. Die Sache mit dem Know-how aus Stuttgart – das Ding mit der Waffenproduktion – ja, aber Stahl? Den können die Schlitzaugen doch auch kochen.«

»Wir haben mittlerweile eine Überproduktion von Stahl, besonders jetzt in der Rezession«, erklärte Balzkowski. »Wenn weltweit Kapazitäten stillgelegt werden, verknappt sich das Angebot, und die Preise steigen.«

»Und warum muss das in Deutschland geschehen?«

»Weil die Löhne hier um ein Vielfaches höher sind als in China oder Indien. In Asien kostet die Tonne Stahl weniger, während die Preise auf dem Weltmarkt gleich sind. Also: Gleicher Preis, aber weniger Kosten bedeutet höherer Gewinn. Da fragt niemand, ob Arbeitnehmer und ihre Familien dabei draufgehen.«

»Ist es denn besser, wenn in China Arbeiter entlassen werden und die Menschen dort ohne Einkommen sind?«, fragte Große Jäger.

Balzkowski lief rot an. Er holte tief Luft. Unzweifelhaft stand er kurz davor, zu explodieren.

»Wir haben noch eine andere Frage«, wechselte Lüder schnell das Thema. »Sie haben uns auf Sylt eine Quittung gezeigt. Danach waren Sie am Abend, als Lew Gruenzweig ermordet wurde, in Westerland unterwegs und haben in einer Gaststätte getrunken.«

Balzkowski sah immer noch Große Jäger an. Mit einem Kopfschütteln, in dem alle Verachtung für eine solch törichte Anmerkung steckte, drehte er sich zu Lüder um.

»Das war reiner Frust, nachdem alles, aber auch alles auf Sylt schiefgelaufen war.«

»Mit wem haben Sie getrunken?«

»Mit Hubert Fixemer.«

»Das stimmt nicht.«

Balzkowski knetete verlegen seine Finger, bis er schließlich gestand: »Ich weiß nicht mehr. Irgendein Einheimischer.«

»Worüber haben Sie gesprochen?«

»Mann. Ich war frustriert. Es war ziemlich heftig. Ich habe keine Ahnung. Nix. Alles weg.«

»Sie werden sich im Groben erinnern. Das Generalthema?«, fragte Christoph Johannes.

»Ich sagte schon: Da ist ein Loch.« Er legte beide Handballen an die Schläfe und fuhr sich mit den Fingern durch die Haare. Nachdem die drei Polizisten ihn ansahen und schwiegen, fühlte er sich schließlich verpflichtet, zu erklären: »Ich glaube, über Fußball. Eine ganze Weile. Und über Politik und die ganze Scheiße, die da im Augenblick passiert. Der andere war auch ganz schön sauer. Irgendwie auch 'ne arme Sau.«

»Können Sie den Mann beschreiben?«

»Hören Sie!« Balzkowski sah Christoph Johannes durchdringend an. »Das war eine Kneipenbekanntschaft. Man sitzt dort und stiert ins Glas. Ich bin doch nicht schwul und merke mir das Aussehen von irgendwelchen Kerlen.«

»Was hat Hubert Fixemer an diesem Abend gemacht?« Lüder hatte die Frage gestellt.

»Keine Ahnung. Er hat gesagt, er fühlte sich nicht wohl. Deshalb ist er nicht mitgekommen.« Balzkowski senkte die Stimme. »Das alles hat Hubert ordentlich was mitgenommen. Der war ziemlich unten. Ich glaube, er hat auch Tabletten geschluckt.«

»Was für welche?«, fragte Christoph Johannes dazwischen.

»Woher soll ich das wissen? Wir waren ja nicht befreundet. Nicht direkt. Uns verband lediglich das gemeinsame Interesse für die Kollegen in unseren Betrieben.«

»Haben Sie am darauffolgenden Morgen noch miteinander gesprochen?«

»Nee. Da war Hubert schon weg. Ich war ziemlich überrascht. Ohne jede Verabschiedung. Der muss in Panik gewesen sein. Das verwundert einen auch nicht, wenn man überlegt, dass er jemanden umgebracht hat.«

Lüder hatte immer noch nichts unternommen, um das Problem seines Girokontos zu lösen. Er hatte angelegte Gelder umgebucht und sich geärgert, dass ihm dadurch weitere Kosten für Gebühren und »Strafzinsen« entstanden waren. Es galt nicht nur, den laufenden Haushaltsbedarf der Familie zu decken, besondere Ausgaben wie die Feier anlässlich seiner Promotion zu zahlen, er musste auch die nicht unerheblichen Reisekosten und Auslagen vorstrecken, die durch die Ermittlungen in diesem Fall entstanden. Und wenn er noch mehr reisen müsste, könnte es an die Grenze der ihm zur Verfügung stehenden Mittel gehen. Im Zweifelsfall musste er seine Eltern anpumpen. Es grenzte fast an Ironie, dass Dr. Laipple durch seinen kindischen »Racheakt« die Aufklärung seiner eigenen Ermordung behinderte.

Sie hatten nach der Vernehmung von Lothar Balzkowski noch zu dritt über den Fall diskutiert. Es gab vieles, was für die von Oberstaatsanwalt Brechmann vertretene These sprach, dass Hubert Fixemer der Mörder Lew Gruenzweigs war. Hatte der Neumünsteraner geglaubt, dadurch den Verkauf seines Arbeitgebers abwenden zu können? Aber das war nicht logisch, da stets vom Interesse der Chinesen gesprochen wurde, und bisher gab es keine Verbindung zwischen den Asiaten und Gruenzweig.

»Die gestohlenen Papiere könnten uns vielleicht Aufschluss geben, welche gemeinsamen Interessen Gruenzweig und Laipple verfolgten«, sagte Lüder.

»Und die schwäbischen Hunde sollten uns erklären, welche Rolle sie spielen«, ergänzte Große Jäger.

»Du meinst Vater und Sohn Hundegger«, sagte Christoph Johannes.

Große Jäger zog an seiner Zigarette. »Sagte ich doch.«

»Wir könnten uns auch Buurhove vornehmen«, sagte Lüder. »Der Unternehmensberater ist offensichtlich im Auftrag der Chinesen unterwegs.«

Große Jäger kratzte sich die Bartstoppeln. »Weiß jemand, was Unternehmensberater sind?«, fragte er.

Lüder nickte. »Die Eunuchen der Wirtschaft. Sie wissen alles und können nichts. Aber zurück zu unserem Fall. Wir haben noch zwei Eisen im Feuer. Der von uns vermutete Deal zwischen Laipple und Gruenzweig und die Hundeggers. Ich werde jetzt nach Hamburg fahren und versuchen, einen oder beide Hundeggers zu finden.«

»Ich komme mit«, verkündete Große Jäger und griff zum Telefon, das sich mit einem Schnarren meldete.

»Wen wollen Sie sprechen?«, fragte er ungläubig und hielt die Hand über die Muschel. Mit der anderen Hand machte er eine

Wischbewegung vor seiner Stirn. »Dem bekommt schon nach zwei Tagen die Kieler Luft nicht mehr.« Er reichte den Hörer an Lüder weiter. »Der Scheiß-Starke. Der will Dr. Lüders sprechen.«

Lüder übernahm den Hörer. »Dr. Lüders.« Mit einem breiten Grinsen sah er Große Jäger an, der für einen Augenblick völlig perplex schien.

»Starke. Ich wollte hören, wie weit Ihre Ermittlungen vorangekommen sind.«

»Ich werde Sie informieren, sobald diese konsolidiert sind.«

»Ich erwarte Ihren Bericht, Herr Dr. Lüders.«

»Sie hören von mir, Herr Dr. Starke.«

Nachdem Lüder den Hörer auf die Gabel zurückgelegt hatte, sah er Große Jäger an. Dem stand die Ratlosigkeit ins Gesicht geschrieben.

»Doktor?«, fragte er gedehnt.

Lüder nickte. »Seit gestern. Aber für dich bin ich weiterhin Lüder.« Er sah Christoph Johannes an. »Von mir aus gilt das nicht nur für sympathische und fähige Oberkommissare.«

Christoph reichte ihm die Hand.

»Donnerwetter«, sagte Große Jäger immer noch überrascht. »Damit haben Sie mich echt vom Sockel geholt.«

Alle drei lachten herzhaft, weil der Oberkommissar standhaft beim »Sie« blieb.

»Ich werde mit Christoph noch einmal alle kriminaltechnischen Ergebnisse durchgehen«, sagte Lüder zu Große Jäger. »Du kannst währenddessen versuchen, herauszufinden, wo die beiden Hundeggers in Hamburg geblieben sind.«

Es war dem Oberkommissar anzusehen, dass ihm diese Aufgabenteilung zusagte.

Der Regen der letzten Tage war einem wechselhaften Aprilwetter gewichen. Wolken jagten über den Himmel, vom Westwind getrieben, und bildeten immer neue Formationen. Zwischen den unterschiedlichsten Schattierungen aus bedrohlichem Grau und hellem Weiß riss die Wolkendecke gelegentlich auf und ließ einen Blick auf einen tiefblauen Himmel zu.

»Nordfriesland hat alles«, sagte Große Jäger, der Lüders Blick bemerkt hatte. Lüder wunderte sich schon lange nicht mehr, dass der Oberkommissar einen siebten Sinn zu besitzen schien und Gedanken lesen konnte.

»Wo gibt es sonst alle Wetter auf einmal?«, fuhr Große Jäger fort. »Ich wäre nicht verwundert, wenn es nur auf einer Straßenseite regnen würde. Allerdings Schnee … den kennen wir nur aus Erzählungen. Klaus Jürgensen mit seinem ewigen Schimpfen über die Westküste würde jetzt sagen, dass Petrus ein Einsehen hat und deshalb das ganze Elend hier oft im dichten Nebel verpackt. Aber woher soll der wissen, wie schön das ist? Ist man auch gut so, dass die meisten das nicht wissen, sonst würden wir hier nur noch Stehplätze haben. Stellen Sie sich vor, wenn die alle kämen, und jeder bringt einen Kasten Bier mit. Dann würden unsere Küsten allein vom Gewicht absaufen.«

Lüder konzentrierte sich auf die Straße und ließ Große Jäger ungehindert parlieren. Als er wieder einmal die Geschwindigkeit reduzieren musste, wechselte Große Jäger das Thema.

»Das ist ein leidiges Unterfangen. Nordfriesland ist einer der wenigen Landkreise in Deutschland ohne Autobahn. Nehmen Sie dieses Stück hier zwischen Husum und der Eiderabdämmung bei Tönning. Da quält sich der ganze Verkehr auf der gewundenen und engen Uraltstraße. Kein Wunder, dass in Nordfriesland weit mehr Menschen auf den Straßen sterben als durch Gewalttaten.« Große Jäger schlug sich mit der Faust gegen die Brust. »Schön. Das liegt sicher auch an der besonders guten Polizei hier. Und wenn Sie jetzt auch noch nach Husum kommen, dann haben die Bösen überhaupt keine Chance mehr.«

Lüder lachte hell auf. »Das war jetzt aber ein zu plumper Versuch, mein Lieber.«

Große Jäger klatschte in die Hände. »Man kann es ja mal probieren.« Bald darauf war er eingeschlafen.

Lüder überquerte die Eiderabdämmung, nachdem kurz zuvor das Multimar Wattforum zur Rechten aufgetaucht war. Er nahm sich vor, diese einmalige Präsentation des Naturerlebnisraums Wattenmeer mit der Familie zu besuchen. Selbst die Jüngste würde ihren Spaß an den Aquarien haben, wo man durch dicke Scheiben am Leben auf dem Meeresboden teilhaben konnte. In Heide begann die Autobahn, und er konnte endlich beschleunigen. Auf der Hochbrücke über den Nord-Ostsee-Kanal genoss er den weiten

Blick über das Land. Das wiederholte sich auf der nächsten Hochbrücke über die Stör. Bei Elmshorn wurde die Autobahn voll. Im Speckgürtel rund um Hamburg wohnten viele Menschen, für die das Pendeln in die Weltstadt an der Elbe etwas Alltägliches war.

Lüder schwamm im Verkehrsstrom mit, stellte aber doch fest, dass ihm das Wissen der Einheimischen fehlte, an welcher Stelle man welche Fahrspur zum optimalen Vorwärtskommen wählen musste. So hatte er sich am Dammtorbahnhof falsch eingeordnet und wurde von seinem Nebenmann mit einem wütenden Hupen bedacht. Als ihn der Kleinwagen überholte, glaubte Lüder von den Lippen des anderen »Du Kieler Trottel« ablesen zu können.

»Komm du nur nach Husum«, schimpfte Große Jäger, der durch das Hupen aufgewacht war. »Da werde ich dich schon im Kreis rumjagen. Du kommst aus dem Gewirr unserer Einbahnstraßen erst wieder heraus, wenn du Rentner bist.«

Wenig später hielten sie vor dem Hotel Vier Jahreszeiten an Hamburgs Binnenalster, das sicher immer noch zu den führenden Hotels der Welt gehört, selbst wenn man von gewissen Abstrichen an der Qualität murmelt, seit es nicht mehr inhabergeführt wird.

Der Wagenmeister in seiner repräsentativen und zugleich wetterfesten Uniform näherte sich zögernd dem BMW. Ihm war anzumerken, dass er sich nicht sicher war, ob Hotelgäste vorgefahren waren oder nur jemand den reservierten Parkraum vor dem Eingang nutzen wollte. Als der Hotelmitarbeiter nahe genug herangekommen war und Große Jäger die Scheibe abgesenkt hatte, war dem Wagenmeister anzumerken, zu welcher Entscheidung er gekommen war.

»Diese Plätze sind für Gäste reserviert«, sagte er höflich, aber bestimmt.

»Und wenn wir nun Gäste sind?«, erwiderte der Oberkommissar. Doch der erfahrene Mann ließ sich nicht beirren.

»Haben Sie reserviert?«, fragte er.

»Können wir das mit der Rezeption besprechen?«

»Ich wäre Ihnen dankbar, wenn Sie sich in der Zwischenzeit einen anderen Parkplatz suchen würden. Sie können auch unsere Hotelgarage nutzen.« Er erklärte ihnen den Weg.

Große Jäger wollte etwas erwidern, aber Lüder bremste ihn, da sie in der zweiten Reihe parkten und ein Doppeldeckerbus der

Stadtrundfahrt hinter ihnen hupte. Lüder fuhr an, und es wurde eine zumindest kleine unfreiwillige Stadtrundfahrt, bis sie die Tiefgarage in der nahen Seitenstraße erreichten. Sie parkten den BMW und folgten der Beschilderung zur Rezeption. Dort empfing sie eine adrett gekleidete junge Frau mit einem geschäftsmäßigen Lächeln und fragte nach ihrem Wunsch.

»Wir hätten gern Herrn Hundegger gesprochen«, sagte Lüder, bevor Große Jäger sich zu Wort melden konnte. In seiner schmuddeligen Jeans, dem karierten Baumwollhemd und der speckigen Lederweste mit dem Einschussloch fiel er im gediegenen Ambiente des Hotels mehr als auf.

»Den Senior oder den Junior?«, fragte die Empfangsdame, ohne in ihren Computer zu sehen.

»Beide.«

»Dr. Hundegger junior ist außer Haus. Der Herr Konsul hat sich einen Termin bei unserem Friseur reservieren lassen.« Sie beschrieb den beiden Beamten den Weg.

Der Salon befand sich hinter einer doppelten Glastür. Dort wurden sie von einer rothaarigen Frau empfangen, die eine Handvoll Lockenwickler balancierte und fragte: »Kann ich Ihnen helfen?« Dabei maß sie Große Jäger mit einem abschätzenden Blick.

»Wir möchten in den Herrensalon. Wir haben dort eine Verabredung«, sagte Lüder schnell.

Im abgeteilten Herrenbereich saß nur ein Kunde vor dem großen Spiegel und musterte ebenso wie der Friseur die beiden Beamten. Bevor wieder die obligatorische Frage, ob sie einen Termin hätten, gestellt wurde, wies Lüder auf den Kunden und sagte: »Wir möchten zu Herrn Hundegger.«

Der Konsul hatte ein wettergegerbtes Gesicht von gesunder Farbe. Das dichte schlohweiße Haar, die buschigen Augenbrauen und der sorgfältig gestutzte Schnauzbart verliehen Hundegger einen energischen Eindruck. Unter dem Friseurumhang ragte eine Hand heraus, die von einer blonden Angestellten manikürt wurde.

»Ich vermute, die Herren sind von der Polizei«, sagte Hundegger. Es war keine Frage, sondern eine Feststellung.

Lüder registrierte, wie der Friseur erstaunt eine Augenbraue in die Höhe zog.

»Wir hätten gern mit Ihnen gesprochen«, sagte Lüder und warf einen Seitenblick auf einen anderen Kunden, der neugierig über den Rand seines Playboymagazins hinwegplierte, mit dem er sich die Wartezeit verkürzen wollte.

»Machen Sie weiter«, forderte Hundegger den zögernden Friseur auf und wandte sich dann an Lüder.

»Es geht um den Tod von Gruenzweig und Laipple, nicht wahr?«

Als Lüder nickte, fuhr er fort: »Wir können hier getrost miteinander sprechen. Diese Fälle sind in aller Munde. Da gibt es keine Geheimnisse.«

Lüder räusperte sich. »Wir würden es dennoch vorziehen, das Gespräch in einem anderen Rahmen zu führen.«

»Da muss ich Sie vertrösten. Ich habe im direkten Anschluss einen Termin mit wichtigen Leuten. Die kann ich nicht warten lassen.«

»Für die würden wir uns auch interessieren«, sagte Lüder.

Ein durchdringender Blick traf ihn über den Umweg des Spiegels.

»Warum nicht?«, sagte Hundegger plötzlich in seinem unverkennbaren schwäbischen Tonfall. »Mein Sohn ist auch dabei.« Dann schüttelte er den Kopf, dass der Friseur erschrocken mit der Schere einhielt.

»Wer viel arbeitet, benötigt auch Entspannung. Sie wollen mit mir über mein Hobby, das Segeln, schwätzen? Wussten Sie, dass ich auch Tennis spiele? Und weil der Laipple erschossen wurde, müssten Sie noch wissen, dass ich leidenschaftlicher Jäger bin.«

Er hielt einen Moment inne, als der Friseur seinen Kopf vorsichtig ein wenig zur Seite drehte. »Mein Sohn hat andere Freizeitvergnügungen. Der spielt Golf.« Hundegger schnalzte mit der Zunge. »Wer auf Sylt wirklich dazugehören möchte, muss Polo spielen.«

»Wir möchten mit Ihnen gern über ein paar andere Sachen sprechen«, sagte Lüder vorsichtig, doch Hundegger ließ sich nicht beirren.

»Ich kannte den alten Laipple. Damals war er noch in Stuttgart und hat die feudale Niederlassung nahe der Königstraße geleitet. Wir haben manches Geschäft miteinander gemacht. Das war ein gerissener Hund, der Laipple. Der wusste, wie man seine Schäflein ins Trockene bringt.«

Instinktiv warf Lüder einen Blick auf den Kunden mit der randlosen Brille, der seine Zeitschrift auf die Knie hatte sinken lassen und mit offenem Mund der Unterhaltung folgte.

Auch Hundegger hatte das mitbekommen. »Das ist alles bekannt. Deshalb kann man freimütig darüber reden. Matthias Sommer hat das ausgegraben. Pfiffiges Bürschlein. Schade, dass es ihn aus der Kurve getragen hat. Dann gibt es noch einiges zu erzählen, aber das machen wir lieber unter vier Augen.«

Amüsiert sah Lüder, wie der wartende Kunde enttäuscht sein Playboymagazin wieder aufnahm.

Haarschnitt und Maniküre waren abgeschlossen, der Figaro bürstete dem Konsul die Haare von der Schulter. Hundegger zeigte auf Große Jägers Finger mit den schwarzen Trauerrändern. »Sie sollten sich auch einen Termin geben lassen.«

Er bezahlte, gab ein Trinkgeld, ließ sich in den Mantel helfen und forderte die beiden Beamten auf: »Kommen Sie.«

Auf der Straße empfing sie hektisches Treiben, obwohl der Neue Jungfernstieg nicht mit der Geschäftigkeit der anderen Straßen rund um die Binnenalster mithalten konnte. Die Fontäne in der Mitte des Gewässers spuckte ihren Strahl gen Himmel, und das altehrwürdige Hapag-Reedereigebäude schimmerte mit seinem grünen Dach durch den Wasserschleier. Ich möchte so sorglos sein wie die Touristen, dachte Lüder und sah den Alsterdampfern nach, die Eingeweihte immer noch nicht Alsterschiffe nannten.

Hundegger wandte sich nach links, passierte das Haus der Deutsch-Südamerikanischen Bank, die sich schon lange eine Großbank einverleibt hatte, und steuerte den Eingang des renommierten Überseeclubs an. Mit dem markanten Gebäude an der Binnenalster verbanden sich namhafte Persönlichkeiten der Hamburger Geschichte. Es wurde ursprünglich vom Kaufmann Gottlieb Jenisch erbaut und später vom Bankier Gustav Amsinck erworben.

Lüder half Hundegger, die schwere Tür zu öffnen, und wie von Geisterhand erschien ein Bediensteter im Smoking, warf einen abschätzenden Blick auf die drei neuen Gäste und entschloss sich, den Konsul anzusprechen.

»Ich bin mit Senator Montag verabredet«, sagte Hundegger, nannte seinen Namen und ließ sich aus dem Mantel helfen.

Der Angestellte musterte Große Jäger eindringlich und fragte mit der Stimme eines englischen Butlers: »Alle drei, der Herr?«

Der Clubmitarbeiter hatte den Mantel über den Arm gelegt,

wies auf einen Durchgang, der in die repräsentative Halle des Clubs führte, und bat darum, sie mögen Platz nehmen.

Lüder sah sich um. Es war ein gediegenes Ambiente, in dem sich die trafen, die »dazugehörten«. Das waren in Hamburg seit jeher Kaufleute, Banker und die Spitzen der Verwaltung. Sitzgruppen aus rotem Leder luden zum Verweilen ein.

Große Jäger ließ sich in einem der Polster nieder, zeigte auf die in der Halle präsentierten Porträts, Landschaften und Genre-Bilder des 18. und 19. Jahrhunderts. »Das sind aber prächtige Ölschinken.« Dann wanderte sein Blick weiter zu den schweren Kristalllüstern, die von der stuckverzierten Decke herabhingen. »Die möchte ich nicht putzen wollen.«

Nicht nur das Interieur des Überseeclubs, auch der Mitarbeiter hätte jedem vornehmen englischen Club gut zu Gesicht gestanden.

»Die Herrschaften speisen gerade. Man hat mir gesagt, man erwarte nur einen Gast«, sagte er, und sein Blick blieb bei Konsul Hundegger hängen. »Wenn die anderen Herren hier warten möchten? Darf ich Ihnen etwas zu trinken bringen? Einen Kaffee?«

»Kaffee ist eine gute Idee«, erwiderte Große Jäger schnell. »Aber den wollen wir da oben trinken. Und dabei ein bisschen mit den Leuten sprechen.«

Bevor der Clubmitarbeiter einen Einwand erheben konnte, sagte Hundegger schnell: »Das geht in Ordnung.«

Der Angestellte deutete eine kurze Verbeugung an, so knapp und gekonnt, dass es nicht devot wirkte, und ging voran zur offenen Marmortreppe, die ins Obergeschoss führte.

Das hat hanseatischen Stil, dachte Lüder. Elegant und beeindruckend, aber ohne überladenen Pomp.

Zur Rechten lag der große Saal mit den ornamentalen Stuckaturen und den geschnitzten Türbekrönungen, während sie in das Jenischzimmer geführt wurden, wie der Bedienstete erklärte.

An einem festlich gedeckten Tisch saßen fünf Männer und blickten ihnen entgegen.

»Herr Konsul Hundegger«, stellte der Clubmitarbeiter vor.

Ein sportlich wirkender Mann im dunkelblauen Anzug mit vollem, leicht gewelltem Haar und mit hellen, wachen Augen stellte sein Sherryglas auf den Tisch zurück, betupfte sich die Lippen, stand auf und gab Hundegger die Hand.

»John Montag«, stellte er sich vor.

Lüder kannte den Mann aus zahlreichen Medienauftritten. Hamburgs Wirtschaftssenator galt als einer der Hoffnungsträger der deutschen Politik. Montag zeigte auf einen fülligen Mann mit dem deutlichen Ansatz eines Doppelkinns und ausgeprägten Geheimratsecken. »Das ist Johann Jacob Mönckeberg, Vorstandssprecher der Reederei dort drüben.« Dabei streckte er seine Finger zum Fenster hinaus Richtung Binnenalster.

»Den Herrn kenne ich.«

Dr. Gisbert Hundegger war ebenfalls aufgestanden, unterließ es aber, seinen Vater per Handschlag zu begrüßen.

»Professor Michaelis ist Präsident unserer Hochschule und ein ausgesprochener Chinakenner. Der Senat und ich legen Wert auf sein Urteil«, stellte der Senator einen weiteren Mann in einem dunkelgrauen Anzug vor.

»Und Dr. Buurhove repräsentiert unsere Gesprächspartner aus China.«

Lüder und der Düsseldorfer Unternehmensberater tauschten giftige Blicke aus. Mit einer gewissen Genugtuung hatte Lüder das erschreckte Aufblitzen in Buurhoves Augen gesehen, als er den Raum betrat. Jetzt zeigte die Miene des Düsseldorfers pure Verachtung für Lüder.

Senator Montag wandte sich an die beiden Polizeibeamten.

»Und Sie sind?«

»Kriminalrat Lüders vom Landeskriminalamt Kiel.«

»Dr. Lüders«, rief Große Jäger dazwischen, wurde aber von den Anwesenden durch Nichtbeachtung abgestraft.

»Das ist mein Kollege Große Jäger.«

Mit Ausnahme des Professors nahm niemand Notiz vom Oberkommissar.

»Wir ermitteln in den Mordfällen Gruenzweig und Laipple.«

Der Senator zog die Stirn kraus. »Ich verstehe nicht recht«, sagte er.

Ich auch nicht, dachte Lüder einen Moment für sich. Wir wollten mit Vater und Sohn Hundegger sprechen und sehen uns unvermittelt einer solchen hochkarätigen Runde gegenüber. Er stand vor dem Problem, improvisieren zu müssen.

»Wir haben den dringenden Verdacht, dass das von Ihnen heute behandelte Thema in engem Zusammenhang mit den beiden Morden steht.«

»Das ist ein schlechter Scherz.« Lüder war nicht überrascht, dass sich Dr. Dr. Buurhove empört gab.

»Mord ist nie ein Scherz«, entgegnete er. »Sie behandeln heute das ›Chinesenthema‹. Wir wissen, dass Dr. Gisbert Hundegger entgegen dem erklärten Willen seines Vaters Hundegger-Industries verkaufen möchte. Das Zweigwerk in Neumünster spielt dabei nur eine untergeordnete Rolle. Mit dem Deal würden die Chinesen aber zwei Fliegen mit einer Klappe schlagen. Das Dortmunder Stahlwerk wird geschlossen und damit ein Teil der Überkapazität auf dem Weltmarkt abgebaut. Das geht zulasten deutscher Arbeitnehmer und der einheimischen Volkswirtschaft.« Lüder sah den Senator an. »Das ist ein Thema, das besonders Sie interessieren dürfte.«

»Wollen Sie dem Herrn Senator Vorschriften erteilen?«, fragte Dr. Dr. Buurhove in scharfem Ton.

Lüder ließ sich durch die aggressive Frage des Unternehmensberaters nicht irritieren.

»Als Politiker sind Sie dem Wohle der Bürger verpflichtet. Es würde sicher einen gewaltigen Aufschrei geben, wenn publik würde, dass der Wirtschaftsminister eines Bundeslandes vom Ausverkauf deutscher Unternehmen weiß und nicht gegensteuert.«

Lüder sah John Montag an, dass ihm ebenso wenig wie den anderen Anwesenden die versteckte Drohung entgangen war.

»Aber Herr Lüders«, sagte der Senator in beschwichtigendem Ton. »Wollen Sie nicht erst einmal Platz nehmen?«

Lüder setzte sich und sah aus den Augenwinkeln, wie Große Jäger mit einem breiten Grinsen den Stuhl neben ihm zurückzog, ein Bein übers andere schlug und jeden Einzelnen musterte.

»Politik ist die Kunst des Machbaren«, dozierte der Senator. »Es ist mehr als schwarz und weiß. Sie zeigen sich erstaunlich gut informiert. Mich würden brennend Ihre Quellen interessieren. Kommen wir auf unser ›Problem‹, wie Sie es nennen, zu sprechen. Hamburg hat eine prosperierende Wirtschaft und gehört zu den Topplätzen innerhalb der Europäischen Union. Dank vorausschauender früherer Senate ist der Hamburger Hafen einer der effizientesten der Welt und von außerordentlicher Bedeutung für die gesamte deutsche Wirtschaft als Exportnation. Gegenüber unseren nicht minder erfolgreichen Mitbewerbern Amsterdam und Antwerpen haben wir in Hamburg aber einen gravierenden geografischen Nachteil: Hamburg liegt nicht am Meer, sondern einhundertzwanzig Kilometer landeinwärts im Binnenland. Das bedeutet, wir müssen noch besser und schneller sein, noch intelligentere Lösungen anbieten als unsere Konkurrenten. Oder …« Der Senator legte eine Kunstpause ein. »Oder – wir müssen versuchen, die großen Handelspartner enger an uns zu binden.«

Lüder verstand, was Senator Montag sagen wollte. China war die Nation mit den höchsten Zuwachsraten in der Wirtschaft, eine – wenn nicht *die* – kommende Macht. Er wusste, dass die Chinesen den New Yorker Hafen gekauft hatten. Offenbar beschäftigte man sich in Hamburg mit derselben Idee.

»Sie wollen den Hafen an China verkaufen.«

Die Worte saßen wie Peitschenhiebe. Selbst der gewiefte Politiker konnte sein Erschrecken nicht verbergen, wie Lüder am Zucken der Mundwinkel erkannte.

»Da holen Sie sehr weit aus«, sagte Montag vorsichtig. »So würde ich es nicht formulieren. Gleichwohl ist es legitim, über bestimmte Varianten einer Kooperation nachzudenken.«

Lüder ließ seinen Blick durch den im Empirestil gehaltenen Raum gleiten und verharrte für einen Moment bei den eindrucksvollen Holzschnitzereien an den Wänden sowie den Eckvitrinen mit filigranem Porzellan.

»Und über die denken Sie hier nach«, sagte Lüder. »Weil er da«, dabei zeigte er auf Dr. Dr. Buurhove, »Kontakte zum Reich der Mitte hat, darf er mit am Tisch sitzen. Und der Hundegger-Konzern ist ein Pilotprojekt, selbst wenn dabei Know-how verkauft wird, das der Waffenproduktion dient, und wir unter Umständen einen Verstoß gegen das Kriegswaffenkontrollgesetz in Kauf nehmen.«

»Da muss ein Missverständnis vorliegen«, sagte Senator Montag und sah nacheinander Professor Michaelis, die beiden Hundeggers sowie Dr. Dr. Buurhove an.

»Das Ganze wäre fast legal«, schob Lüder nach. »Wenn die Chinesen Eigentümer sind, kann ihnen niemand verwehren, mit Blaupausen und dem in Stuttgart angesammelten Wissen im Kopf in ihre Heimat zurückzukehren und dort das zu produzieren, was wir mit unserer Gesetzgebung gern verhindert oder zumindest kontrolliert hätten.«

Professor Michaelis räusperte sich, als er zum Senator gewandt sagte: »Ich fürchte, der Kriminalrat hat recht. Ich hätte diese Bedenken auch angesprochen. Herr Hundegger senior und ich hatten uns im Vorfeld darüber verständigt. Das ist auch der Grund, weshalb ich gebeten hatte, dass Konsul Hundegger an diesem Gespräch teilnimmt.«

»Mein Vater ist aus dem Geschäft. Er hat nichts mehr damit zu tun.« Dr. Gisbert Hundegger war deutlich die Erregung anzumerken.

»Nun mal ruhig, mein Junge«, erwiderte der Senior gelassen. »Man hat dich aufs Eis geführt, und du hast es nicht bemerkt. Aber dafür sind Eltern da, um ihren Kindern in schwierigen Situationen zur Seite zu stehen.«

»Du seniler alter Mann«, schimpfte Hundegger junior. »Wie redest du mit mir? Willst du mich der absoluten Lächerlichkeit preisgeben?«

»Das hast du selbst gemacht, Gisbert.«

Alle sahen Große Jäger an, der den Zeigefinger auf die Lippen gelegt hatte und laut und vernehmlich »Pssst« zischte und dann sagte: »Wir wollen hier keinen Familienstreit.«

»Darf ich?«, fragte Professor Michaelis in Richtung John Montag, und als der Senator unmerklich nickte, fuhr er fort: »Es ist wie ein ungeschriebenes Gesetz, dass die Wirtschaft ständig weiter wachsen muss. Das scheint verwunderlich, da wir – zumindest in Deutschland – jedes Jahr weniger werden. Und der Treibstoff des Wachstums ist nun einmal das Kapital. Nun hat die Wirtschaftskrise den Finanzmarkt einbrechen lassen, und es gibt kaum noch Geld für Investitionen. Das sehen Sie allein daran, dass es kaum noch Fusionen unter den großen Unternehmen gibt, von Übernahmen ganz abgesehen. So muss man sich glücklich schätzen, wenn es noch potenzielle Investitionspartner gibt. Deshalb sitzen wir in diesem Kreis zusammen und überlegen, welche Perspektiven sich uns eröffnen. Es sei Ihnen versichert, dass wir dabei verantwortungsbewusst vorgehen und hanseatischer Tradition folgend allein das Wohl dieser Stadt im Auge haben. Schanghai ist Hamburg schon seit Menschengedenken partnerschaftlich verbunden. So war es eine natürliche Konsequenz, auch auf wissenschaftlicher Ebene Kontakte zu knüpfen. Die aus diesen Verbindungen resultierende Kenntnis der chinesischen Mentalität ist der Grund, weshalb ich an dieser Runde teilnehme.« Der Professor nickte in Richtung des bisher schweigsamen Johann Jacob Mönckeberg.

»Ich vertrete die Hamburger Wirtschaft in diesem Gremium«, erklärte der Reedereichef kurz und bündig und sah Dr. Dr. Buurhove an.

Lüder blieb es nicht verborgen, dass der Unternehmensberater eine Weile überlegte, bevor er antwortete.

»Ich verfüge über gute Kontakte nach Asien und bemühe mich, als Vermittler allen Seiten gerecht zu werden. Um zu demonstrieren, wie ernst und seriös meine Auftraggeber sind, habe ich Herrn Dr. Hundegger dazugebeten.«

»Und welche Rolle spielen die Herren Gruenzweig und Laippple?«, fragte Lüder.

Dr. Dr. Buurhove zögerte erneut mit der Antwort. Die Blicke aller Anwesenden waren auf ihn gerichtet. Er leckte sich mit der Zunge über die Lippen, bevor er nicht Lüder, sondern Senator Montag ansah.

»Ich sehe keine Verbindung zwischen diesen beiden Herren und unserem Anliegen.«

John Montag lehnte sich entspannt zurück. »Sie sehen, Herr Dr. Lüders, dass Sie einem unbegründeten Verdacht nachgegangen sind. Ich verstehe Ihr Vorgehen und kann Sie nur unterstützen, wenn auch nur der Schatten eines Zweifels im Raum steht. Falls Sie keine weiteren Fragen mehr haben, würden wir gern unsere vertrauliche Unterredung fortsetzen.«

Lüder machte keine Anstalten, aufzustehen.

»Für mich und meine Kollegen ist es selbstverständlich, dass wir Stillschweigen über alles bewahren, was nicht der Aufklärung von Straftaten dienlich ist. Ich bin mir aber nicht sicher, ob sich jeder hier im Raum an dieses Gebot hält.«

Für einen Moment herrschte betretenes Schweigen, bevor Professor Michaelis fragte: »Können Sie das erklären?«

Lüder legte seine gefalteten Hände auf die Tischkante und nahm sich Zeit, jeden Einzelnen lange anzusehen. Dann wandte er sich zum Senator.

»Bei Noskemeier in Neumünster wurde eine illegale Abhöraktion durchgeführt, um die Stimmung der Belegschaft, des Betriebsrats und übrigens auch der örtlichen Geschäftsleitung auszuforschen. Ich vermute, dass man rechtzeitig erkennen wollte, wie man auf die zu erwartenden Protestaktionen der Arbeitnehmer reagieren kann. Die Sache liegt bei der Staatsanwaltschaft, und es gibt erste Hinweise auf Verdächtige, unter anderem einen Mann aus Mülheim an der Ruhr.« Lüder unterließ es, den Namen des Privatdetektivs zu nennen.

»Bei uns in Neumünster?« Konsul Hundegger hatte sich auf seinem Stuhl aufgerichtet und funkelte böse seinen Sohn an. »Gisbert! Hast du davon gewusst? Steckst du hinter dieser Schweinerei?«

»Aber Vater!«, stammelte der junge Hundegger. »Wie kannst du so etwas von mir glauben?« Er sah hilflos in die Runde, dann blieb sein Blick bei Dr. Dr. Buurhove haften. »Wissen Sie etwas davon? Sie haben mir sehr detaillierte Stimmungsbilder geliefert.«

»Ich bitte Sie. Das gehört nicht zu meiner Vorgehensweise.« Auch Dr. Dr. Buurhove war lauter geworden.

»Meine Herren!«, fuhr Senator Montag energisch dazwischen. »Unsere Polizei wird der Sache nachgehen, und die Justiz wird die Verantwortlichen zur Rechenschaft ziehen.«

Lüder überlegte einen Moment, ob er Dr. Dr. Buurhove, den er für den Hintermann der Lauschaktion hielt, bloßstellen sollte, dann entschied er sich doch dagegen. Diesen Fall würde Hauptkommissar Helge Thiel weiterverfolgen.

»Sie sind ein alter Freund von Dr. Laipple«, wandte sich Lüder an den alten Hundegger. »Was hat der zu diesem Vorhaben gesagt?«

»Ich glaube nicht, dass die Bank in die Überlegungen involviert war«, schob der junge Hundegger schnell dazwischen.

Sein Vater schenkte ihm nur einen mitleidigen Blick. »Wer glaubt, der Laipple hätte irgendetwas nicht mitbekommen, der unterschätzt ihn. Hat ihn unterschätzt«, korrigierte sich Konsul Hundegger leise selbst. »Das ist das Problem deiner Generation, Gisbert. Ihr seid gut ausgebildete Technokraten, aber das hier, das fehlt euch.« Fast theatralisch legte der alte Hundegger die rechte Hand auf sein Herz. »Du weißt es genauso wie er da«, dabei zeigte er auf Dr. Dr. Buurhove, »dass Laipple von den Verhandlungen über Hundegger-

Industries wusste. Das sind für ihn in der Tat nur kleine Fische. Das Ergebnis dieser Runde hier, das wäre für ihn von weitaus größerer Bedeutung gewesen, weil es seine Planungen beeinträchtigt hätte.«

»Welche Planungen?«, fragten Lüder und Senator Montag wie aus einem Munde.

»Im Detail bin ich nicht eingeweiht«, gestand der alte Hundegger. »Aber er da – der weiß mehr.« Erneut zeigte er auf Dr. Dr. Buurhove.

Lüder sah mit Vergnügen, dass der Düsseldorfer Unternehmensberater verärgert war über Konsul Hundeggers wiederholte Anrede »er da«.

»Sie stellen hier Behauptungen auf, die fern jeder Wahrheit sind«, schimpfte Dr. Dr. Buurhove.

»Natürlich gehören Sie nicht zum Kreis der Eingeweihten. Aber vielleicht verfügen Sie über Papiere, die Sie sich illegal beschafft haben.« Hundegger war nicht aus der Ruhe zu bringen. Das liegt nicht nur an der schwäbischen Mentalität dieses Urgesteins, dachte Lüder. Der Mann ist wirklich ein Unternehmer von echtem Schrot und Korn.

Dr. Dr. Buurhove lehnte sich zurück und verschränkte die Arme vor der Brust. »Lächerlich«, sagte er und warf einen kurzen Blick auf die Hermes-Aktenmappe, die zu seinen Füßen am Stuhlbein lehnte.

Lüder hatte diese instinktive Reaktion ebenso bemerkt wie Große Jäger, der ihm das durch ein kurzes Augenzwinkern signalisierte.

»Dürfen wir einen Blick in Ihre Aktenmappe werfen?«, fragte Lüder.

Dr. Dr. Buurhove ergriff die Tasche mit dem Hermes-Emblem und drückte sie an seine Brust.

»Nein!«, sagte er mit Entschiedenheit. »Ich bin Anwalt und habe hierin vertrauliche Unterlagen von Mandanten.«

»Sie sind nicht als Anwalt hier, sondern als Unternehmensberater. Also?«

Dr. Dr. Buurhove stand auf und deutete eine kurze Verneigung in Richtung des Senators an.

»Dieses Gespräch hat einen Verlauf genommen, der absolut nicht meine Zustimmung findet. Sie entschuldigen mich bitte.« Der Unternehmensberater hielt die Aktenmappe noch immer dicht an den Körper gepresst und schlängelte sich an Große Jäger vorbei, der weitab vom Tisch saß und sein linkes Bein über das rechte gelegt hatte. Dr. Dr. Buurhove hatte den Oberkommissar gerade passiert, als er mitten in der Bewegung innehielt und erstaunt aufsah.

Lüder hatte es als Erster bemerkt. Große Jäger, der immer noch scheinbar ungerührt auf seinem Stuhl hockte, hatte den Unternehmensberater von hinten am Sakko gepackt und hielt ihn eisern fest. Dr. Dr. Buurhove schien sich zu straffen und reckte die Brust nach vorn. Lüder hatte Probleme, ein lautes Lachen zurückzuhalten, als er sah, dass Große Jäger jetzt das Sakko kräftig nach unten zog.

»Sind Sie närrisch geworden?« Es klang eher wie ein Fluch statt wie eine Frage.

»Dr. Lüders hat gesagt, er möchte in die Tasche gucken«, sagte der Oberkommissar im Plauderton. »Und als Kriminalrat ist er es nicht gewohnt, Ihnen hinterherzulaufen. Deshalb halte ich Sie fest.«

Mit einem kräftigen Ruck befreite sich Dr. Dr. Buurhove. Sein Gesicht war rot angelaufen. »Sie sind Zeuge dieser Tätlichkeit, Herr Senator«, keuchte er in Richtung John Montag. Dann versuchte er mit raschem Schritt Richtung Ausgang zu kommen, unterschätzte dabei Große Jägers Beweglichkeit, die ihm kaum jemand zutraute. Der Oberkommissar war aufgesprungen, hatte den überraschten Dr. Dr. Buurhove an den Oberarmen gepackt und auf den Stuhl niedergedrückt, auf dem er selbst bis eben gesessen hatte. Im selben Moment entwand er Dr. Dr. Buurhove die Aktenmappe und reichte sie Lüder.

»Das tun Sie nicht!«, schrie der Unternehmensberater, als Lüder die Tasche öffnete. »Das ist ungesetzlich!«

Große Jäger legte seinen Zeigefinger auf die Lippen. »Psst, Herr Dr. Buurhove. Contenance bitte. Wir sind hier nicht in der Düsseldorfer Altstadt, sondern im vornehmen Überseeclub.«

Der Unternehmensberater sackte wie ein nasser Sack in sich zusammen. Er hatte resigniert.

In der Mappe fanden sich ein in Leder gebundener Kalender, ein Etui für Füller und Kugelschreiber, ein PDA, wie die kleinen elektronischen Kalender genannt werden, mit denen auch E-Mails empfangen und bearbeitet werden können und die den Zugang zum Internet ermöglichen. Bedeutsam waren aber ein paar Blätter, die in einer billigen Plastikhülle steckten. Unter den neugierigen Blicken der Anwesenden streckte Lüder die Hand in Richtung Große Jäger aus. Der stutzte zunächst, liftete dann seinen Hosenboden ein wenig von der Sitzfläche und fingerte ein Paar Einmalhandschuhe zutage.

Lüder streifte den dünnen Latex über und zog das Papier hervor. Trotz der Handschuhe achtete er darauf, es nur am äußersten Rand zu halten.

»Dr. Friedemann Laipple«, stand in dunkelgrauen Buchstaben auf dem Kopf der Seiten. Darunter als Überschrift »Memorandum«. Es war in Englisch abgefasst. Lüder las es durch und sah Senator Montag an.

»Entschuldigen Sie bitte, aber dies sind wichtige Beweise zum Mordfall Dr. Laipple. Wir werden Ihre Runde nicht weiter behelligen. Der Ordnung halber müssen wir aber noch Ihre Personalien aufnehmen.«

Große Jäger hatte in der Zwischenzeit an seinen hinteren Hosenbund gegriffen und ein paar altertümliche Metallhandschellen hervorgezaubert, die Dr. Dr. Buurhove sich widerstandslos anlegen ließ. Dann griff er zum Handy und bestellte einen Streifenwagen zum Überseeclub.

Den als Neustadt bezeichneten Teil der Hamburger City konnte man getrost als den armen und unbekannten Verwandten der Innenstadt bezeichnen. Im übertragenen Sinne traf das auch auf das Polizeikommissariat 14 in der Caffamacherreihe zu, die in einem der für den Norden typischen roten Backsteinbauten untergebracht war. Selbst der Raum, den ihnen der Diensthabende zur Verfügung gestellt hatte, passte sich dem an.

Große Jäger hatte Dr. Dr. Buurhove die Handschellen abgenommen. Die Rechtsbelehrung hatte der Unternehmensberater und ehemalige Anwalt stumm über sich ergehen lassen. Auf anwaltlichen Beistand verzichtete er.

Lüder hatte Dr. Laipples Memorandum gelesen. Jetzt verstand Lüder auch, weshalb sich Dr. Laipple mit Lew Gruenzweig treffen wollte.

»In diesem Papier steckt in der Tat Brisanz«, sagte Lüder und heftete seinen Blick auf Dr. Dr. Buurhoves Augen. Dem Unternehmensberater gelang es nur kurz, den Blick zu erwidern. Dann schlug er die Lider nieder. Lüder hatte sein Gegenüber als arrogant auftretenden, selbstbewussten Mann erlebt. Davon war nichts mehr vorhanden.

»Das ist aber noch lange kein Grund, dass Dr. Laipple dafür sterben musste.«

»Dass Sie ihn ermordet haben«, schob Große Jäger nach.

»Ich habe niemanden ermordet«, sagte Dr. Dr. Buurhove mit matter Stimme.

»Wie sind Sie in den Besitz dieser Unterlagen gekommen?«

»Ich habe mich über Kwiatkowski an den Leibwächter herangemacht.«

»Meyerlinck.«

»So heißt er wohl. Der hat zehntausend Euro dafür kassiert, dass er die Dokumente beschafft.«

»Wann haben Sie die übernommen?«

»Am Sonntagmittag. Wir haben uns in Westerland am Parkplatz vor dem Aquarium getroffen. Ich habe die Papiere übernommen und das Geld übergeben.«

Lüder und Große Jäger wechselten einen raschen Blick. Zu diesem Zeitpunkt war Dr. Laipple schon tot gewesen.

»Das war ein echtes Schnäppchen. Für zehntausend Euro haben Sie von einem der heißesten Pläne der Weltwirtschaft erfahren. Was wollten Sie mit Ihrem Wissen machen? An die Presse verkaufen? Die beiden Urheber des Plans konnten Sie nicht mehr erpressen. Beide waren tot. Ermordet.«

Lew Gruenzweig vermutlich von Hubert Fixemer, dachte Lüder, obwohl er trotz der erdrückenden Beweislage immer noch seine Zweifel hatte. Und jetzt sah es so aus, als hätte ausgerechnet der Leibwächter seinen Schutzbefohlenen ermordet. Für lumpige zehntausend Euro. Leute wie Dr. Dr. Buurhove machten sich nie selbst die Finger schmutzig. Lüder war sogar der Überzeugung, dass der Unternehmensberater nur an den Papieren interessiert war, aber keinen Mord in Auftrag gegeben hatte.

»Für jemanden, der im internationalen Business tätig ist wie ich, waren das phantastische Dinge, die im Memorandum standen.« Dr. Dr. Buurhove schien für einen Moment seine missliche Lage vergessen zu haben. Er bekam fast glänzende Augen, als er fortfuhr.

»Haben Sie verstanden, was Laipple und Gruenzweig wollten? Eine neue Weltordnung. Die Erde sollte neu verteilt werden, nachdem das amerikanische Bankensystem zusammengebrochen war und sich das deutsche als eines der stabilsten erwiesen hatte.«

»Na, na«, sagte Lüder. Ihm war die Skepsis über Dr. Dr. Buurhoves Euphorie deutlich anzuhören. »Frankfurt hat sich nicht mit Ruhm bekleckert. Von unseren Banken hat niemand mehr eine weiße Weste.«

»Schon, aber gemessen an all den anderen sind die Deutschen heute die Könige. Deutschland galt immer als Fleißiges Lieschen. Exportweltmeister. Aber im Konzert der großen Stimmen bedeutungslos. Vielleicht hängt das auch ein wenig mit der deutschen Geschichte zusammen. Jedenfalls rechnet niemand mit Deutschland als wirtschaftlicher Führungsmacht in der Welt. Laipple war daran gelegen, dass der Deal zwischen den Chinesen und Hundegger alle aufschreckt und die Aufmerksamkeit auf sich zieht. Das hätte die Presse, die Öffentlichkeit und die Gewerkschaften beschäftigt. Und niemand hätte mitbekommen, was hinter den Kulissen läuft. Amerika ist tot. Die anderen Europäer taugen nichts. Die Russen verfügen über unermessliche Rohstoffvorkommen und können damit die Welt erpressen. Nehmen Sie die kleinen Scharmützel um die Gaslieferungen über die Ukraine.«

Auf Dr. Dr. Buurhoves Stirn perlten die ersten feinen Schweißtropfen. »Und die Araber schwimmen im Geld. Nicht etwa, weil sie tüchtig sind, sondern weil sie zufällig auf Öl sitzen.«

»Sie haben aber keine hehre Meinung von anderen.«

Dr. Dr. Buurhove winkte ab. Er dozierte jetzt wie in Trance. »Das haben Laipple und Gruenzweig erkannt. Sie wollten die kommende Weltmacht China mit ins Boot holen.«

»Nun hören Sie mir doch mit diesem ewigen Chinagequatsche auf«, mischte sich Große Jäger ein. »Ich werde sonst nie wieder in ein Chinarestaurant gehen, um die nicht auch noch zu fördern.«

»Müssen wir uns die Zeit mit solchen Bemerkungen stehlen lassen?«, fragte Dr. Dr. Buurhove unwirsch.

»Sie vergessen andere aufstrebende Nationen«, gab Lüder zu bedenken.

»Nix da. Sie meinen Indien. Die sind zu sehr mit sich selbst beschäftigt. Eine Demokratie ist viel zu schwerfällig, um rasant den

Wandel zu vollziehen. Und wenn Sie an den Stahlmarkt denken – Mittal hat sich doch übernommen. Und Afrika können Sie vergessen, trotz der immer wieder beschworenen Hinwendung vom Bundespräsidenten zum schwarzen Kontinent. Gut. Angola mag ein paar Perspektiven haben, aber noch ist es ein Geheimtipp.«

Große Jäger bohrte sich demonstrativ im Ohr, begutachtete ausgiebig das Ergebnis und sagte: »Möglicherweise habe ich nicht mitbekommen, warum Laipple und Gruenzweig ermordet wurden. Geht es um die große Weltverschwörung?«

Dr. Dr. Buurhove nickte heftig. »Endlich haben Sie das auch begriffen.«

Große Jäger machte mit seiner Hand eine Wischbewegung vor der Stirn. »Der ist ja komplett plemplem. Oder ist das nur eine besonders gewiefte Taktik, um auf verminderte Zurechnungsfähigkeit zu plädieren?«

Es war wirklich phantastisch, was sich die beiden Mordopfer dort ausgedacht hatten, überlegte Lüder. Ob es sich jemals hätte verwirklichen lassen, würde die Welt nicht mehr erfahren. Auch nicht, ob es nicht nur ein überzeichnetes Modell war.

Große Jäger legte den Zeigefinger an die Stirn und musterte Dr. Dr. Buurhove. »Eines verstehe ich noch nicht. Lew Gruenzweig hasste die Deutschen. Er hat sich strikt geweigert, unsere Sprache zu sprechen.«

Dr. Dr. Buurhove rieb Daumen und Zeigefinger gegeneinander. »Diese Ideologie übertrumpft alle anderen.«

Lüder überließ es den Hamburger Beamten, Dr. Dr. Buurhove erkennungsdienstlich zu behandeln. Er selbst erstellte das Vernehmungsprotokoll, während sich Große Jäger Richtung Gänsemarkt aufmachte. Das war ein historischer Fleck: Hier stand das älteste Burgerrestaurant der Hansestadt.

ACHT

Lüder war sich nicht sicher, ob das Aprilwetter die Ursache war oder ob es andere Gründe gab, dass die Menschen in seiner Umgebung sich ebenso bedeckt hielten wie der Himmel. Margit war ihm immer noch gram, obwohl sie klug genug war, es nicht in Gegenwart der Kinder zu zeigen. Sicher verlangte er viel Geduld und Verständnis von ihr, wenn sein Beruf immer wieder Vorhaben und Alltagsrhythmus der Familie durcheinanderbrachte oder sie glaubte, er würde wieder einmal in einer gefährlichen Mission unterwegs sein.

Leider hatte Große Jäger, der vor einem Jahr Gast im Hause Lüders gewesen war, das Erlebnis um das Schussloch in seiner speckigen Lederweste episch ausgebreitet. Die Erzählung hatte schließlich ein Ausmaß angenommen, dass der legendäre Garagenmord der Al-Capone-Gang in Chicago ein Nichts war.

Auch Große Jäger zeigte sich nicht von seiner heiteren Seite, als Lüder ihn auf dem Handy erreichte.

»Ich bin auf dem Weg nach Sylt und will mir den Bodyguard vorknöpfen. Mit etwas Glück haben wir damit den Mörder für die zweite Tat dingfest gemacht. Und Sie?«

»Ich gehe noch einmal die Protokolle durch. Es scheint sich wirklich zu bestätigen, dass Fixemer den ersten Mord begangen hat. Obwohl …« Lüder führte den Satz nicht zu Ende.

Sofort hakte der Oberkommissar nach. »Sie haben noch einen Rest Zweifel an dieser These?«

»So ist es. Da ist noch etwas. Ich komme nur nicht darauf. Ich werde noch einmal Balzkowski befragen.«

»Sie wollen nach Gelsenkirchen? Können das nicht die Kollegen vor Ort im Zuge der Amtshilfe machen?«

»Ich möchte dem Mann gegenüberstehen. Mag sein, dass es eine Marotte von mir ist, aber aus den Reaktionen der Leute lese ich viel heraus.«

»Dann gute Fahrt.«

»Was gibt es sonst?«

Große Jäger blies förmlich ins Mikrophon. Zumindest kam bei

Lüder ein heftiges Rauschen und Knattern an. »Die Fahrt war wenig erbaulich.«

Lüder hatte am Vorabend bemerkt, dass der Oberkommissar sehr ungehalten wirkte, als Lüder ihn am Bahnhof Altona abgesetzt hatte. Es waren nur zwei Stunden in der sauberen und komfortablen Nord-Ostsee-Bahn bis Husum, aber die empfand Große Jäger als Zumutung. Selbst die beiden Dosen Bier, die er sich als Reiseproviant eingesteckt hatte, hatten seine Stimmung nicht aufhellen können.

»Und sonst?«

»Christoph zieht nach England.«

Lüder war erstaunt. »Was soll das heißen? Der hat doch noch ein paar Jahre bis zur Pensionierung.«

»Schon. Aber er muss seine Wohnung räumen. Die Erben seiner Vermieterin haben andere Pläne. Nun zieht er mit seiner Freundin zusammen. Die beiden haben sich ein Haus in England gemietet.«

»Das begreife ich nicht.«

Große Jäger lachte. »England ist ein Ortsteil von Nordstrand. Dort wollen die beiden sich niederlassen.«

»Kann Christoph sich von dort um das Problem des konstant die Parkzeit überschreitenden BMW kümmern?«, stichelte Lüder.

»Das Thema ist gelöst.«

»Hat der Halter endlich ein Einsehen gehabt?«

»Nee. Irgendein schlechter Mensch hat am Fahrzeug ein Schild angebracht: Zum Ausschlachten freigegeben. Das muss sich über Nacht schlagartig in Husum und Umgebung herumgesprochen haben. Jetzt ist nur noch die leere Karosserie da, die an den vier Ecken auf ein paar Ziegelsteinen aufgebockt ist.«

Lüder lachte lauthals. »Ich möchte nicht die Ermittlungen führen, weil ich dem Urheber nicht begegnen möchte.« Er wünschte Große Jäger viel Erfolg, besorgte sich noch einen Kaffee bei Edith Beyer und studierte gewohnheitsmäßig die Morgenpresse. Bis jetzt hatte er keine Richtigstellung der gegen ihn erhobenen Vorwürfe, er hätte den Journalisten Matthias Sommer und seinen Begleiter in den Tod gehetzt, gefunden. Ebenso hatte er bemerkt, dass die Tür zu Nathusius' ehemaligem Büro jetzt immer geschlossen war, nachdem Dr. Starke dort eingezogen war. Lüder war nicht traurig, dass er dem Kriminaldirektor seit dem Eklat nicht wieder begegnet war.

Er nahm sich noch einmal die Akten vor und studierte sie aufmerksam, bevor er sich ins Auto setzte und Richtung Gelsenkirchen fuhr.

Jeder, der Richtung Süden fährt, kennt die neuralgischen Punkte. Die mehrjährigen Wartungsarbeiten am Elbtunnel führten regelmäßig zu zäh fließendem Verkehr. Und damit war man noch gut bedient. Zwischen Hamburg und Osnabrück reihte sich eine Baustelle an die nächste. Er hatte den Eindruck, dass dieses anhielt, bis er in Gelsenkirchen-Hassel die Autobahn verließ. Er fuhr an der Zentrale von Veba Oel vorbei und wunderte sich, dass auf der gegenüberliegenden Seite ein großes Feld lag. Solch ein Anblick, dachte Lüder, passt nicht in das Vorurteil, das ein Fremder vom Ruhrgebiet hat. Hinter der Kreuzung begann der Eppmannsweg, der von älteren Mehrfamilienhäusern geprägt war und auf den ersten Blick einen bürgerlichen Charme erkennen ließ. Lüder konnte sich gut vorstellen, dass die Menschen in diesem Teil der Stadt in guter und langjähriger Nachbarschaft lebten. Jemand wie Lothar Balzkowski passte in diese Umgebung.

Hinter den Mietshäusern versteckt verlief parallel der Brinkmannsweg, von dem kleine Sackgassen abgingen. In einer dieser ruhigen Straßen wohnte Balzkowski.

Auf dem Parkplatz vor dem Haus stand ein Wohnmobil. Lüder warf einen Blick auf das Kennzeichen. GE–LB. Es könnte Balzkowski gehören.

Unter der Haustürklingel prangte ein buntes Keramikschild. »Hier wohnen Lothar + Karin + Amelie + Yvonne Balzkowski«, stand dort.

Ein melodischer Gong ertönte, und kurz darauf wurde die Tür von einem Teenager mit einem seitlich über der Schulter hängenden Pferdeschwanz geöffnet, der Lüder neugierig musterte.

»Hallo. Ich hätte gern Herrn Balzkowski gesprochen.«

»Der ist auf Arbeit«, antwortete die junge Dame.

»Wer ist da, Wonnchen?«, hörte Lüder eine weibliche Stimme aus dem Hintergrund.

»Keine Ahnung. Ein Mann. Der will zu Papa.«

»Herrje«, schimpfte die Stimme, und dann tauchte eine stämmige Frau mit rotblonden Haaren auf. Kleine Pausbäckchen mit roten Flecken, die Lüder an eine Lebertranreklame erinnerten, ein gelber Pullover mit hochgekrempelten Ärmeln und ein Ring um die Hüften zeichneten die Frau aus.

»Frau Balzkowski?«

Sie nickte und sah Lüder fragend an.

»Lüders, Kripo Schleswig-Holstein«, stellte er sich bewusst neutral vor. »Erschrecken Sie bitte nicht. Es geht um ein paar Fragen, die ich Ihrem Mann stellen wollte. Sie haben von Hubert Fixemer gehört?«

»Schrecklich«, sagte Frau Balzkowski und herrschte ihre Tochter an, die mit offenem Mund dem Dialog gefolgt war. »Mach mal Platz für den Herrn.« Dann winkte sie Lüder. »Kommen Sie doch rein.« Sie hielt ihre Hände hoch und zeigte sie Lüder. »Entschuldigen Sie, aber ich bin gerade beim Gemüseputzen. Wenn Sie das nichts ausmacht, können wir uns in die Küche setzen«, verfiel sie ins Ruhrgebietsdeutsch.

In der Küche zeigte sie auf einen Stahlrohrhocker.

Lüder sah sich um. Die Fronten der Hänge- und Unterschränke bestanden aus altweißen Kunststoffplatten, die an den Seiten mit dunklen Holzleisten abgesetzt waren. Herd, Geschirrspüler, Kühlschrank, Dunstabzugshaube – die Küche unterschied sich in nichts von Millionen anderer. Am Ende der Arbeitsfläche drängten sich jede Menge elektrischer Geräte. Lüder sah eine Kaffeemaschine, einen Toaster, eine Fritteuse, einen elektrischen Dosenöffner und weitere Gerätschaften. Irgendwer in diesem Haus schien eine ausgeprägte Vorliebe für elektrische Küchenhelfer zu haben.

Frau Balzkowski hatte auf einem Hocker jenseits des Küchentisches Platz genommen. »Stört Sie hoffentlich nicht«, sagte sie und zeigte auf die Gemüseberge, die zwischen ihnen lagen. »Mögen Sie ein Kaffee?« Ohne die Antwort abzuwarten, wies sie ihre Tochter an. »Wonnchen. Schenk den Herr mal ein Kaffee ein.« Dann schüttelte sie ihren Kopf. »Nee. Das is ein Ding, das mit den Hubert. Ich kenn ihn ja nich. Aber Lothar hat von ihn erzählt. Wenn ich mir das vorstell, mit seine Familie. Wie das den wohl nun geht. So ohne Vater.«

»Ihr Mann ist im Werk in Dortmund?«, fragte Lüder. Hier würde er keine Auskünfte erhalten, die ihn weiterführen würden.

»Der ist inne Hütte«, bestätigte Frau Balzkowski. »Nee – also

sowat. Das wär nix für uns, was Wonnchen? Haben Sie unser Wohnmobil gesehen, da draußen? Ganz neu. Das ist Lothars Traum. Machen wir ja schon lange. Zuerst haben wir gezeltet. An der Möhnetal-
sperre. Dann Holland. Und noch mit unsern alten Wohnwagen sind
wir dann in die Ferien immer unterwegs gewesen. Auch auf Sylt. Darum is Lothar da jetzt noch mal hin, um mit den Alten zu reden.«

Lüder horchte auf. »Sylt? Da haben Sie Urlaub gemacht?«

»Schon eine Reihe von Jahren. Immer in Herbst. Dann kriegen
wir in Winter keine Erkältung, wenn man in die Herbstferien noch
mal an die See fährt.«

»Haben Sie dort einen Stammplatz?«

»Klar. In Morsum.«

»Waren Sie auch öfter in List?«

»Da hat uns das immer gut gefallen. Wegen die Atmosphäre. Da
laufen nich sonne aufgetackelten Leute rum wie woanders.«

»Sie kennen List gut?«

Frau Balzkowski nickte bedächtig. »Würd ich schon sagen. Auch
die Dünen sind da was für die Kinder.« Sie kicherte wie ein junges
Mädchen und hielt sich die Hand vor den Mund. »Nur nach Na-
kedonien sind wir nich.«

Lüder sah sich in der Küche um. An der Wand hing ein Memo-
bord aus Kork. Dort waren ein Stundenplan, der Notrufkalender
der Apotheken, ein paar handgeschriebene Zettel und eine Foto-
grafie angepinnt, die eine Reihe von Männern zeigte. Lüder stand
auf und betrachtete das Bild eingehender. Fünf Männer, alle um die
vierzig, sahen vergnügt in die Kamera. Jeder trug einen blau-wei-
ßen Schalkeschal, zwei hatten ein Käppi in Vereinsfarben auf. Vier
der Männer schwenkten eine Bierflasche, nur Lothar Balzkowski
nicht.

»Das scheint eine feuchtfröhliche Truppe zu sein«, sagte Lüder.

Frau Balzkowski nickte bestätigend. »Oh ja. Das können Sie
laut sagen. Wenn irgend geht, sind die Jungs auf Schalke dabei. Hier
im Pott sind die alle ein bisschen fußballverrückt. Warum auch
nich.«

»Und reihum muss einer nüchtern bleiben und die anderen nach
Hause fahren.«

»Nee.« Frau Balzkowski lachte herzhaft. »Das macht immer
Lothar.«

»Ihr Mann trinkt keinen Alkohol?«

»Da is er vorsichtig. Lothar rührt kein Tropfen an. Er hatte mal als Kind eine Gelbsucht. Darum trinkt er nich. Das verträgt er nich.«

»Gibt es Ausnahmen? Zum Geburtstag? Ein Glas Sekt Silvester zum Anstoßen?«

»Nee. Nie. Lothar is da richtig konsequent. Das hat ihm auch meine Schwägerin eingebläut, die arbeitet bein Arzt.«

»Was für ein Arzt?«

Frau Balzkowski sah ihre Tochter an, die sich gegen die Spüle gelehnt hatte und dem Gespräch lauschte. »Wie heißt das noch, was Dr. Mattner macht? Richtig. Gastroenterologe. Das ist alles mit Magen und Darm und so. Da geht Lothar auch hin. Mann, der hat immer ein Bammel davor. Tage vorher is er nich zu gebrauchen. Der lässt sich auch immer betäuben.«

»Kommt Ihre Schwägerin an die Medikamente?«

Frau Balzkowski sah Lüder kurz an, dann ihre Tochter. »Woher soll ich das wissen?«, sagte sie rasch.

Die Frau sprach nicht die Wahrheit, stellte Lüder für sich fest.

»Ihr Mann ist großen Belastungen ausgesetzt und trägt eine hohe Verantwortung. Ich kann mir vorstellen, dass er oft völlig geschafft nach Hause kommt.«

Frau Balzkowski stieß einen Stoßseufzer aus. »Da haben Sie wohl recht. Dann wälzt er sich die ganze Nacht und kann nicht schlafen.«

»Und da er keinen Schlummertrunk zu sich nimmt, ist es doch natürlich, eine Schlaftablette einzunehmen«, sagte Lüder.

»Irgendwann helfen die aber nicht mehr.«

»Darum hat ihm ihre Schwägerin ein stärkeres Mittel mitgebracht?«

»Ja – nein.«

»Frau Balzkowski, das interessiert mich nicht. Deshalb bin ich nicht hier. Ist es ein Mittel, das in der Praxis auch zum Sedieren benutzt wird?«

Als ihn die Frau ratlos ansah, ergänzte Lüder: »Zur Beruhigung der Patienten bei Magen- und Darmspiegelungen.«

»Ich glaube schon«, antwortete Frau Balzkowski, bevor Lüder sich verabschiedete.

Lüder ließ sich von seinem GPS-System leiten. Er war es gewohnt, viel zu reisen und sich neue Regionen zu erschließen, aber das Ruhrgebiet mit seinem dichten Straßennetz und dem hohen Verkehrsaufkommen unterschied sich doch erheblich von Schleswig-Holstein und der Metropolregion Hamburg.

Unterwegs rief er Große Jäger an.

»Auf der Tatwaffe, mit der Dr. Laipple erschossen wurde, hat die Spurensicherung Fingerabdrücke feststellen können, zu denen wir keine Übereinstimmung mit unserer Datei gefunden haben.«

»Stimmt.«

»Ist Lothar Balzkowski eigentlich erkennungsdienstlich behandelt worden?«

Es dauerte einen Moment, bevor Große Jäger antwortete: »Ich gehe davon aus.«

»Hast du das veranlasst?«

»Das erste Mal haben wir gemeinsam mit ihm auf Sylt gesprochen. Das zweite Gespräch fand dann in der Husumer Polizeidirektion statt.«

»Wann ist Balzkowski erkennungsdienstlich behandelt worden?«, fragte Lüder erneut.

»Da müsste ich nachfragen«, wich Große Jäger aus.

Lüder seufzte. »Gestehen wir es uns ein: Da ist uns eine Panne unterlaufen.«

Große Jäger räusperte sich. »Wenn Sie so etwa sagen, gibt es einen konkreten Verdacht.«

Lüder war nicht über den Scharfsinn des Oberkommissars überrascht. Große Jäger wurde wegen seines äußeren Erscheinungsbilds von anderen häufig unterschätzt.

»Lothar Balzkowski kennt Sylt durch zahlreiche Urlaube. Seine Frau sagte, er würde besonders List kennen und schätzen, zum Beispiel die Dünen, wo Laipple erschossen wurde. Wenn Balzkowski wirklich mit List und der Umgebung vertraut ist, wird er auch den Urwald kennen, wo wir die Tatwaffe gefunden haben.«

»Das allein rechtfertigt aber noch keinen Tatverdacht«, gab Große Jäger zu bedenken.

»Ich glaube, mit den Fingerabdrücken werden wir ein stichhaltiges Indiz haben. Ein Tatmotiv hätten wir auch. Fixemer und Balzkowski sind beide engagierte Kämpfer für die Interessen der Arbeitnehmer. Fixemer war nahezu verzweifelt, weil nicht nur seine Kollegen betroffen waren, sondern eine Schließung von Noskemeier auch ihn persönlich betroffen hätte. Seine Kinder gehen noch zur Schule, das Haus ist noch nicht bezahlt, und er wusste, dass er in seinem Alter kaum Aussichten auf einen neuen Job hatte. Seine persönliche wirtschaftliche Lage scheint ohnehin seit Langem sehr angespannt gewesen zu sein.«

»Ein Mann mit seinem Verantwortungsbewusstsein stiehlt sich doch nicht ohne Weiteres davon.«

»Wir haben erfahren, dass er zuvor wegen Depressionen in ärztlicher Behandlung war. Und als ihn Oberstaatsanwalt Brechmann als mutmaßlichen Mörder öffentlich anprangerte und sein Konterfei in der ›Tagesschau‹ erschien, da ist das Fass übergelaufen.«

»Einen juristischen Tatbestand für das, was Brechmann gemacht hat, gibt es wohl nicht«, sagte Große Jäger mehr zu sich selbst. »Aber hatte Brechmann nicht recht? Balzkowski hat Laipple erschossen. Und wir gehen davon aus, dass Fixemer der Mörder Lew Gruenzweigs ist.«

»Das trifft nicht zu«, sagte Lüder. »Beginnen wir mit dem Segeltau, das im Rantumer Hafen von Bord des Nordstrander Bootes entwendet wurde. Fixemer und Balzkowski waren gemeinsam mit Balzkowskis Auto unterwegs. Balzkowski hat uns erklärt, Fixemer hätte das Seil zunächst in Balzkowskis Kofferraum gelegt. Dort hat die Spurensicherung Faserspuren gefunden, nicht jedoch in Fixemers Fahrzeug.«

»Das kann ein guter Anwalt damit begründen, dass Fixemer das Seil in eine Plastiktüte gelegt hat.«

»Richtig. Wir haben aber einen weiteren unverdächtigen Zeugen: Der Sylter Pensionswirt Gödeke Matthiessen, der dir gegenüber ausgesagt hat, er hätte am Mordabend mit einem Unbekannten gesoffen, der sich als Betriebsrat eines Unternehmens ausgegeben hatte, das geschlossen werden soll. Diese Drohung steht für Noskemeier in Neumünster konkret im Raum, während das Stahlwerk, für das Balzkowski spricht, nur als *möglicher* Kandidat diskutiert wird.«

»Ihnen entgeht aber auch nicht die geringste Kleinigkeit. Ihren messerscharfen Verstand möchte ich haben«, sagte Große Jäger anerkennend.

»Da kannst du unbesorgt sein. Den hast du. Zurück zu Matthiessen und der Sauforgie. Balzkowski hatte als Kind Gelbsucht und rührt keinen Alkohol an.«

»Der kann so viel Frust im Bauch gehabt haben, dass er alle Vorsätze über Bord geworfen hat.«

»Das wäre in einer Grenzsituation denkbar. Aber wenn man ein wenig die Mentalität der Menschen aus dem Ruhrgebiet versteht, für die der Fußball alles bedeutet, ist es für einen eingefleischten Schalke-Fan außergewöhnlich, wenn er nie einen Tropfen Alkohol trinkt, aber bei anderer Gelegenheit alle Vorsätze vergisst. Außerdem hat man im Blut Fixemers nicht nur Benzodiazepine, sondern auch Alkohol gefunden.«

»Das ist schon eine ganze Menge.«

»Für mich war aber ein entscheidender Satz von Bedeutung, den Lothar Balzkowski bei unserem gemeinsamen Gespräch in Husum gesagt hat.«

Große Jäger schwieg. Das war für Lüder ein Zeichen dafür, dass der Oberkommissar im Augenblick nicht die gleiche Idee hatte.

»Du erinnerst dich, wie Balzkowski gegen ›die da oben‹ gewettert hat. Er hatte sich richtig in Rage geredet. Und dabei hat er gesagt: Deshalb muss dem Einhalt geboten werden. Es klingt fast ein wenig makaber, wenn man bedenkt, dass Laipple und Gruenzweig ermordet wurden, weil Balzkowski glaubte, die beiden würden hinter dem Deal mit den Chinesen stecken. Das war sozusagen ein ›Versehen‹.« Lüder ließ unerwähnt, dass es zu Beginn der Ermittlungen am heimischen Frühstückstisch eine Auseinandersetzung gegeben hatte, als Thorolf erklärte, man müsse diese Ausbeuter ersäufen.

»Hmh«, hörte Lüder aus dem Telefonhörer. »Dann passt es ja, wenn Laipples Bodyguard einräumt, zwar die Papiere aus der Collegemappe des Bankers entwendet zu haben, um sie an Dr. Dr. Buurhove zu verkaufen, aber jede Beteiligung an einem Mord vehement bestreitet.«

»Dann hätten wir alles geklärt«, sagte Lüder erleichtert. »Jetzt muss ich nur noch den Täter festnehmen.«

Der Eingangsbereich der Vereinigten Dortmunder Hütte AG lag nördlich der Innenstadt unweit des Borsigplatzes. Friedjof, der Fußballfan, überlegte Lüder, hätte seine Freude daran gehabt, in die

Nähe des Ortes zu gelangen, wo die Keimzelle von Borussia Dortmund liegt und wo noch heute jeder Einwohner mit ganzem Herzen schwarz-gelb denkt und fühlt.

Es gab eine eigene Abbiegespur zum Werksgelände, und kurz darauf endete die Fahrt vor einem Schlagbaum. Lüder stellte seinen BMW auf einem Besucherplatz ab und betrat das kleine Empfangsgebäude. Er fragte nach Lothar Balzkowski.

»Sind Sie mit ihm verabredet?«, fragte der ältere Pförtner mit dem zerfurchten Gesicht und dem mit Sicherheit selbstgestrickten Pullover.

»Er weiß Bescheid«, sagte Lüder und musste seinen Namen nennen. Er unterließ es, sich als Polizeibeamter auszuweisen.

Der Mann führte ein paar Telefongespräche, schenkte sich zwischendurch Kaffee aus einer Thermoskanne nach und bedauerte schließlich. »Der ist irgendwo unterwegs.«

»Hat er keinen Pieper?«, fragte Lüder.

»Einen was?«

Lüder erklärte dem Pförtner geduldig, wie eine Personenrufanlage funktioniert, die man anwählen kann und die dem Träger ein Signal oder einen kurzen Hinweis auf einem Display gibt.

»Das haben wir nicht.«

»Und seine Handynummer? Ist er darüber erreichbar?«

Die kannte der Pförtner auch nicht. Immerhin war der Mann so hilfsbereit, dass er erneut zwei Telefongespräche führte und schließlich die Mobilfunknummer Balzkowskis herausfand.

Lüder wählte die Nummer an. Es meldete sich aber nur die Mobilbox. Er ging davon aus, dass Frau Balzkowski ihren Mann umgehend angerufen und über Lüders Besuch informiert hatte.

»Ich muss auf das Werksgelände«, erklärte Lüder. »Dazu benötige ich aber einen ortskundigen Führer.«

Der Pförtner holte tief Luft. »Wenn man jeder Besucher so Sonderwünsche haben tut, komm ich zu nix was«, stöhnte er, kam aber Lüders Bitte nach.

Es dauerte gut zehn Minuten, bis ein Mann in einem kurzen blauen Kittel erschien, unter dem er ein weißes Hemd und eine Krawatte trug.

»Horst Poßneck«, stellte er sich vor und ließ sich von Lüder den Dienstausweis zeigen. »Was wollen Sie denn von Balzkowski?«

»Es geht um eine wichtige Zeugenvernehmung«, sagte Lüder ausweichend.

Poßneck schüttelte ungläubig den Kopf. »Und dafür kommt sogar ein äh … Kriminalrat war doch richtig? Also ein Kriminalrat aus Kiel. Was ist das denn für ein Fall?«

»Sie haben sicher Verständnis dafür, dass ich das vertraulich behandeln muss.«

»Das muss eine heiße Kiste sein«, sagte Poßneck und zeigte auf einen gelben Schutzhelm. »Den müssen Sie aufsetzen, sonst geht es hier nicht weiter für Sie.«

Lüder stülpte sich den Helm über und unterschied sich jetzt mit der Kopfbedeckung nicht von seinem Führer und den anderen Leuten auf dem Werksgelände.

Poßneck zeigte auf zwei rostfarben lackierte, schon arg ramponierte Fahrräder. »Die stehen hier überall herum. Das Gelände ist so weitläufig, da schnappt sich jeder ein Rad und fährt zu seinem Ziel. Dort nimmt sich ein anderer das Ding. Das klappt gut.« Dann schwang er sich auf das Zweirad, und Lüder folgte ihm.

Lüder war überrascht, dass es inmitten der grauen und sogar ein wenig verkommen wirkenden Gebäude immer wieder grüne Inseln gab, ein paar Bäume, eine Buschgruppe, ein kleines Stück Rasen, wo Bänke zum kurzen Verweilen einluden.

Lkw, Gabelstapler, Lieferwagen, Spezialfahrzeuge – es herrschte ein reges Durcheinander auf dem Gelände.

Poßneck steuerte ein repräsentatives Gebäude an, vor dem ein Park mit großen knorrigen Bäumen alles andere als ein tristes Industrieambiente zeigte. »Hauptverwaltung«, stand auf dem Schild vor dem Haus mit der gegliederten Fassade und den Sprossenfenstern.

Lüders Führer lehnte das Rad gegen ein Schild, und Lüder nahm die wenigen Stufen der Freitreppe zum Eingang. Poßneck suchte ein Büro in einem Seitenflügel auf, dessen Türschild verkündete, dass hier »Lothar Balzkowski. Betriebsrat« seinen Arbeitsplatz hatte.

Nach einem Pro-forma-Anklopfen standen sie in einem leeren Büro, obwohl auf dem Monitor ein Bildschirmschoner lief und auf dem Schreibtisch Papiere lagen. Sogar eine halb volle Tasse Kaffee stand dort. Lüder fasste an das Trinkgefäß. Es war noch lauwarm.

»Wo kann er sein?«, fragte er.

»Wie soll ich das wissen?« Poßneck klang ein wenig mürrisch. »Sie haben selbst gesehen, wie groß das Gelände ist.« Er ging in das benachbarte Büro und fragte eine für Lüder unsichtbare Frau, wo Balzkowski sei. »Das ist nicht aussagekräftig«, erklärte er anschließend Lüder. »Müssen Sie ihn so dringend sprechen?«

Lüder bestätigte die Notwendigkeit. »Kommen Sie«, knurrte Poßneck ungehalten und warf einen demonstrativen Blick auf seine Armbanduhr.

Sie verließen das Verwaltungsgebäude und schwangen sich auf die beiden Fahrräder. Der Weg führte sie durch ein für Lüder nicht nachvollziehbares Tohuwabohu von Industrieanlagen, verkommen wirkenden Gebäuden mit vor Schmutz blinden Fenstern, bei denen nicht Holz-, sondern Eisenbalken als ›Fachwerk‹ die Ziegelmauern trugen.

Poßneck hielt vor einem ebenerdigen Haus. »Hier sind die Umkleideräume für einen Teil der Stahlkocher«, erklärte er Lüder. »Dort gibt es auch einen bewirtschafteten Aufenthaltsraum. Balzkowski wollte mit ein paar Leuten sprechen.«

Der Flur war in trister Ölfarbe gestrichen, die an vielen Stellen von den Wänden abblätterte. Eine nackte Neonröhre an der Decke spendete kaltes Licht. Zwei Arbeiter kamen ihnen entgegen und drückten sich im schmalen Gang an die Wand.

»Habt ihr Balzkowski gesehen?«, fragte Poßneck.

Der ältere der beiden nickte. »Jo. Der war hier.«

»Wo ist er hin?«

»Keine Ahnung. Er ist vielleicht zwei Minuten weg.«

»Den finden wir nicht.« Poßnecks Feststellung klang resignierend.

Wie sollte Lüder ohne sachkundige Führung auf diesem ihm unbekannten Terrain jemanden finden? Natürlich konnte er Verstärkung anfordern und Balzkowski beim Verlassen des Werkgeländes abfangen. Sicher gab es noch weitere Möglichkeiten, aus diesem Areal herauszukommen. Lüder wäre auf die Hilfe Poßnecks angewiesen, ohne zu wissen, ob es nicht eine ungeschriebene Solidarität unter den Stahlwerkern gab, die Balzkowski ein Entkommen sichern würde.

Sie standen ratlos vor dem Gebäude, als Lüder den Gesuchten

etwa fünfzig Meter entfernt bemerkte. Balzkowski schien ihn auch entdeckt zu haben, jedenfalls beschleunigte er seinen Schritt.

Lüder wollte Balzkowski nicht erneut verlieren, zumal er sicher war, dass er von seiner Frau informiert worden war. Lüder sprintete los.

»He, was soll das?«, hörte er Poßneck rufen. »Bleiben Sie stehen. So geht das nicht. Sie können hier nicht herumlaufen. Das ist viel zu gefährl…«

Der Rest des Satzes ging im Lärm unter. Poßneck war von Lüders Spurt so überrascht worden, dass er den Anschluss verloren hatte. Lüder jagte über den zigmal geflickten Asphalt, als er neben sich ein ohrenbetäubendes Tuten hörte. Aus den Augenwinkeln sah er eine Rangierlokomotive auftauchen, auf der vorn ein Mann in einem verschmierten orangefarbenen Overall stand, der eine rot-weiße Fahne schwenkte und ihm etwas zurief, was Lüder nicht verstand. Lüder stoppte abrupt und spürte den Lufthauch der Lokomotive und der folgenden drei Waggons, die nahe an ihm vorbeifuhren. Er schalt sich einen Narren, weil ihn jegliche Vernunft verlassen hatte, als er zur Verfolgung Balzkowskis angesetzt hatte.

Völlig atemlos tauchte Poßneck hinter ihm auf und zog ihn am Revers ein Stück zurück.

»Sind Sie komplett verrückt?«, schrie ihn der Werksangehörige an. »Wie dumm muss man sein, um sich so zu verhalten?«

Der kleine Zug bewegte sich unendlich langsam, und Lüder sah zwischen den Waggons, wie sich die Distanz zwischen ihm und Balzkowski vergrößerte.

»Wo geht es da hin?«, fragte er Poßneck.

»Zu einem unserer beiden Hochöfen.«

Lüder sah das unwirklich erscheinende Gewirr aus Stahlträgern, Leitungen, Kabeln und Masten. Und alles wurde von unendlich vielen Lampen in ein gleißendes, mystisches Licht getaucht.

Endlich war der Zug vorbei, und Lüder konnte wieder starten. Poßneck versuchte erneut, ihn festzuhalten, aber Lüder hatte sich losgerissen und folgte der Richtung, in der er Balzkowski vermutete.

Er bog um eine Ecke und sah etwa zwanzig Meter voraus zwei Arbeiter, die ihm im gemächlichen Schritt entgegenkamen.

»Habt ihr Balzkowski gesehen?«, fragte er atemlos.

Einer der Arbeiter streckte den Daumen aus und zeigte wortlos in Richtung Hochofen.

Lüder lief weiter und blieb am Fuß des Ungetüms stehen. Hier war niemand zu sehen. Dafür herrschte ein ohrenbetäubender Lärm. Ein nervenzerreißendes Kreischen und Quietschen, das er nicht zuordnen konnte. Von Balzkowski war nichts zu sehen. Der Mann musste irgendwo inmitten des Gewirrs aus Rohren und Leitungen verschwunden sein. Es war aussichtslos, hier allein nach ihm zu suchen.

Lüder sah nach oben. Eine steile Treppe führte außen am Hochofen in die Höhe. Sie war offen und gut einsehbar. Doch niemand war zu sehen. Dorthin hatte sich der Verfolgte nicht geflüchtet.

Hinter sich hörte er das Keuchen Poßnecks, der ihn erreichte.

»Jetzt ist aber genug«, schimpfte der Mann. »Das ist lebensgefährlich, was Sie machen.« Poßneck hatte ein vor Anstrengung knallrotes Gesicht. Sein Atem ging rasselnd.

»Wo ist er hin?«, schrie Lüder in das Quietschen hinein.

»Das ist mir scheißegal.« Poßneck sprach immer noch stoßweise.

Lüder packte den Mann am Revers. »Wo, verdammt noch mal.«

Poßneck versuchte sich zu befreien. »Das geht mich nix an. Und Sie hören sofort auf mit der lebensgefährlichen Verfolgungsjagd.«

Lüder nahm den Helm vom Kopf und wischte sich den Schweiß von der Stirn. Die Kleidung klebte ihm am Körper. Er war komplett durchgeschwitzt. Hier befinde ich mich in einer Sackgasse, gestand er sich ein. Allein war er orientierungslos, und sein Begleiter würde ihm nicht einen Schritt weiterhelfen.

»Verflixt! Setzen Sie sofort den Helm auf!«, schrie Poßneck. Der Mann war nur noch darauf bedacht, Lüder Vorwürfe zu machen. In gewisser Hinsicht war das verständlich. In den Augen des Werksangehörigen verhielt Lüder sich mehr als leichtsinnig.

Lüder atmete tief durch. Nirgends war etwas zu sehen. Er sah noch einmal in die Höhe.

Jetzt erkannte er, woher das Quietschen kam. An einem wie schräg gegen den Hochofen gelehnten Mast wurden Loren nach oben befördert.

»Was ist das?«, fragte er.

»Ein Skip. Ein Schrägaufzug. Damit wird der Möller hochgeschickt.«

»Wer ist Möller?«

Jetzt zeigte sich der Hauch eines überlegenen Lächelns auf Poßnecks Gesicht.

»Nicht wer, sondern was. Das sind die Rohstoffe, mit denen der Hochofen bestückt wird. Sie bestehen im Wesentlichen aus Eisenerz, das mit Zuschlagstoffen wie Kalk und Kies versetzt ist. Das geschieht im Wechsel mit Koks.«

»Kann man damit hochfahren?«

Poßneck tippte sich gegen die Stirn. »So blöd kann man gar nicht fragen. Die Hunte, also der Förderkübel, führt direkt zur Gichtglocke, das ist die Einfüllöffnung.«

Das war auch keine Fluchtmöglichkeit, sah Lüder ein. Er musste sich eingestehen, dass er Balzkowski verloren hatte.

»Schön«, sagte er. »Gehen wir.«

Poßneck atmete tief durch, sagte aber nichts. Sie drehten sich um, als es hinter ihnen laut polterte. Beide fuhren erschrocken zusammen und sahen einen über den Asphalt scheppernden gelben Schutzhelm.

»Wo kommt der her?«, fragte Poßneck erstaunt, während Lüder den angerissenen und arg zerschrammten Helm aufhob. Auf der Innenseite fand er einen von Schweiß durchtränkten Leukoplaststreifen, auf dem in verwaschener Handschrift »L. Balzkowski« stand. Instinktiv sahen beide Männer nach oben. Nichts war zu sehen.

»Das kann doch nicht wahr sein«, stammelte Poßneck.

»Wie kann man den Aufzug stoppen?«, schrie Lüder.

Poßneck zeigte auf einen Blechkasten am Fuß des Aufzugs. »Dort ist ein Nothalt.«

Lüder lief zu der Stelle und schlug auf den großen roten Knopf. Mit einem Kreischen stand die Anlage.

»Das glaube ich nicht«, sagte Poßneck, der kreidebleich geworden war.

»Geht es dort aufwärts?« Lüder zeigte auf die Außentreppe, die er vorhin entdeckt hatte.

»Das ist zu gefährlich. Warten Sie, bis die Werksfeuerwehr da ist«, mahnte Poßneck.

Doch Lüder ließ sich nicht abhalten. Er hastete die Metallstufen hoch und ließ dabei die Hände über die rissigen Handläufe gleiten. Seine Schuhe hallten auf den Metallstufen. Durch die offenen Tritte sah er den Boden unter sich entschwinden. Mit jedem weiteren Schritt merkte er, wie seine Beine schwerer wurden und ihm die Anstrengung die Luft nahm. Und auf jedem Absatz, auf dem er die Richtung änderte, wurde ihm bewusst, dass er immer höher kletterte. Für jemanden, der es nicht gewohnt ist, sind neunzig Meter eine stattliche Höhe. Je weiter er nach oben kam, umso lauter wurde das Heulen. Es klang, als würde ein Sturm um ein einsam auf einer Hallig gelegenes Haus pfeifen.

Lüder rief sich das wenige in Erinnerung, was er von der Eisengewinnung noch wusste. Von unten wird heiße Luft, der sogenannte Wind, eingeblasen, der in Verbindung mit dem Koks das Erz zum Schmelzen bringt. In einem Hochofen herrschen bis zu zweitausendvierhundert Grad. Es ist im Großen das gleiche Prinzip wie beim Gartengrill, wenn man mit einem Blasebalg die Grillkohle zum Glühen bringen will.

Er hatte inzwischen zwei Drittel der Höhe erklommen und war zusehends langsamer geworden, als er bei einem unvorsichtigen Blick in die Tiefe sah, dass Poßneck nicht mehr allein war. Mehrere Arbeiter hatten sich um ihn geschart, riefen Lüder etwas zu, was er nicht verstand, und gestikulierten wild.

Lüder rutschte auf dem feuchten Metall ein wenig aus, vielleicht war es auch ein Straucheln, als ihm die ungewohnte Höhe bewusst wurde. Er packte mit beiden Händen fest an die Handläufe und spürte den stechenden Schmerz der rauen und aufgerissenen Handflächen, die er zu schnell über das abgeblätterte und rissige Geländer gezogen hatte.

Kurz unterhalb der Spitze des Hochofens führte ein schmaler Steg rund um die Anlage. Der Umgang war durch ein Geländer gesichert, das aus zwei quer laufenden Streben bestand, die in Abständen von etwa zwei Metern durch Pfosten gehalten wurden.

Lüder bewegte sich vorsichtig vorwärts, mehr tastend als gehend. Er setzte einen Fuß vor den anderen, suchte den nächsten Punkt zum Stehen und sah dabei zwangsläufig in die Tiefe. Ein eiskalter Schauder durchlief ihn. Wer es nicht gewohnt ist, dem nötigt die Höhe Respekt ab. Der Weg schien ihm unendlich, bis er die Sei-

261

te erreicht hatte, von der aus er einen Blick auf die Förderkörbe werfen konnte, die auf dem Weg nach oben waren und jetzt standen. Balzkowski war nirgends zu entdecken.

Lüder durchfuhr ein eisiger Schreck. Für einen Moment schwankte er auf dem schmalen Steg, griff verzweifelt an das Geländer und klammerte sich daran fest. *Das* konnte er sich nicht vorstellen.

Er atmete ein paar Mal tief durch, drehte sich vorsichtig um und begab sich auf den Rückweg. Lüder versuchte sich auf den schmalen Steg zu konzentrieren. Dann hatte er die Treppe erreicht und tastete sich abwärts. Das erwies sich als schwieriger als angenommen, weil er nun die ganze Zeit den Blick in die Tiefe gerichtet hatte. Es war nicht nur die Anstrengung, die sein Herz rasen ließ. Nach einem ihm unendlich lang erscheinenden Abstieg hatte er wieder festen Boden unter den Füßen und wurde sofort von einem Pulk von Arbeitern umringt, die mit Fragen auf ihn einstürmten.

Lüder holte sein Handy hervor und wählte die Einhundertzehn. Er musste sein Anliegen zweimal wiederholen, bis der Beamte in der Leitstelle der Dortmunder Polizei verstanden hatte, dass Lüder im Zuge der Amtshilfe um die Entsendung einer größeren Anzahl von Spurensicherern und Kriminaltechnikern zum Hochofen der Vereinigten Dortmunder Hütte bat.

Während seines Telefonats hatte sich eine Gasse gebildet, und ein älterer Mann mit randloser Brille, unter dessen Helm dichtes grau meliertes Haar hervorquoll, trat in den aus Neugierigen gebildeten Ring.

»Wer hat den Halt der Skipanlage veranlasst?«, fragte er in barschem Ton.

»Ich.«

»Wie kommen Sie dazu? Wer sind Sie überhaupt?«

Statt einer Antwort zeigte Lüder seinen Dienstausweis, den der Mann ausführlich studierte.

»Polizei aus Kiel. Sie haben hier überhaupt nichts zu sagen oder zu suchen«, schnauzte er. »Die Anlage wird sofort wieder angefahren.«

»Nein«, sagte Lüder mit Entschiedenheit. »Sie dürfen erst wieder starten, nachdem die Spurensicherung alles akribisch untersucht hat.« Er nahm den Mann zur Seite und erläuterte ihm seinen Verdacht. Sein Gegenüber wurde plötzlich leichenblass, taumelte ein wenig und nahm Lüders Stütze an, als dieser ihn vorsichtig am Ellenbogen packte.

Wenig später erschienen die ersten Beamten der Dortmunder Kripo, ließen sich von Lüder einweisen und begannen mit Routine ihre Arbeit.

NEUN

Der wechselhafte April hatte sich seit dem Wochenende von seiner guten Seite gezeigt. Das regnerische Wetter hatte sich gen Osten verzogen und war einem Hoch gewichen, das den nahen Mai ankündigte. In Kiel zeugten die Heerscharen, die bei den ersten warmen Sonnenstrahlen das Ufer der Förde bevölkerten und die Kiellinie auf und ab promenierten, vom Wetterwechsel.

Lüder fand dafür keine Zeit. Er war nach seinem Einsatz in Dortmund in die Landeshauptstadt zurückgekehrt und hatte sich dem unvermeidlichen Schreiben der Berichte und Protokolle gewidmet.

Heute, fast eine Woche nach seiner Exkursion ins Ruhrgebiet, lag der vorläufige Bericht der dortigen Kriminaltechnik vor. Man hatte in zäher und aufwendiger Kleinarbeit an einer Hunte Mikrospuren von Fasern festgestellt, die sich in hoher Wahrscheinlichkeit Lothar Balzkowski zuordnen ließen. Wie so oft in solchen Fällen gab es allerdings keine hundertprozentige Gewissheit.

Lüder rief in Husum an und informierte Große Jäger.

»Das ist wieder einer der merkwürdigen Fälle«, sagte der Oberkommissar, »die mir immer dann begegnen, wenn ich mit Ihnen zu tun habe. Nun bin ich auf die Schlagzeile von diesem Dittert gespannt, die etwa so lauten könnte: ›Blutrünstiger Kriminalrat wirft Unschuldigen in Hochofen‹.«

»Das ist aber sehr schwarzer Humor«, gab Lüder zu bedenken.

»Besteht keine Möglichkeit, in einem Hochofen den Verbleib eines Menschen nachzuweisen?«

»Nein«, sagte Lüder. »Da herrschen so enorme Temperaturen, da verdampft alles.«

»Was wird dort hergestellt?«, wollte der Oberkommissar wissen.

»Roheisen, das zu Stahl veredelt wird.«

»Und was macht man daraus?«

»Eisenbahnschienen. Wie gut, dass niemand weiß, dass er möglicherweise über Lothar Balzkowski rollt, wenn er mit dem Zug quer durch Deutschland rauscht.«

Große Jäger war einen Augenblick still. Dann erwiderte er mit gespielter Entrüstung: »Sie sind nicht minder schwarz beseelt, auch wenn Sie mir Vorwürfe machen.«

»Deshalb arbeiten wir auch gut als Team zusammen.« Und das, obwohl ich beim LKA als notorischer Einzelkämpfer verschrien bin, setzte Lüder den Gedanken im Stillen fort.

»Soll das heißen, dass wir bald ständig zusammenarbeiten werden?« Lüder hörte aus Große Jägers Frage eine List heraus. Der Oberkommissar wollte ihm entlocken, ob Lüder sich nicht doch um die Position des Husumer Kripochefs bewerben wollte.

»Hast du vor, dich zum LKA zu verändern?«, fragte Lüder.

»Zum Scheiß-Starke? Mit Sicherheit nein«, erwiderte Große Jäger.

Nach dem Telefonat war Lüder überrascht, als ihn der Kriminaldirektor zu sich bat.

Dr. Starke stand auf und kam um seinen Schreibtisch herum auf Lüder zu. Er streckte ihm die Hand entgegen und sagte jovial: »Schön, Herr Dr. Lüders. Das haben Sie großartig gemacht. Ich habe gleich gesagt, dass Sie der richtige Mann für solch schwierige Fälle sind, auch wenn Sie künftig nach anderen Methoden arbeiten werden. Es ist widerlich, aus welch niederen Beweggründen Balzkowski gemordet hat. Neid, Missgunst und der Hass der Verlierer – das ist die Saat, aus der diese Taten erwachsen sind.«

»Glauben Sie nicht, dass hier vielmehr die Verzweiflung eines Menschen Regie geführt hat? Schließlich hinterlässt Balzkowski eine Familie, die vor dem Nichts steht. Wie groß muss die Not sein, wenn jemand so etwas tut und dann Selbstmord begeht?« Lüders Gefühle waren zwiespältig. Im Grunde seines Herzens konnte er Balzkowski verstehen, das rechtfertigte aber unter keinen Umständen seine Morde.

»Aber, mein lieber Lüders, als leitendem Polizeibeamtem sollte Ihnen jede Sentimentalität fremd sein. Sie dürfen nicht …«

Lüder ertrug diesen Mann nicht mehr. Er stand auf, schob geräuschvoll seinen Stuhl zurück und wandte sich zur Tür. Über die Schulter warf er Kriminaldirektor Dr. Starke zu: »*Sie können mich mal …*«

Dichtung und Wahrheit

Ich freue mich bei der Begegnung mit meinen Lesern darüber, wenn mir berichtet wird, dass sie diese oder jene Beschreibung aus meinen Büchern in der Wirklichkeit wiederentdeckt haben. In all den Häusern, Einrichtungen und Institutionen, auf die die Schilderungen zutreffen könnten, leben und wirken aber Menschen, die in keinem Zusammenhang mit meinem Buch stehen. Alle dort vorkommenden Personen und Betriebe sind frei erfunden. Das trifft auch auf die Handlung zu, die ausschließlich meiner Phantasie entsprungen ist. Wir alle wissen, dass Banken und Wirtschaftsmächte nie gegen die Interessen der Menschen tätig werden würden.

Einen Reporter Leif Stefan Dittert gibt es ebenfalls nicht, wobei es mir schwerfällt, eine solche Figur als Journalisten zu bezeichnen.

Die auf Seite 111 zitierte Überschrift »Baller-Bumm-Brumm« ist allerdings nicht meiner Phantasie entsprungen, sondern zierte am 11. Oktober 2008 die Titelseite einer großen deutschen Zeitung.

Ich möchte meinen Leserinnen und Lesern danken, die mir wertvolle Informationen zukommen lassen oder mich darauf aufmerksam machen, dass der kleine Fehlerteufel sich an irgendeiner Stelle in meinen Text eingeschlichen hat. Solche Fehler sind allein in meiner Unzulänglichkeit begründet.

Ich danke Otto Hansen, Nordstrand, der mir mit glänzenden Augen vom Segeln berichtet, mich mit viel Informationsmaterial versorgt und alle meine Fragen geduldig beantwortet hat.

Erneut gilt mein Dank den schon in vielen Büchern bewährten »medizinischen Ratgebern« Dr. Christiane Bigalke und meinen Söhnen Malte und Leif, die stets mit viel Sachverstand und Begeisterung darüber nachdenken, ob die von mir ausgedachten Mordmethoden auch in der medizinischen Konsequenz korrekt beschrieben sind. Dabei sei angemerkt, dass alle drei sich beruflich mit viel Kompetenz und Leidenschaft für die Rettung von Menschenleben engagieren.

Der Leiter der Kriminalpolizei in der Polizeidirektion Husum, Kriminaloberrat Michael Raasch, Erster Hauptkommissar Markus Rübsam vom LKA Düsseldorf sowie das LKA Kiel gewähren mir seit Jahren spannende Einblicke in die mühsame und verantwortungsvolle Arbeit der Polizei und sind aufgeschlossene und hilfsbereite Gesprächspartner, die meinen Wissensdurst geduldig stillen.

Meine Lektorin Dr. Marion Heister ist auch nach dem zehnten Buch nicht müde, mich mit ihrem klugen Rat zu begleiten. Sie hat wesentlich zum Erfolg dieser Krimireihe beigetragen, und dafür danke ich ihr von Herzen.

Stellvertretend für die vielen Köpfe und Hände im Verlag, ohne die meine Bücher nicht zustande gekommen wären, möchte ich Dr. Christel Steinmetz und Michael Solscher danken.

Meine treuen Leser wissen, dass noch eine Danksagung fehlt: Birthe. Mange tak for alt.

HANNES NYGAARD

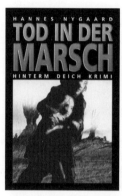

Hannes Nygaard
TOD IN DER MARSCH
Broschur, 240 Seiten
ISBN 978-3-89705-353-3

»*Ein tolles Ermittlerteam, bei dem man auf eine Fortsetzung hofft.*«   Der Nordschleswiger

»*Bis der Täter feststeht, rollt Hannes Nygaard in seinem atmosphärischen Krimi viele unterschiedliche Spiel-Stränge auf, verknüpft sie sehr unterhaltsam, lässt uns teilhaben an friesischer Landschaft und knochenharter Ermittlungsarbeit.*«   Rheinische Post

Hannes Nygaard
VOM HIMMEL HOCH
Broschur, 240 Seiten
ISBN 978-3-89705-379-3

»*Nygaard gelingt es, den typisch nordfriesischen Charakter herauszustellen und seinem Buch dadurch ein hohes Maß an Authentizität zu verleihen.*«   Husumer Nachrichten

»*Hannes Nygaards Krimi führt die Leser kaum in lästige Nebenhandlungsstränge, sondern bleibt Ermittlern und Verdächtigen stets dicht auf den Fersen, führt Figuren vor, die plastisch und plausibel sind, so dass aus der klar strukturierten Handlung Spannung entsteht.*«
Westfälische Nachrichten

www.emons-verlag.de

MEMONS VERLAG

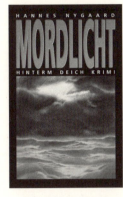

Hannes Nygaard
MORDLICHT
Broschur, 240 Seiten
ISBN 978-3-89705-418-9

»Wer skurrile Typen, eine raue, aber dennoch pittoreske Landschaft und dazu noch einen kniffligen Fall mag, der wird an ›Mordlicht‹ seinen Spaß haben.« NDR

»Ohne den kriminalistischen Handlungsstrang aus den Augen zu verlieren, beweist Autor Hannes Nygaard bei den meist liebevollen, teilweise aber auch kritischen Schilderungen hiesiger Verhältnisse wieder einmal großen Kenntnisreichtum, Sensibilität und eine starke Beobachtungsgabe.« Kieler Nachrichten

Hannes Nygaard
TOD AN DER FÖRDE
Broschur, 256 Seiten
ISBN 978-3-89705-468-4

»Dass die Spannung bis zum letzten Augenblick bewahrt wird, garantieren nicht zuletzt die Sachkenntnis des Autors und die verblüffenden Wendungen der intelligenten Handlung.« Friesenanzeiger

»Ein weiterer scharfsinniger Thriller von Hannes Nygaard.«
Förde Kurier

www.emons-verlag.de

HANNES NYGAARD

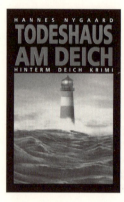

Hannes Nygaard
TODESHAUS AM DEICH
Broschur, 240 Seiten
ISBN 978-3-89705-485-1

»Ein ruhiger Krimi, wenn man so möchte, der aber mit seinen plastischen Charakteren und seiner authentischen Atmosphäre überaus sympathisch ist.« www.büchertreff.de

»Dieser Roman, mit viel liebevollem Lokalkolorit ausgestattet, überzeugt mit seinem fesselnden Plot und der gut erzählten Geschichte.«
Wir Insulaner – Das Föhrer Blatt

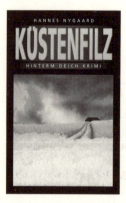

Hannes Nygaard
KÜSTENFILZ
Broschur, 272 Seiten
ISBN 978-3-89705-509-4

»Mit ›Küstenfilz‹ hat Nygaard der Schleiregion ein Denkmal in Buchform gesetzt.«
Schleswiger Nachrichten

»Nygaard, der so stimmungsvoll zwischen Nord- und Ostsee ermitteln lässt, variiert geschickt das Personal seiner Romane.«
Westfälische Nachrichten

www.emons-verlag.de

MEMONS VERLAG

Hannes Nygaard
TODESKÜSTE
Broschur, 288 Seiten
ISBN 978-3-89705-560-5

»Seit fünf Jahren erobern die Hinterm Deich Krimis von Hannes Nygaard den norddeutschen Raum.« Palette Nordfriesland

»Der Autor Hannes Nygaard hat mit ›Todesküste‹ den siebten seiner Krimis ›hinterm Deich‹ vorgelegt – und gewiss einen seiner besten.«
Westfälische Nachrichten

Hannes Nygaard
TOD AM KANAL
Broschur, 256 Seiten
ISBN 978-3-89705-585-8

»Spannund und jede Menge Lokalkolorit.«
Süd-/Nord-Anzeiger

»Der beste Roman der Serie.« Flensborg Avis

www.emons-verlag.de

HANNES NYGAARD

Hannes Nygaard
MORD AN DER LEINE
Broschur, 256 Seiten
ISBN 978-3-89705-625-1

Frauke Dobermann wird zum LKA Hannover strafversetzt. Missgunst und Angst bereiten der erfolgreichen Kriminalistin einen schwierigen Start, nachdem ein italienischer Geschäftsmann mit einem Fleischhammer erschlagen wurde. Liegt ein Eifersuchtsdrama vor oder sind die Polizisten in ein Wespennest internationalen Ausmaßes gestoßen? Ein weiterer Mord erschüttert die Polizei, und Frauke Dobermann muss sich gegen innere und äußere Anfeindungen wehren – bevor es zum überraschenden Finale kommt.

Erscheint im April 2009

www.emons-verlag.de